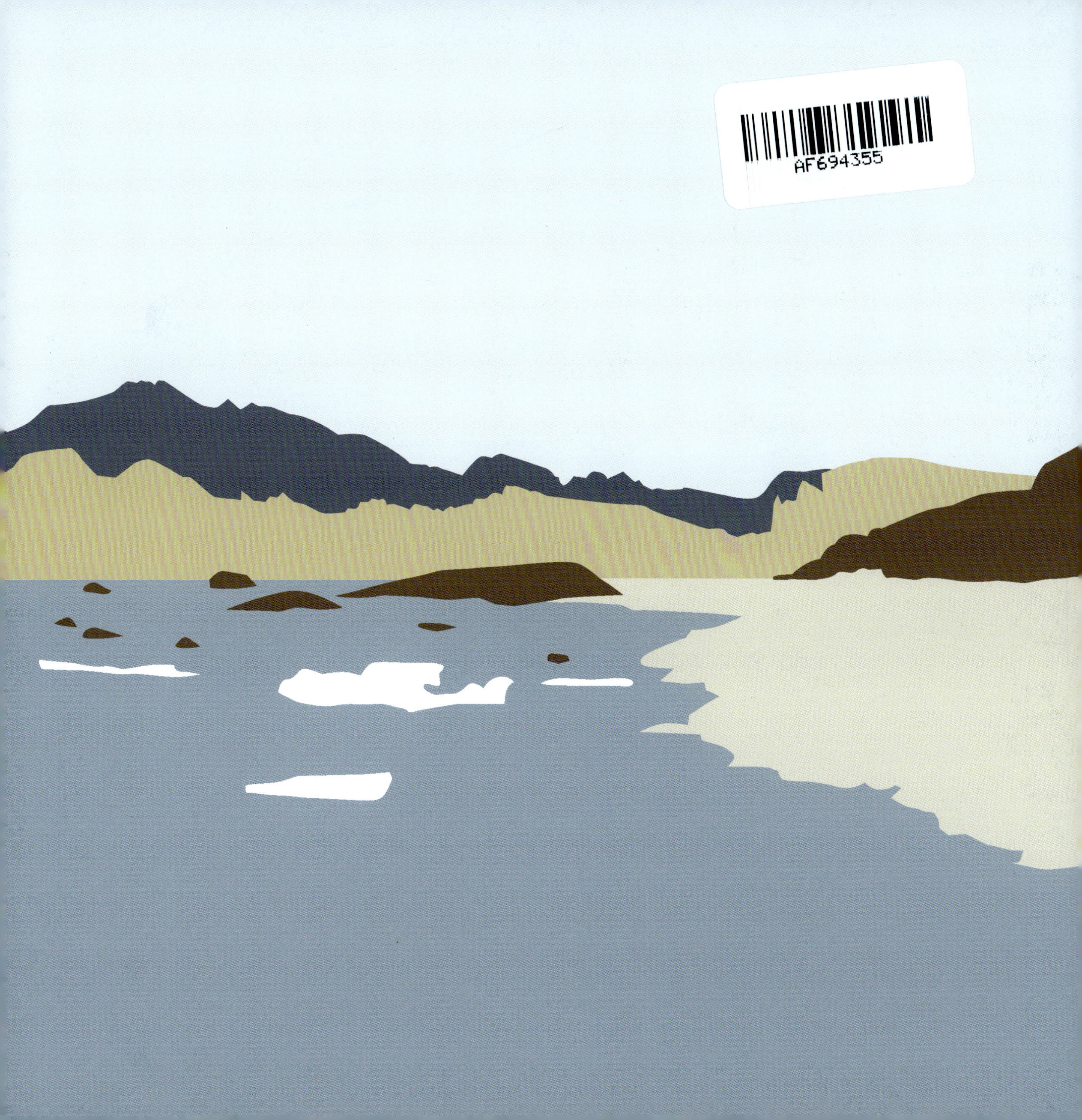

Herausgegeben von Annette Danielsen, www.annetted.dk

Originaltitel GRØNLAND

2. Auflage 2021

STRICKDESIGN: Annette Danielsen, www.annetted.dk
ÜBERSETZUNG: Dörte Dietrich, www.wollwerkstatt-kiel.de
LEKTORAT: Gabriele Böcher
FOTOS: Anne Styrbech, www.styrbech.dk
GESTALTUNG: Randi Schmidt, www.randis.dk
DRUCK: Westermann Druck Zwickau GmbH

ISBN 978-3-7843-5401-9

WINTER STRICK

16 stilvolle Strickmodelle inspiriert von Eis und Schnee

Annette Danielsen

LV.Buch

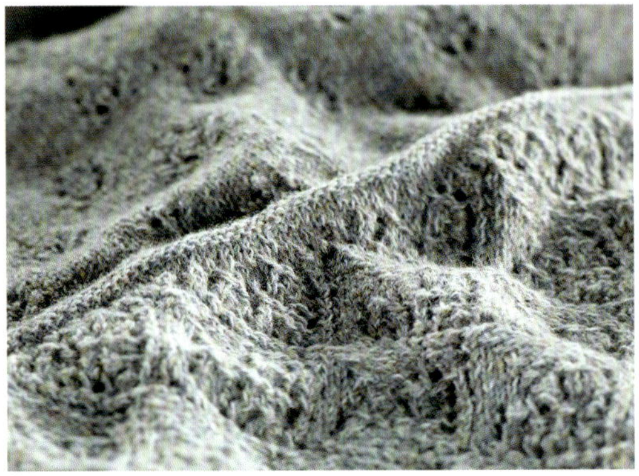
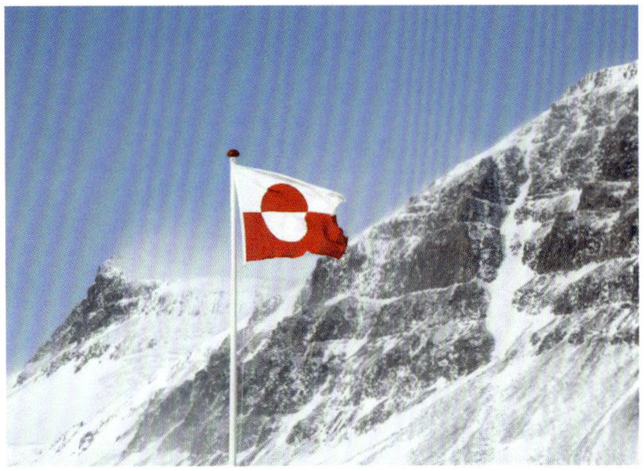
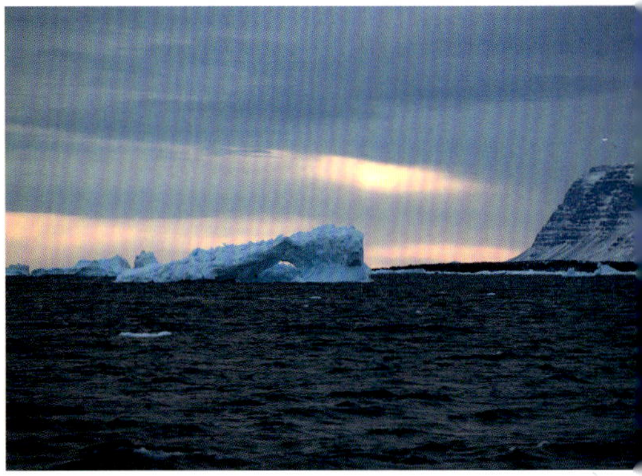
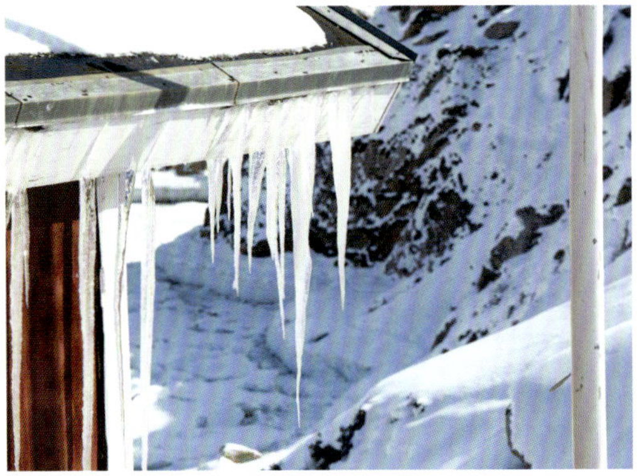
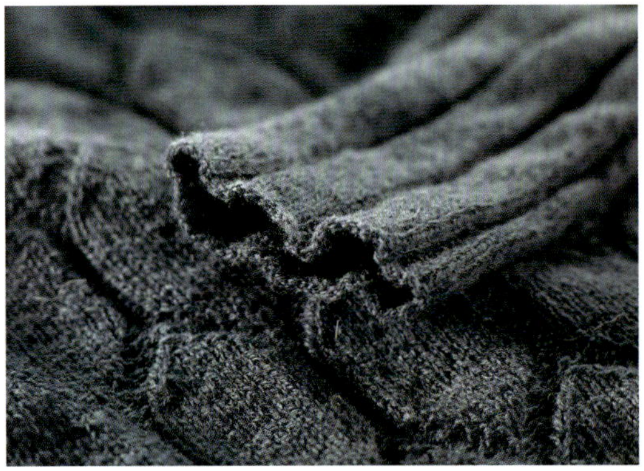
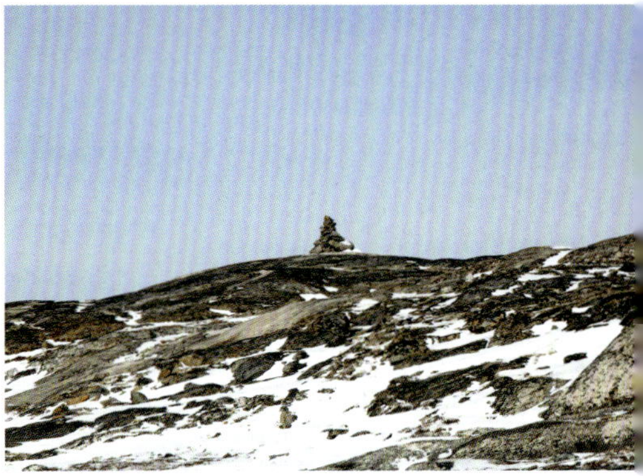
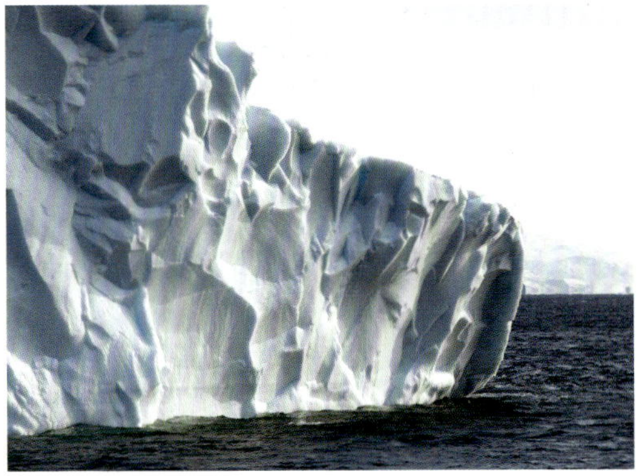
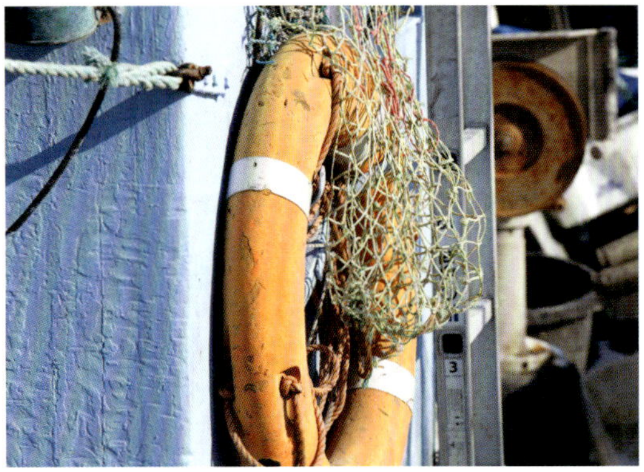
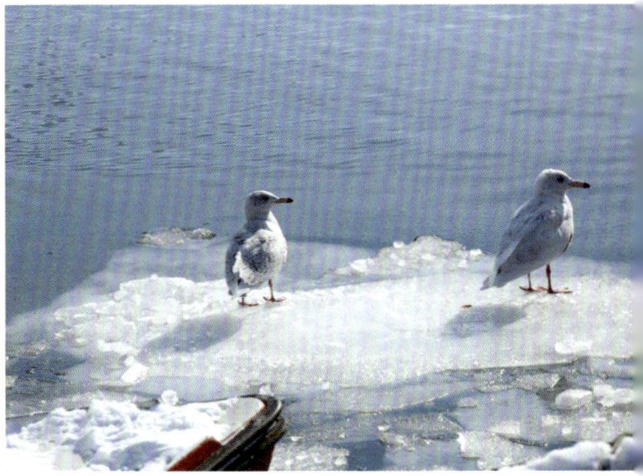
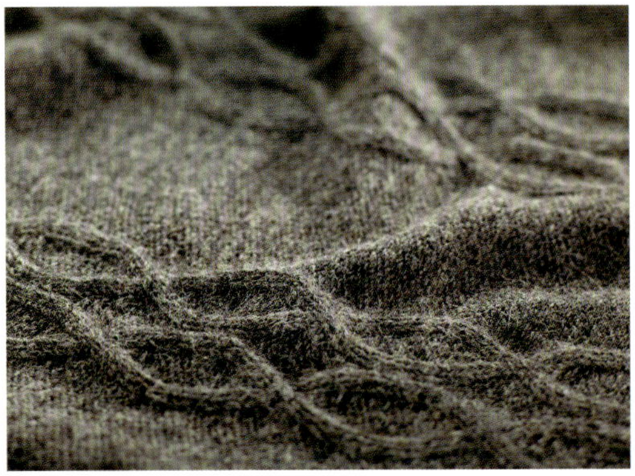
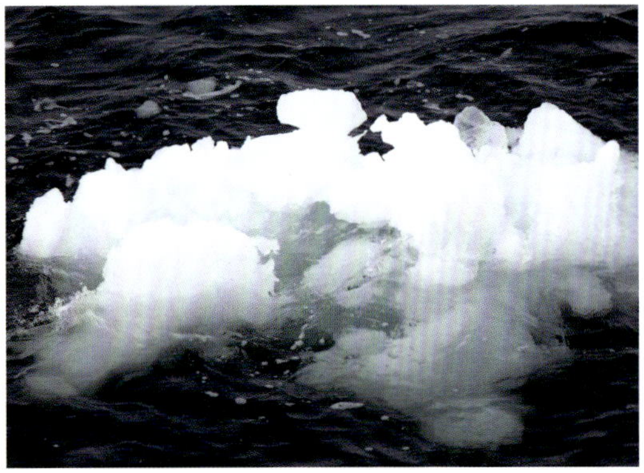
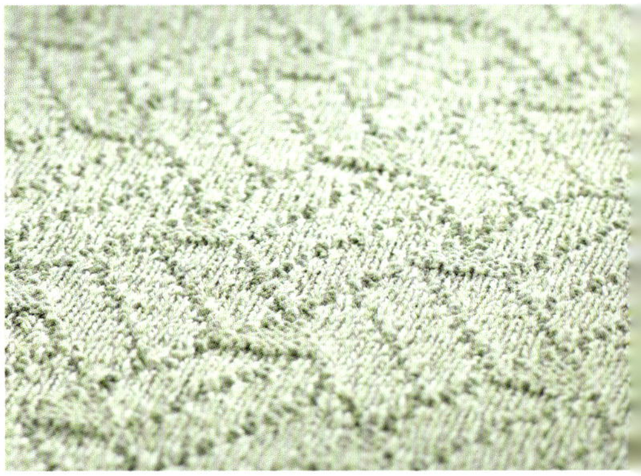

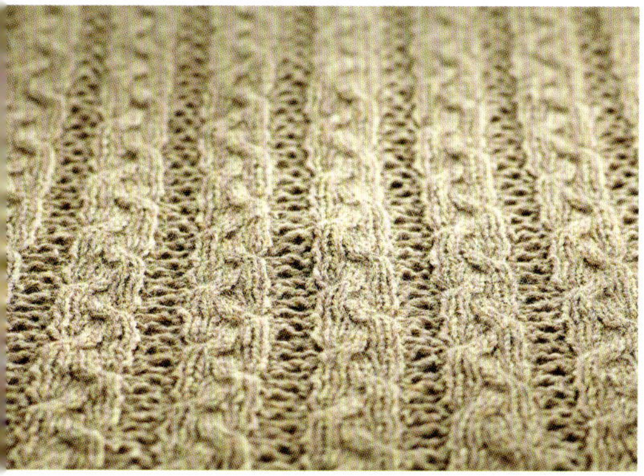
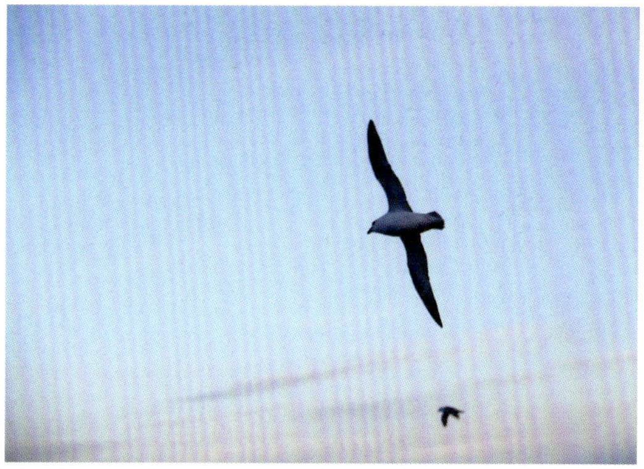
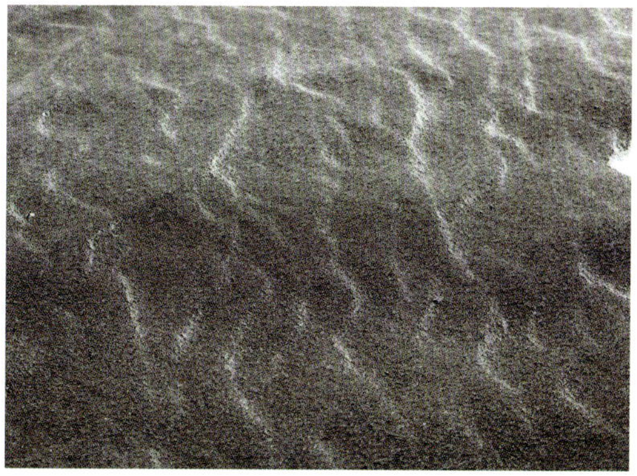
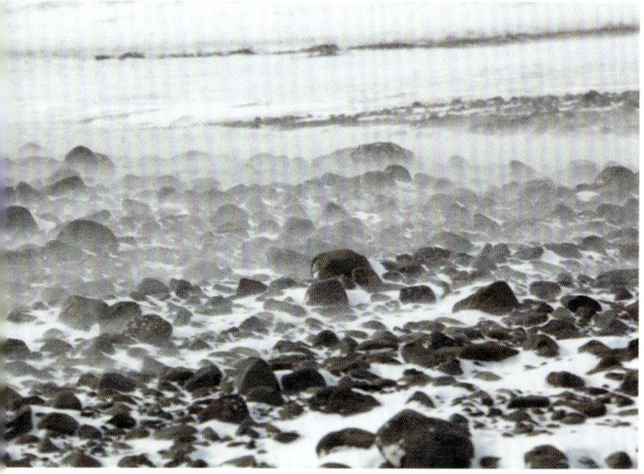
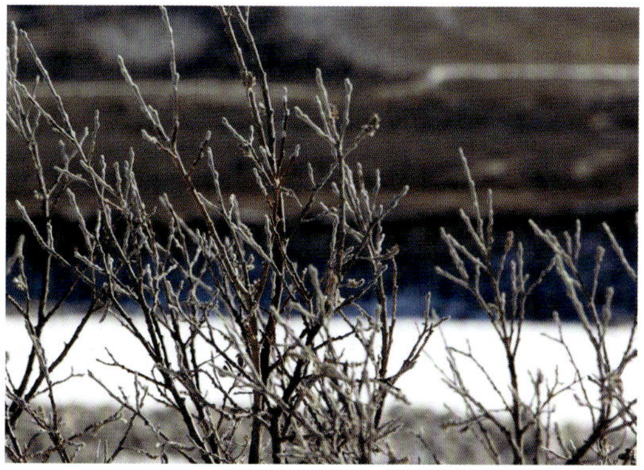
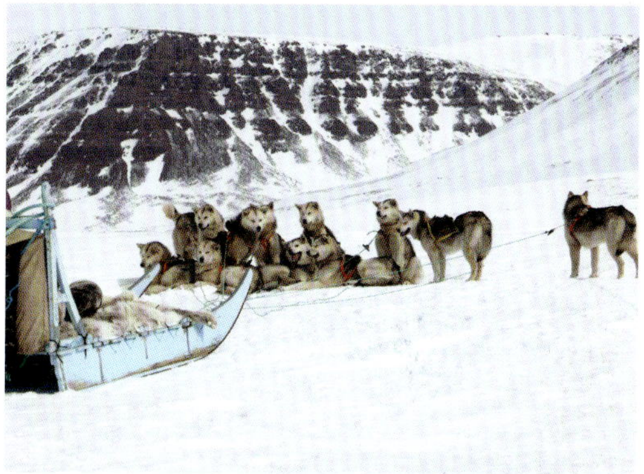
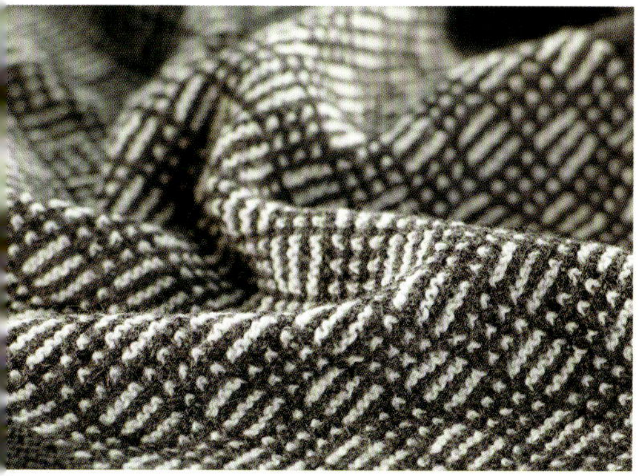
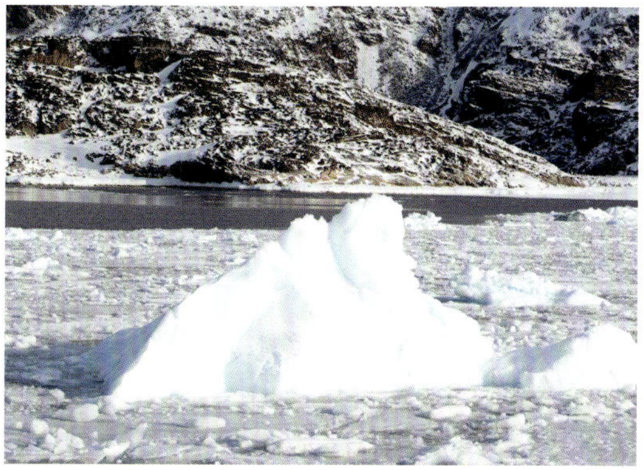
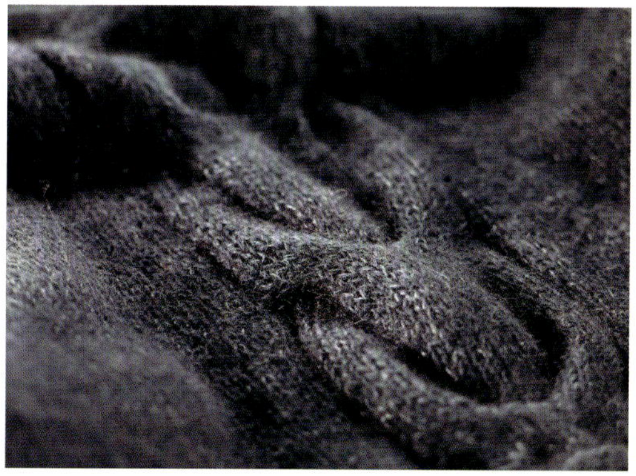
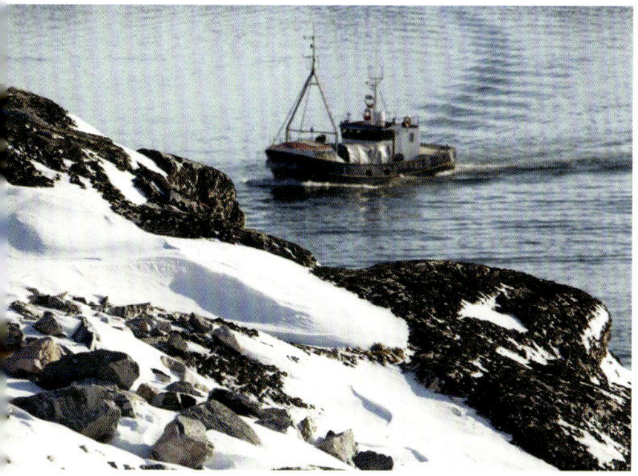
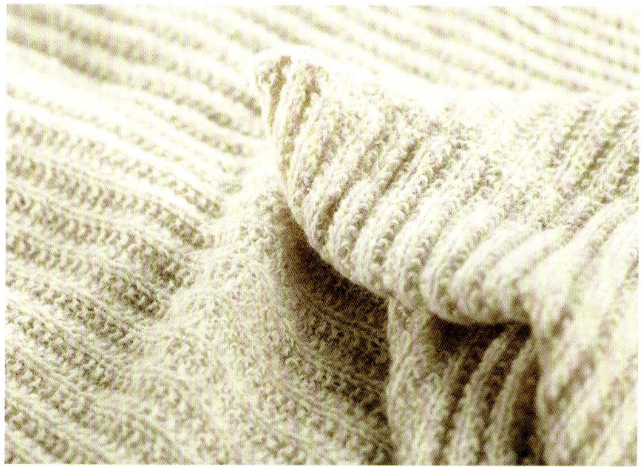
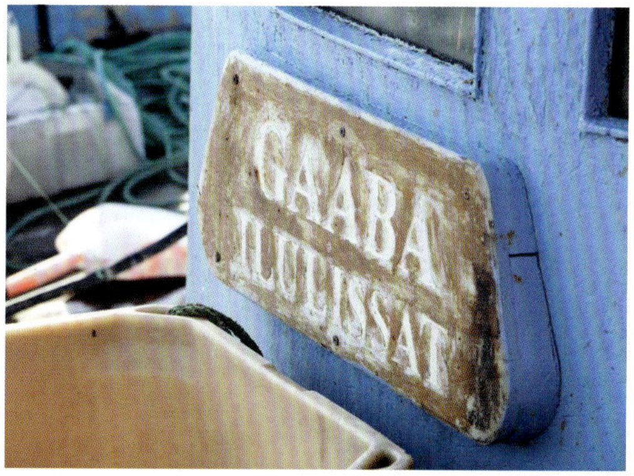
GAABA
ILULISSAT

ABKÜRZUNGEN

abh =	abheben
abk =	abketten
abn =	abnehmen/Abnahme
anschl =	anschlagen
aufstr =	aufstricken
beg =	beginnen
Fh =	M abh mit Faden hinter der Arbeit
Fv =	M abh mit Faden vor der Arbeit
Gr =	Größe
HinR =	Hinreihe
Insg =	insgesamt
li =	links
M =	Masche
Nd =	Nadel
R =	Reihe
Rd =	Runde
re =	rechts
RM =	Randmasche
RückR =	Rückreihe
str/gestr =	stricken/gestrickt
U =	Umschlag
verschr =	verschränkt (verdreht)
verschr U =	den Faden von hinten nach vorne um die re Nd wickeln
wdh =	wiederholen
weiterstr =	weiterstricken
zun =	zunehmen/Zunahme
zus =	zusammen
zus str =	zusammenstricken
zw =	zwischen

KORREKTUREN: www.AnnetteD.dk

Die Korrekturen für die dänische Ausgabe wurden in der deutschen Ausgabe bereits berücksichtigt.

BEZUGSQUELLE FÜR DIE VERWENDETEN GARNE:

Die Informationen zu den Garnen finden Sie unter: www.isagerstrik.dk

Sie können die Garne und Bücher bei den dort empfohlenen Isager Geschäften in Deutschland kaufen, u. a. auch bei www.wollwerkstatt-kiel.de

GRÖNLAND IST EIN TRAUM

Am Anfang war es nicht mein Traum, sondern der Traum der Fotografin Anne Styrbech. Annes Traum war es, die unendliche Weite, die fantastischen Aussichten und Naturschauspiele jenseits des Üblichen zu erleben – selbstverständlich mit einer Kamera in der Hand. Ich habe mich von Annes Traum anstecken lassen. Für mich war dieser Traum eine Chance, erst alles zu fotografieren und danach die Inspirationen ins Stricken umzusetzen. Das habe ich vorher auch schon gemacht, aber nie so konsequent.

Grönland hat mich buchstäblich im Sturm erobert. Ich konnte nicht nur meinen eigenen Traum ausleben, sondern ich erlebte auch noch Annes Traum von der wunderbaren Natur. Ihr Traum wurde nun auch zu meinem Traum. Jetzt weiß ich, warum viele der Menschen, die Grönland erlebt haben, einen Glanz in ihren Augen haben, wenn sie von diesem Land sprechen. Die meisten erzählen darüber, dass ein Besuch in Grönland alles andere als eine gewöhnliche Reise ist – aber dass man dieses Land auch selbst erleben muss, um dies zu verstehen. Grönland geht richtig unter die Haut.

Ich kam von Grönland zurück nach Hause, müde und verfroren, aber mit einem verträumten Blick in den Augen. Im Gepäck hatten wir weit über 1000 Fotos, die darauf warteten, verstrickt zu werden. Zuerst haben wir die Bilder in 25 Überschriften eingeteilt. Nun war ich gefordert, dies in Strickprojekte umzusetzen. Mit 25 Themen wurde es etwas leichter, mich zu 16 Strickmodellen inspirieren zu lassen. Dennoch kam erst einmal alles völlig zum Erliegen. Ich konnte das große Naturerlebnis nicht auf eine Stricknadelgröße Nr. 3 reduzieren. Erst nach einem Monat fühlte ich mich dieser Aufgabe gewachsen. Aber dann ging es ab mit einem Tempo wie auf einer Fahrt mit dem Schneescooter über Stock und Stein. Mit einigen Themen kam ich nicht zurecht. Ich hätte gerne den Gottesdienst in Godhavns schöner Kirche gestrickt – nach mehreren Versuchen habe ich es dann aufgegeben. Das bleibt eine Erinnerung und wird kein Strickdesign.

Die Grönlandhunde waren auch so eine harte Nuss. Wie verarbeitet man ein Erlebnis auf einem Hundeschlitten zwischen schneebedeckten Bergen mit meterhohen Schneeverwehungen zu einem Strickteil? Gerüche, Laute und die Kälte konnte ich auch nicht umsetzen. So war „Grönlandhunde" das letzte Modell, welches ich für mein Buch auswählte. Die Inspiration für diese Jacke waren dann die Hundespuren im Schnee und das Gewirr der Leinen. Den Duft der Hundepupse und meine Angst vor dem Umkippen aus dem Schlitten musste ich ausklammern.

Ich hoffe, dass Sie diese Modelle genießen können, sich aber auch an den Bilder erfreuen, die für mich die Inspiration zu meinen Designs waren.

Viel Vergnügen!

ANNETTE

Ein großes Danke gilt meinen treuen Mitarbeiterinnen:
Anne Styrbech, Randi Schmidt und Signe Strømgaard.

Ganz besonders dankbare Gedanken gehen an meine strickende Mutter – Sie strickt unermüdlich ein Modell nach dem anderen.

Und ein ganz großes Danke gilt den Strickerinnen und Teststrickerinnen:
Lone, Dorianne, Inge und Mette.

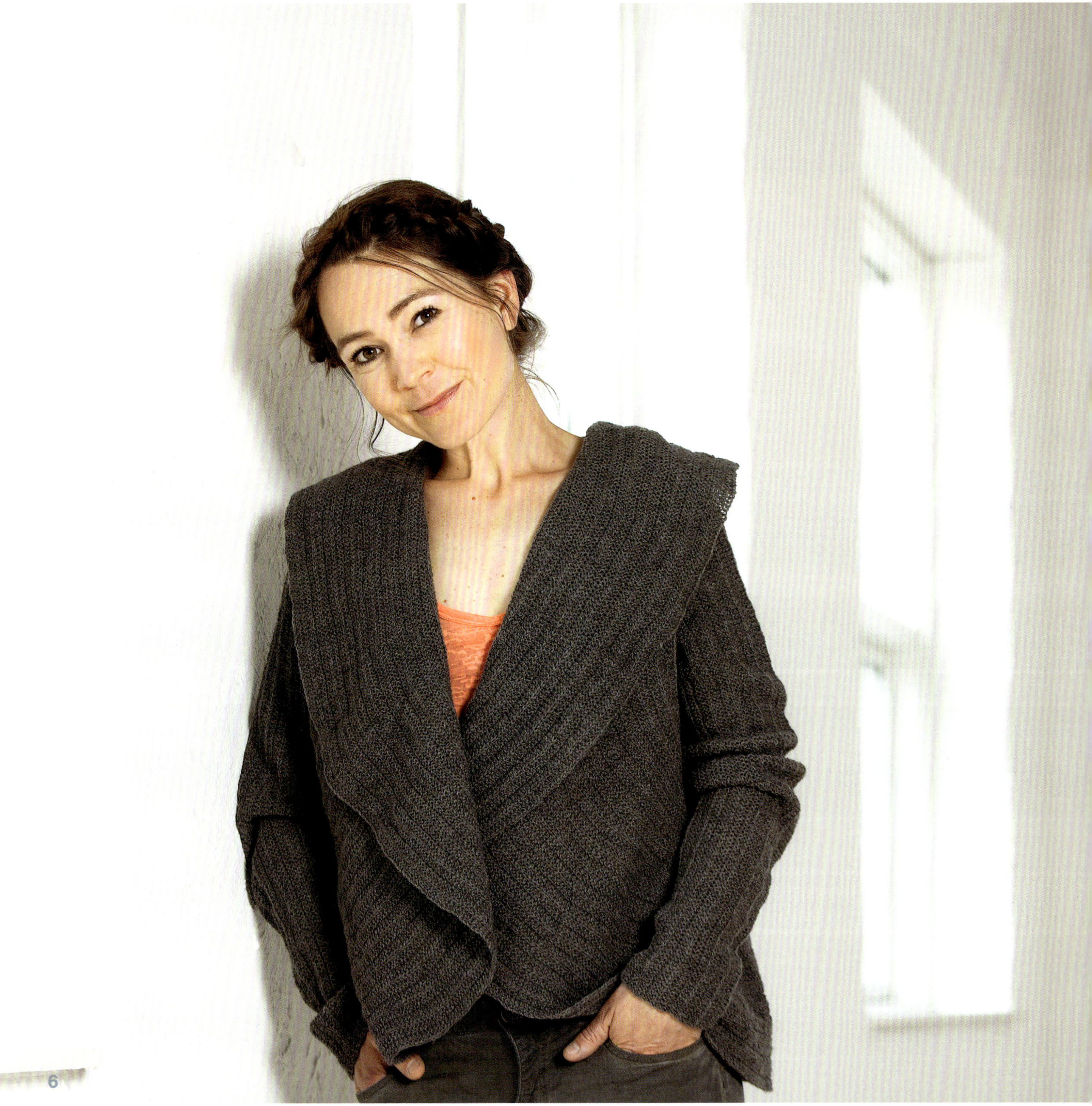

GODHAVN

QEQERTARSUAQ

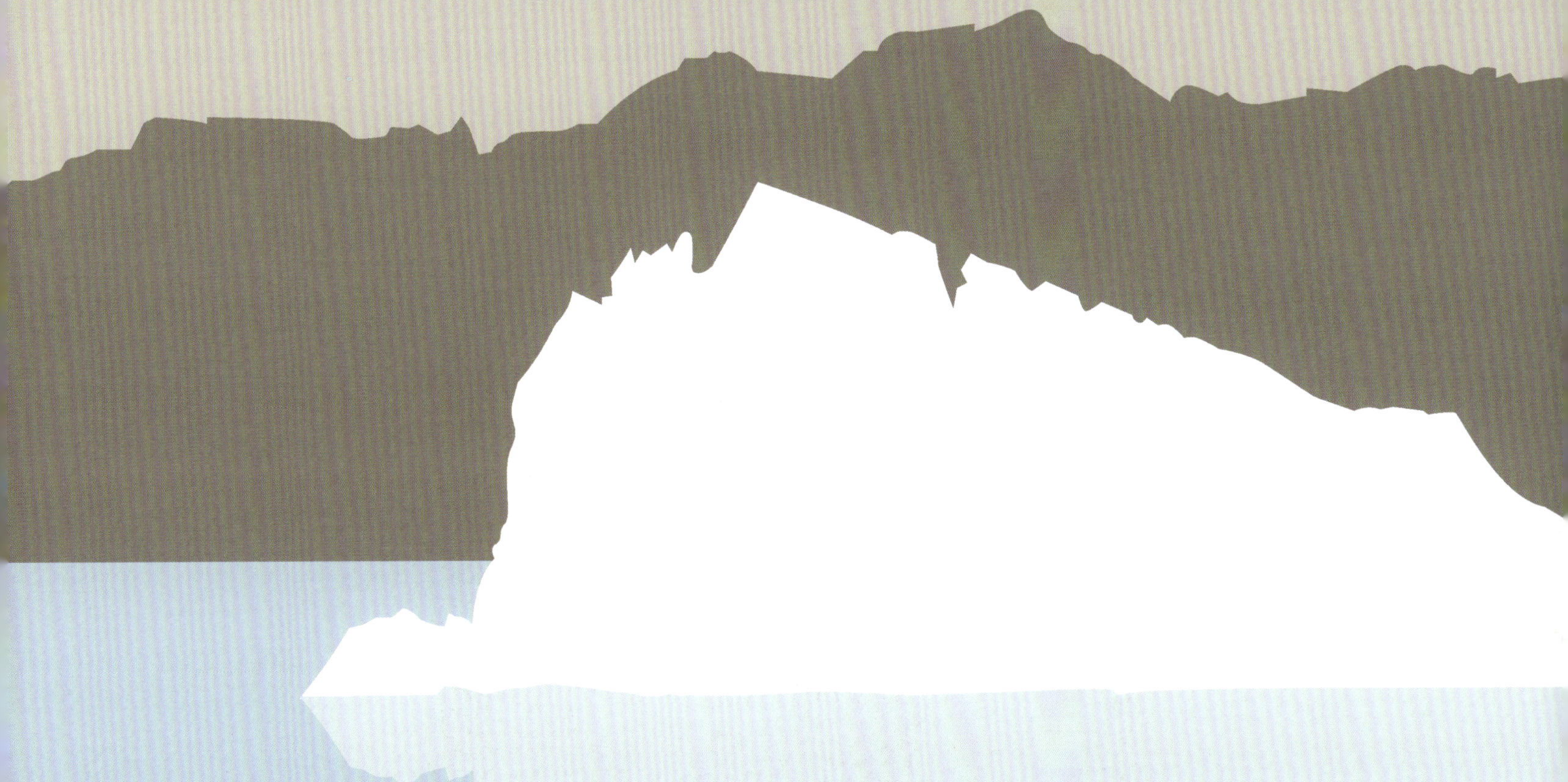

Gr: S(M)L(XL)

Rückenbreite: 47(50)54(58) cm
Länge Rückenmitte bis Kragen: 56 cm
Innere Ärmellänge: 40 cm

Material:
A: 350(400)400(450) g Tvinni Farbe 23s
B: ca. 20 g Reste, verteilt auf 7 Farben:
Tvinni Farbe: 39s,
Alpaca 2 Farbe: 11, 46
Highlandwool Farbe: Rhubarb, Ivory,
Curry, Sand

Nadel Nr. 3

Maschenprobe in kraus rechts mit A:
10 cm = 28 M und 56 R
Maschenprobe im Ärmel- und Vorderteilmuster:
10 cm = 30 M und 50 R

Die Rückenmitte von unten nach oben str. Dann seitlich davon M herausstr und zur vorderen Mitte str.

RÜCKEN

55(55)59(59) M mit A und Nd Nr.3 anschl. In R hin und her str.
1 R re str.

Reihe 1: *3 M re – 1 M li abh, mit dem Faden hinter der M = 1 FH*. Von * bis * str. Enden mit: 3 M re.
Reihe 2: *3 M re – 1 M li abh, mit dem Faden vor der M = 1 FV*. Von * bis * str. Enden mit: 3 M re.

Zu B wechseln:
Reihe 3: 1 M re – *1 FH – 3 M re*. Von * bis * str. Enden mit: 1 FH – 1 M re.
Reihe 4: 1 M re - *1 FV - 3 M re*. Von * bis * str. Enden mit: 1 FV – 1 M re.

Zu A wechseln:
Reihe 5 - 6: Wie R 1 – 2 str.
Reihe 7 - 8: Wie R 3 – 4 str.

Zu neuer B-Farbe wechseln:
Reihe 9 - 10: Wie R 1 – 2 str.

Zu A wechseln:
Reihe 11 - 12: Wie R 3 – 4 str.

Reihe 1 – Reihe 12 wdh.
Bei jedem Wechsel zu B willkürlich eine andere B-Farbe wählen.

Insg 52 Streifen mit B str.
4 R mit A im Muster str.
Mit A abk.

RECHTE SEITE

An der rechten Rückenseite mit A 158 M von unten nach oben herausstr = 1 M pro Knoten.

Am Ende der HinR Zun str:
Reihe 1 (RückR): 1 M re – *1 FV – 5 M re*. Von * bis * wdh. Enden mit 1 M re.
Reihe 2: 1 FV – 2 M re – *1 FV – 5 M re*. Von * bis * wdh. Enden mit 1 FV – 3 M re – 1 neue M re, dafür den Querfaden zw zwei M verschr str – 1 M re.
Reihe 3: 2 M re – *1 FV – 5 M re*. Von * bis * wdh. Enden mit 1 M re.
Reihe 4: 1 FV – 2 M re – *1 FV – 5 M re*. Von * bis * wdh. Enden mit 1 FV – 4 M re – 1 neue M re – 1 M re.
Reihe 5: 3 M re – *1 FV – 5 M re*. Von * bis * wdh. Enden mit 1 M re.
Reihe 6: 1 FV – 2 M re – *1 FV – 5 M re*. Von * bis * wdh. Enden mit 1 neue M re – 1 M re.

Insg 32(36)36(40) R str = 16(18)18(20) Zun = 174(176)176(178) M. 2 R Muster str.
Die neuen M in das Muster einfügen.

ARMAUSSCHNITT

Im Muster weiterstricken.
Für den Armausschnitt am Anfang der RückR 46(48)48(50) M abk – die restlichen 128 M str. Wenden.
128 M str.
Am Anfang der R für den Armausschnitt abk:
2(4)3(5) Mal 2 M abk = 124(120)122(118) M.
8(7)9(8) Mal 1 M abk = 116(113)113(110) M.

14(16)16(18) R ohne abzuketten str.
Die äußerste M am Armausschnitt in allen R re str.
Gr S(M): Hier ist die „Seitennaht“.
Eine Markierung an den Armausschnitt setzen.

KEIL

Die HinR ab unterem Rand mit Wenden str. Weiterhin im Muster str.
Eine Markierung setzen (sie erleichtert das Zählen der KEILE).
Reihe 1: 1 FV – 4 M. Wenden.
Reihe 2: U um die rechte Nd – 5 M.
Reihe 3: 1 FV – 4 M – U mit der nächsten M re zus str – 5 M str. Wenden.
Reihe 4: U – 11 M str.
Reihe 5: 1 FV – 10 M – U mit der nächsten M re zus str – 5 M str. Wenden.
Reihe 6: U – 17 M.
Reihe 7: 1 FV – 16 M – U mit der nächsten M re zus str – 5 M str. Wenden.
Reihe 8: U – 23 M.
Reihe 9: 1 FV – 22 M – U mit der nächsten M re zus str – 5 M str. Wenden.
Reihe 10: U – 29 M.

Weiterhin 5 M nach dem Zusammenstricken str. Wenden und zurück str. Solange wdh, bis es nicht mehr möglich ist.
Insg wurde 19(18)18(18) Mal gewendet.
Die R nach dem letzten Zusammenstricken zu Ende str. Der Keil misst am unteren Jackenrand ca. 7 cm. Der 1. KEIL ist fertig.
Alle KEILE werden auf diese Weise gestrickt.

Gr S:
Am Armausschnitt am Anfang der R insg 3 Mal 2 M re zus str = 113 M. Es sind 5 R gestr.
Den 2. KEIL str.
Am Armausschnitt am Anfang der R insg 3 Mal 2 M re zus str = 110 M. Es sind 5 R gestr.
Den 3. KEIL str.
Am Armausschnitt am Anfang der R insg 3 Mal 2 M re zus str = 107 M. Es sind 5 R gestr.
Den 4. KEIL str.
Am Armausschnitt am Anfang der R insg 3 Mal 2 M re zus str = 104 M Es sind 5 R gestr.
Den 5. KEIL str.
Am Armausschnitt am Anfang der R insg 3 Mal 2 M re zus str = 101 M. Es sind 5 R gestr.

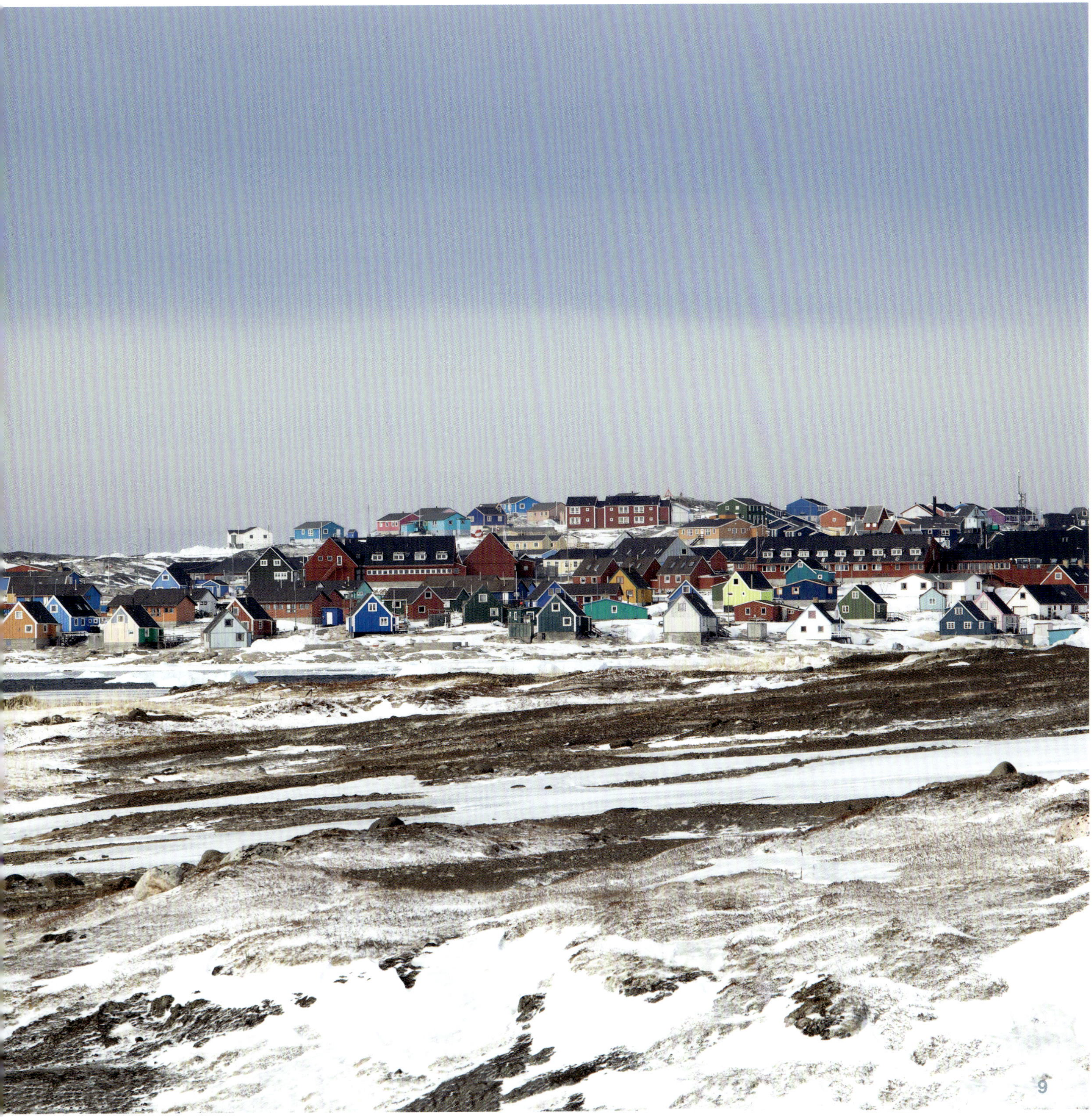

Den 6. KEIL str.
Am Armausschnitt am Anfang der R insg 3 Mal 2 M re zus str = 98 M. Es sind 5 R gestr.

Gr (M):
7 R Muster str.
Den 2. KEIL str. 5 R str. Den 3. KEIL str.
Am Armausschnitt am Anfang der R insg 3 Mal 2 M re zus str = 110 M. Es sind 5 R gestr.
Den 4. KEIL str.
Am Armausschnitt am Anfang der R insg 3 Mal 2 M re zus str = 107 M. Es sind 5 R gestr.
Den 5. KEIL str.
Am Armausschnitt am Anfang der R insg 3 Mal 2 M re zus str = 104 M. Es sind 5 R gestr.
Den 6. KEIL str.
Am Armausschnitt am Anfang der R insg 3 Mal 2 M re zus str = 101 M. Es sind 5 R gestr.

Gr L:
3 R Muster str.
Eine Markierung in den Armausschnitt setzen = „Seitennaht". Weitere 4 R str.
Den 2. KEIL str. 5 R str.
Den 3. KEIL str. 7 R str.
Den 4. KEIL str. 7 R str.
Den 5. KEIL str.
Am Armausschnitt am Anfang der R insg 3 Mal 2 M re zus str = 110 M. Es sind 5 R gestr.
Den 6. KEIL str.
Am Armausschnitt am Anfang der R insg 3 Mal 2 M re zus str = 107 M. Es sind 5 R gestr.

Gr. (XL):
5 R Muster str.
Eine Markierung in den Armausschnitt setzen = „Seitennaht". Weitere 2 R str.
Den 2. KEIL str. 5 R str.
Den 3. KEIL str. 7 R str.
Den 4. KEIL str. 7 R str.
Den 5. KEIL str. 7 R str.
Den 6. KEIL str. 7 R str = 110 M.

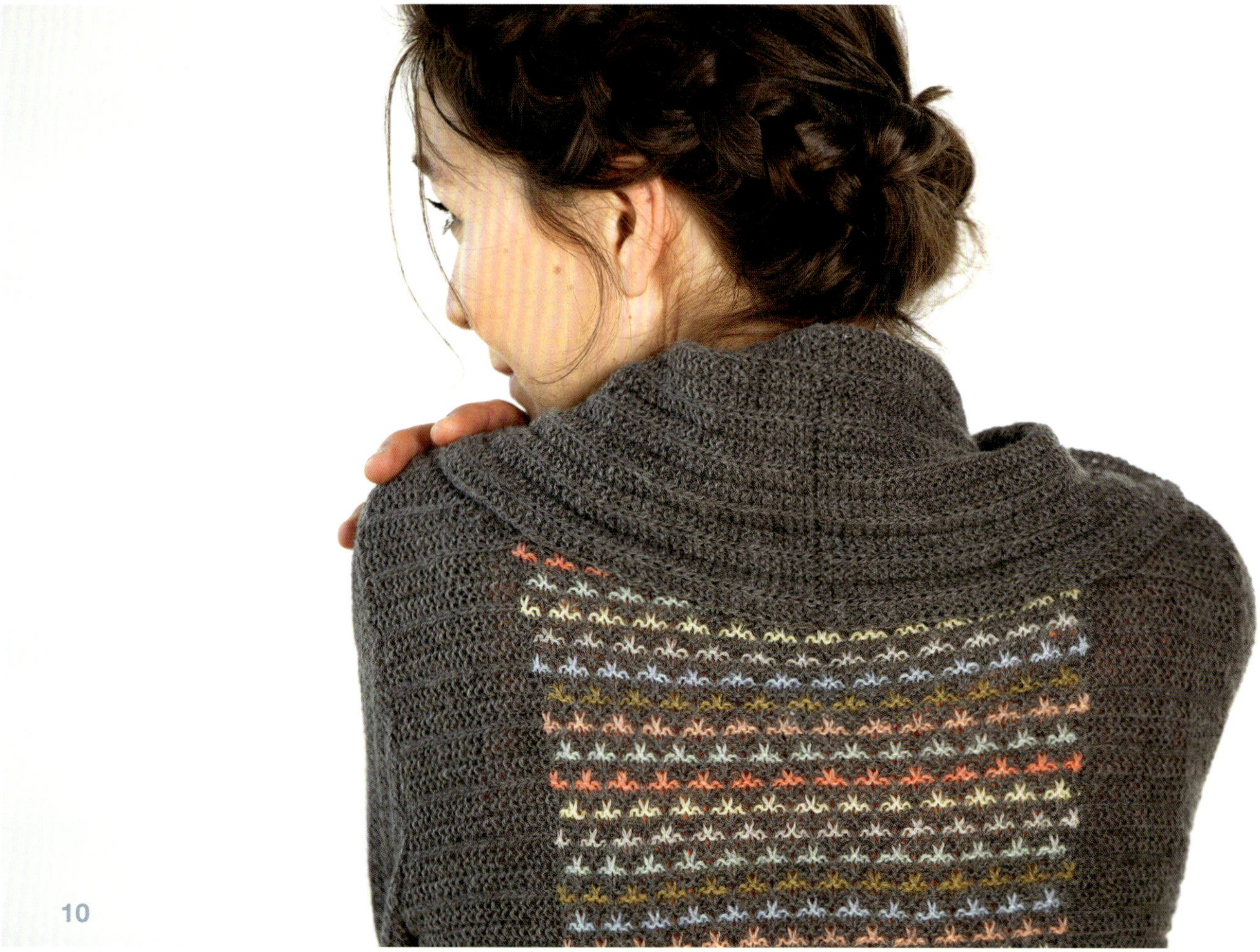

Alle Gr.:
Den 7. KEIL str.
Am Armausschnitt am Anfang der R insg 3 Mal 2 M re zus str = 95(98)104(107) M.

Den 8. KEIL str.
Am Armausschnitt am Anfang der R insg 3 Mal 2 M re zus str = 92(95)101(104) M.

Den 9. KEIL str.
Am Armausschnitt am Anfang der R insg 6 Mal 2 M re zus str = 86(89)95(98) M. Es sind 11 R gestr.

Den 10. KEIL str.
Am Armausschnitt am Anfang der R insg 6 Mal 2 M re zus str = 80(83)89(92) M.

Den 11. KEIL str.
Am Armausschnitt am Anfang der R insg 6 Mal 2 M re zus str = 74(77)83(86) M.
Den 12. KEIL str.

Gr. S:
Eine Markierung in den Armausschnitt setzen. Hier werden später die Ecken vom Rücken angenäht.

Alle Gr.:
Am Armausschnitt am Anfang der R insg 6 Mal 2 M re zus str = 68(71)77(80) M.
Den 13. KEIL str.

Gr. S:
11 R ohne abzuketten str. Den 14. KEIL str.
11 R ohne abzuketten str.
Die äußerste M am Armausschnitt in allen R re str..
Den 15. KEIL str.
Weiterlesen bei NACKEN.

Gr. M:
Eine Markierung in den Armausschnitt setzen. Hier werden später die Ecken vom Rücken angenäht.
11 R ohne abzuketten str.
Die äußerste M am Armausschnitt in allen R re str.
Den 14. KEIL str.
11 R ohne abzuketten str. Den 15. KEIL str.
11 R ohne abzuketten str. Den 16. KEIL str.
Weiterlesen bei NACKEN.

Gr. L:
Ab Armausschnitt am Anfang der R insg 6 Mal 2 M re zus str = 71 M.
Den 14. KEIL str.
Eine Markierung in den Armausschnitt setzen. Hier werden später die Ecken vom Rücken angenäht.
11 R ohne Abketten str.
Die äußerste M am Armausschnitt in allen R re str.
Den 15. KEIL str.
11 R ohne abzuketten str.
Den 16. KEIL str.
11 R ohne abzuketten str. Den 17. KEIL str.
4 R ohne abzuketten str. Weiterlesen bei NACKEN.

Gr XL:
Ab Armausschnitt am Anfang der R insg 6 Mal 2 M re zus str = 74 M.
Den 14. KEIL str.
11 R ohne Abketten str.
Die äußerste M am Armausschnitt in allen R re str.
Den 15. KEIL str.
Eine Markierung in den Armausschnitt setzen. Hier werden später die Ecken vom Rücken angenäht.
11 R ohne abzuketten str.
Den 16. KEIL str.
11 R ohne abzuketten str. Den 17. KEIL str.
11 R ohne abzuketten str. Den 18. KEIL str.
6 R ohne abzuketten str.

NACKEN

Es sind nun 36(36)40(42) R an der Seite mit der Markierung gestr. Wieder eine Markierung setzen. Hier wird später der Übergang zum RÜCKENMITTELTEIL angenäht.

10(10)10½(10½) cm im Muster str. Mit einer HinR enden. Den Faden abschneiden. Die M stilllegen.

LINKE SEITE

158 M mit A von außen an der linken Rückenseite von oben nach unten herausstr.

Am Anfang der HinR Zun str:
Die neuen M in das Muster einfügen.
Reihe 1 (RückR): *1 FV – 5 M re*.
Von * bis * wdh. Enden mit 1 FV – 1 M re.
Reihe 2: 1 M re – 1 neue M re – 3 M re – *1 FV – 5 M re*. Von * bis * wdh. Enden mit 1 FV – 3 M re.
Reihe 3: *1 FV – 5 M re*. Von * bis * wdh. Enden mit 1 FV – 2 M re.
Reihe 4: 1 M re – 1 neue M re – 4 M re – *1 FV – 5 M re*. Von * bis * wdh. Enden mit 1 FV – 3 M re.
Reihe 5: *1 FV – 5 M re*.
Von * bis * wdh. Enden mit 1 FV – 3 M re.
Reihe 6: 1 M re – 1 neue M re – *5 M re – 1 FV*. Von * bis * wdh. Enden mit 3 M re.

Insg 32(36)36(40) R str = 16(18)18(20) Zun = 174(176)176(178) M. 1 R Muster str.

Wie bei der RECHTEN SEITE weiterstr. Für den Armausschnitt in den HinR abk. Die KEILE (Wenden) in den RückR str.
Die Umschläge mit den nächsten M re verschr zus str, dafür den U auf die rechte Nd heben – die nächste M str – den U über diese M heben.

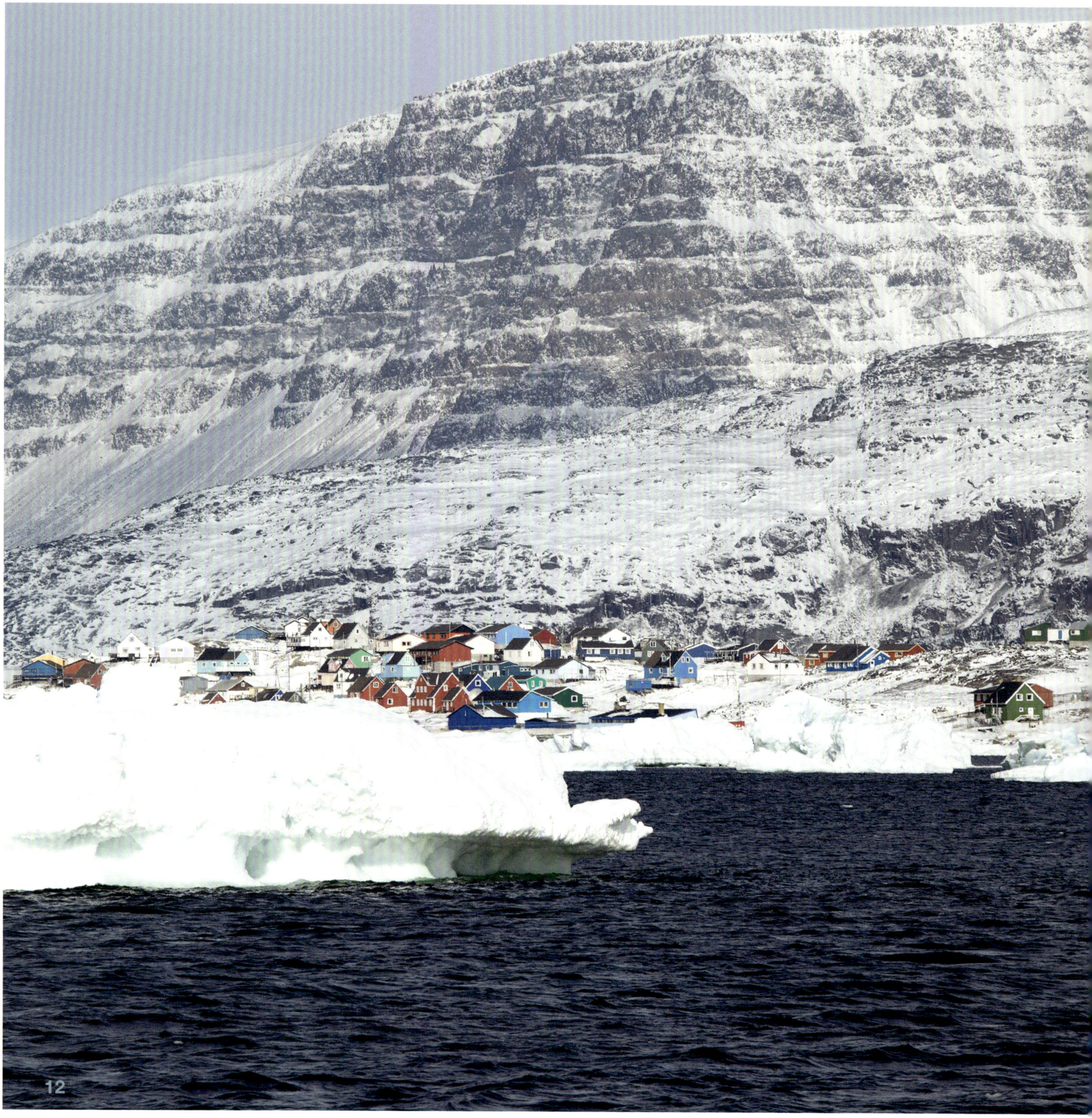

ÄRMEL

59(59)65(71) M mit A und Nd Nr. 3 anschl. In R hin und her str. Die erste und letzte M in allen R re str.

Reihe 1 (RückR): 2 M re – *1 FV – 5 M re*.
Von * bis * wdh. Enden mit 1 FV – 2 M re.
Reihe 2: *5 M re – 1 FV*.
Von * bis * wdh. Enden mit 5 M re.
Reihe 1 – Reihe 2 wdh, bis insg 17 R gestr sind. Nach einer Reihe 1 enden.

1. ZUNAHME:
Reihe 2: 1 M re – 1 neue M re – 4 M re – *1 FV – 5 M re* str. Von * bis * wdh. Enden mit 1 FV – 4 M re – 1 neue M re – 1 M re = 61(61)67(73) M. Die neuen M in das Muster einfügen.

Reihe 3 (RückR): 3 M re – *1 FV – 5 M re*.
Von * bis * wdh. Enden mit 1 FV – 3 M re.
Reihe 4: 1 M re – *5 M re – 1 FV *.
Von * bis * wdh. Enden mit 6 M re.
Reihe 3 - Reihe 4 wdh, bis insg 9(7)7(7) R gestr sind. Nach einer Reihe 3 enden.

2. ZUNAHME:
Reihe 4: 1 M re – 1 neue M re – *5 M re – 1 FV* str. Von * bis * wdh. Enden mit 5 M re – 1 neue M re – 1 M re = 63(63)69(75) M.

Reihe 5 (RückR): 4 M re – *1 FV – 5 M re*.
Von * bis * wdh. Enden mit 1 FV – 4 M re.
Reihe 6: 1 M re – *1 FV – 5 M re*.
Von * bis * wdh. Enden mit 1 FV – 1 M re.
Reihe 5 - Reihe 6 wdh, bis insg 9(7)7(7) R gestr sind. Nach einer Reihe 5 enden.

Die Zun in jeder 10.(8.)8.(8.) R wdh, bis es 95(101)107(115) M sind.

Weiterstr, bis der Ärmel ca. 40 cm misst.

Im Muster weiterstr.
Beidseitig am Anfang der R abk:
1 Mal 3 M = 89(95)101(109) M.
2(2)3(3) Mal 2 M = 81(87)89(97) M.
Beidseitig am Anfang der R 6(7)7(8) Mal 2 M re zus str = 69(73)75(81) M.

*2 R ohne abzuketten str.
Beidseitig am Anfang der R 1 Mal 2 M re zus str *. Von * bis * insg 8 Mal str = 53(57)59(65) M.

Beidseitig am Anfang der R 6(7)8(8) Mal 2 M re zus str = 41(43)43(49) M.
Beidseitig 3(3)3(4) Mal 2 M abk = 29(31)31(33) M.
Beidseitig 2 Mal 3 M abk = 17(19)19(21) M.
Die letzten M abk.

Den zweiten Ärmel auf die gleiche Weise str.

FERTIGSTELLUNG

Den Nacken zusammen stricken, dafür beide Seiten links auf links aneinanderlegen. Mit einer dritten Nd nacheinander die gegenüberliegenden M beider Teile zusammenstricken und gleichzeitig dabei abketten.
Alternativ kann der Nacken im Maschenstich zusammengenäht werden. Das schräge Teil oben am Rücken zwischen den beiden Markierungen an der Innenseite des Kreises annähen = Schulter. Die 2. Schulter zusammennähen.
Den Nacken an das Rückenteil nähen. Dabei darauf achten, dass die Nackenmitte genau auf die Rückenmitte trifft.

Die Ärmel zusammennähen.
Die Ärmel mit Nadeln in die Armausschnitte stecken. Die Ärmelnaht muss dabei auf die Markierung der seitlichen Körper-„Naht" treffen.
Die Ärmel von außen mit dem Matratzenstich einnähen. Die Fäden vernähen.

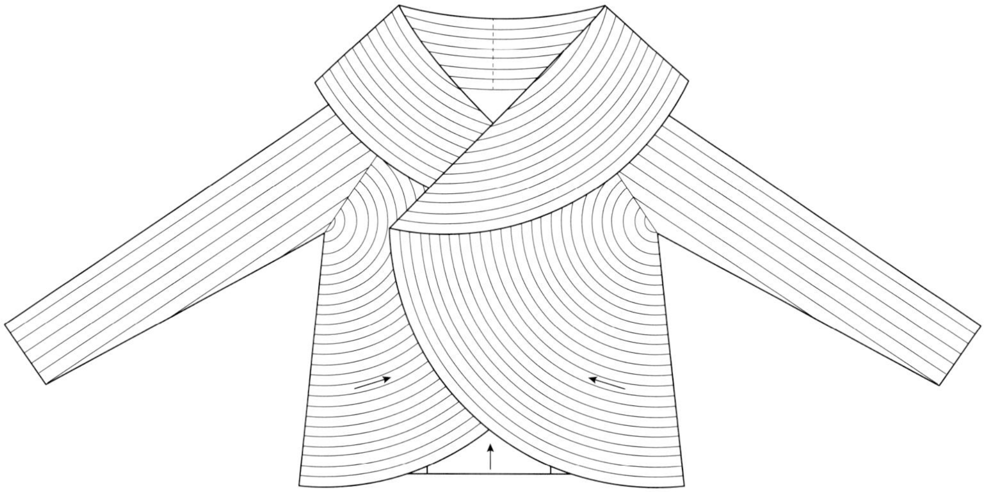

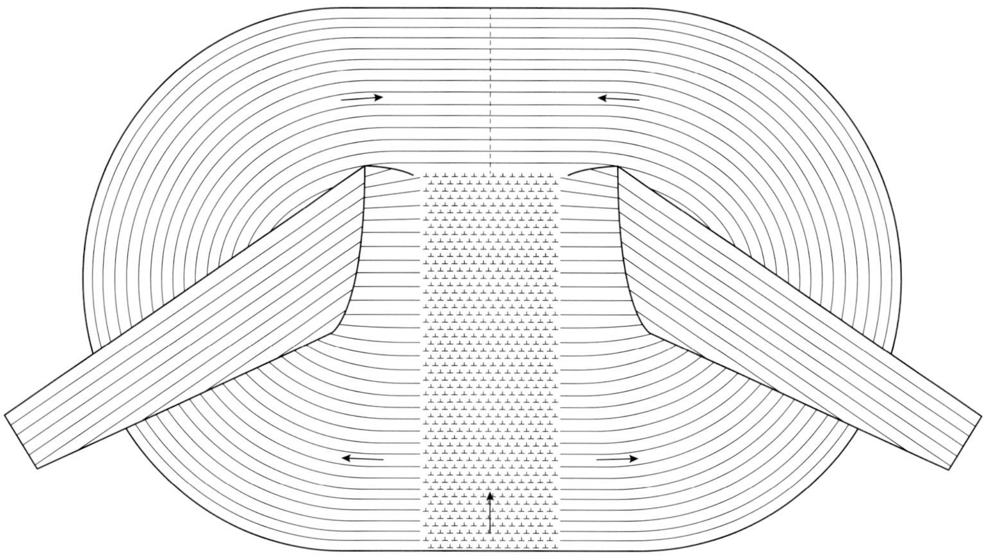

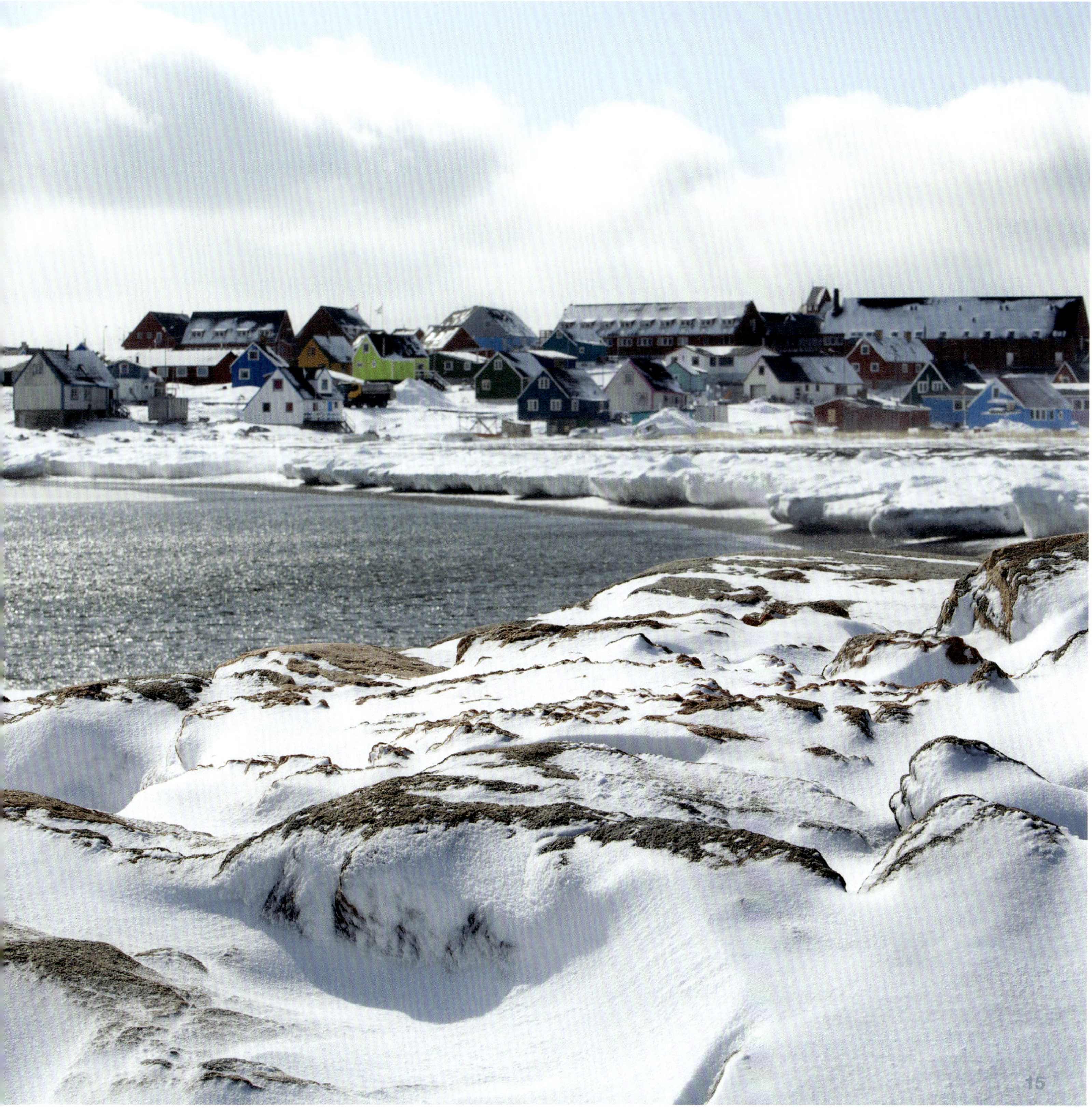

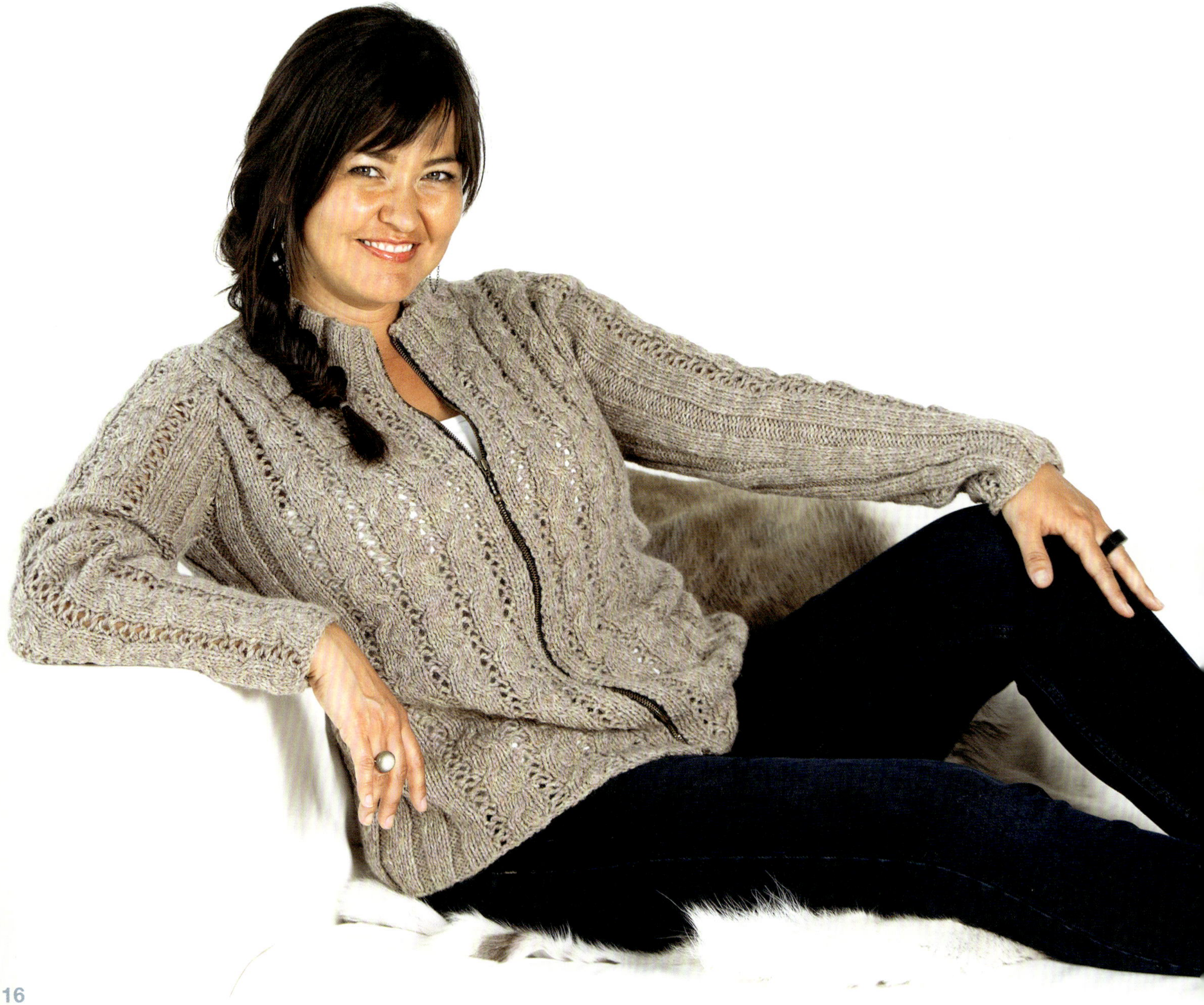

GRÖNLANDHUNDE

KALAALLIT QIMMII

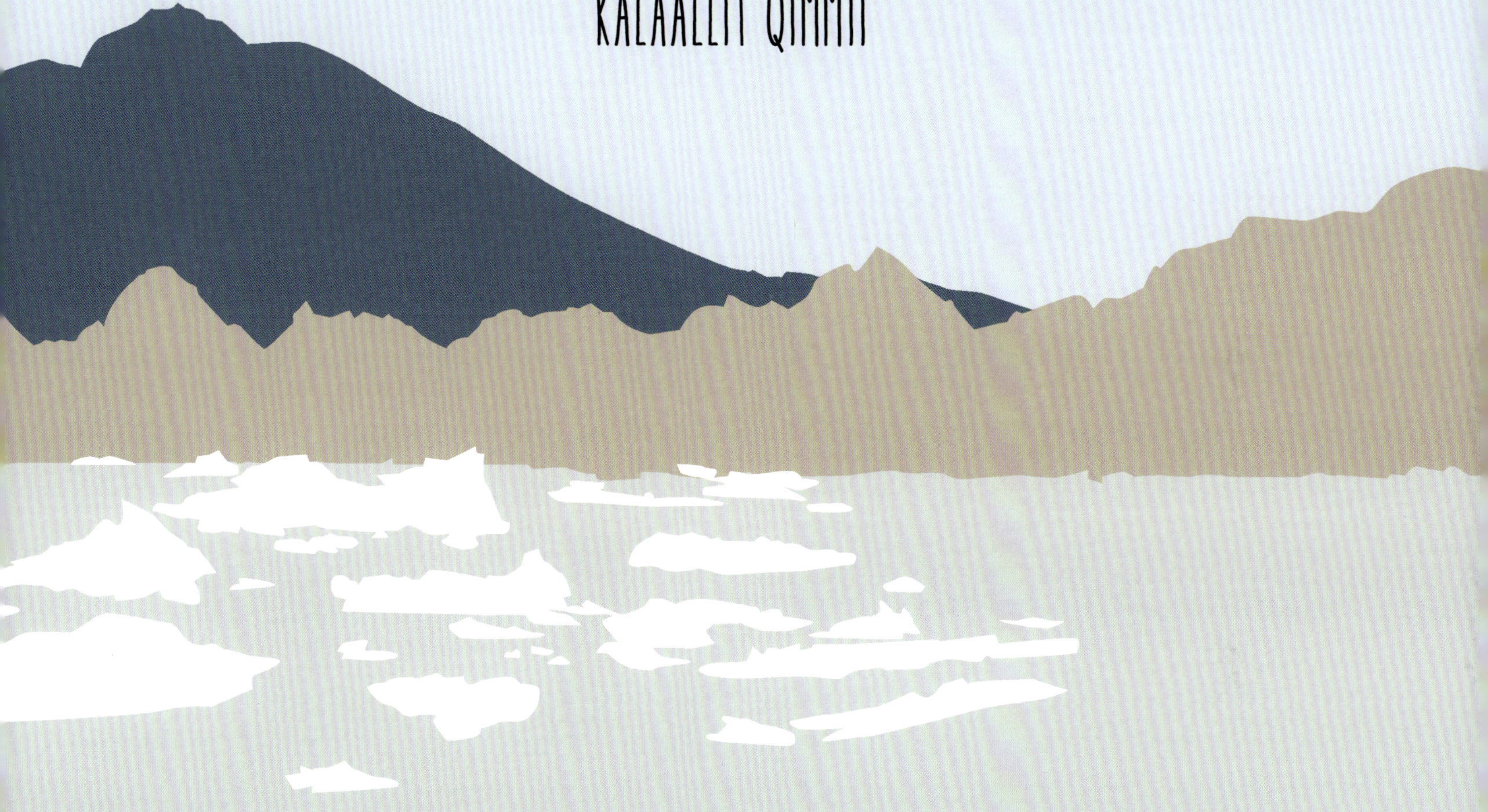

Gr: S(M)L(XL)

Halbe Oberweite: 48(52)56(59) cm
Halbe Taille: 40(44)50(54) cm
Länge: 58(61)62(62) cm
Innere Ärmellänge: 40 cm

Material:
200(200)250(250) g Tvinni Farbe 7s
200(200)250(250) g Highland Farbe Stone
150(150)150(200) g Isager Alpaca 1 Farbe 7s
Die 3 Qualitäten zusammen verstricken

Teilbarer Reißverschluss von 50 cm

Rundnadeln Nr. 3, 4½ und 5
Strumpfnadeln Nr. 5

Maschenprobe in glatt rechts
mit Nd Nr. 5: 10 cm = 19 M und 24 R
Maschenprobe im Muster mit Nd Nr. 5:
10 cm = 18 M und 24 R

A: 2 M auf eine Hilfsnd vor die Arbeit legen – 2 M re str – die 2 M von der Hilfsnd re str – 2 M re str.
B: 2 M re str – 2 M auf eine Hilfsnd hinter die Arbeit legen – 2 M re str – die 2 M von der Hilfsnd re str.

ÄRMEL

42(42)46(46) M mit den 3 Fäden und Strumpfnd Nr. 5 anschl.
In Runden str.

Rd 1: 0(0)1(1) M re – 2(2)3(3) M li – 4 M re *3 M li – 6 M re*. Von * bis * insg 3 Mal str. 3 M li – 4 M re – 2(2)3(3) M li – 0(0)1(1) M re.
Rd 2 mit Zopf: 0(0)1(1) M re – 2(2)3(3) M li – 4 M re – *2 M li zus – U – 1 M li – A*. Von * bis * insg 3 Mal str. 2 M li zus str – U – 1 M li – 4 M re – 2(2)3(3) M li – 0(0)1(1) M re.
Rd 3: Wie Rd 1.
Rd 4: 0(0)1(1) M re – 2(2)3(3) M li – 4 M re – *1 M li – U – 2 M li zus – 6 M re*.
Von * bis * insg 3 Mal str. 1 M li – U – 2 M li zus – 4 M re – 2(2)3(3) M li – 0(0)1(1) M re.
Rd 5: Wie Rd 1.
Rd 6: 0(0)1(1) M re – 2(2)3(3) M li – 4 M re – *2 M li zus – U – 1 M li – 6 M re*.
Von * bis * insg 3 Mal str. 2 M li zus str – U – 1 M li – 4 M re – 2(2)3(3) M li – 0(0)1(1) M re.
Rd 7: Wie Rd 1.

Gr. S(M):
Rd 8 mit Zöpfen und Zun: 1 M li str – 1 neue M li, dafür den Querfaden zw zwei Maschen verdreht auf die li Nd heben und li str – 1 M li – 4 M re –*1 M li – U – 2 M li zus – B*.
Von * bis * insg 3 Mal str. 1 M li str – U – 2 M li zus – 4 M re – 1 M li – 1 neue M li – 1 M li = 44 M.

Gr. L(XL)
Rd 8 mit Zöpfen und Zun: 1 M re str – 1 neue M re, dafür den Querfaden zw zwei M verdreht auf die li Nd heben und re str – 3 M li – 4 M re – *1 M li – U – 2 M li zus – B*.
Von * bis * insg 3 Mal str. 1 M li str – U – 2 M li zus – 4 M re – 3 M li – 1 neue M re – 1 M re = 48 M.

Alle Gr:
Rd 9: 0(0)2(2) M re str – 3 M li – 4 M re – *3 M li – 6 M re*. Von * bis * insg 3 Mal str.
3 M li str – 4 M re – 3 M li – 0(0)2(2) M re.
Rd 10: 0(0)2(2) M re – 3 M li – 4 M re – *2 M li zus – U – 1 M li – 6 M re*.
Von * bis * insg 3 Mal str. 2 M li zus str – U – 1 M li – 4 M re – 3 M li – 0(0)2(2) M re.
Rd 11: Wie Rd 9.
Rd 12: 0(0)2(2) M re str – 3 M li – 4 M re – *1 M li – U – 2 M li zus – 6 M re*.
Von * bis * insg 3 Mal str. 1 M li str – U – 2 M li zus – 4 M re – 3 M li – 0(0)2(2) M re.

Im Muster weiterstr.
Die Zun in jeder 14.(8.)12.(8.) Rd wdh, bis es 56(62)62(68) M sind.
Die neuen M nach und nach in das Muster einfügen. Wenn am Anfang und Ende der Rd 3 M li oder 4 M re sind, die erste und letzte M bei nächster Zun entsprechend ändern.

Die Ärmellänge lässt sich variieren.
Wenn Rd 1 – Rd 12 insg 8 Mal gestr sind, misst der Ärmel ca. 40 cm.
In der nächsten Rd unter dem Arm abk: Am Anfang der Rd 2(2)2(5) M abk – 52(58)58(58) M im Muster str (die erste M ist bereits auf der Nd) –die letzten 2(2)2(5) M abk = 52(58)58(58) M. Die Fäden abschneiden.
Die M auf einem Faden stilllegen.

Den zweiten Ärmel auf die gleiche Weise str.

KÖRPER

182(196)223(237) M mit den 3 Fäden und Nd Nr. 5 anschl.
In R hin und her str.
Reihe 1 (RückR):
Vorderteil: 1 M re str – 2 M li – *3 M re – 6 M li*. Von * bis * insg 3(3)4(4) Mal str. 3 M re str. Eine Markierung setzen.
Seitenteil: *4 M li – 3 M re*. Von * bis * insg 3(4)4(5) Mal str. 4 M li. Eine Markierung setzen.

Rücken: *3 M re – 6 M li* str. Von * bis * insg 7(7)8(8) Mal str. 3 M re. Eine Markierung setzen.
Seitenteil: *4 M li – 3 M re* str. Von * bis * insg 3(4)4(5)Mal str. 4 M li str. Eine Markierung setzen.
Vorderteil: *3 M re – 6 M li* str. Von * bis * insg 3(3)4(4) Mal str. 3 M re – 2 M li – 1 M re str.
Reihe 2 mit Zöpfen:
Vorderteil: 3 M re – *2 M li zus – U – 1 M li – A*. Von * bis * insg 3(3)4(4) Mal str. 2 M li zus – U – 1 M li.
Seitenteil: *4 M re – 3 M li* str.
Von * bis * insg 3(4)4(5) Mal str. 4 M re str.
Rücken: *2 M li zus – U – 1 M li – A* str. Von * bis * insg 7(7)8(8) Mal str. 2 M li zus str – U – 1 M li.
Seitenteil: *4 M re – 3 M li* str.
Von * bis * insg 3(4)4(5) Mal str. 4 M re str.
Vorderteil: *2 M li zus – U – 1 M li – A* str.
Von * bis * insg 3(3)4(4) Mal str.
2 M li zus – U – 1 M li – 3 M re str.
Reihe 3: wie Reihe 1.
Reihe 4: 3 M re str – *1 M li – U – 2 M li zus – 6 M re*. Von * bis * insg 3(3)4(4) Mal str.
1 M li – U – 2 M li zus str. 25(32)32(39) M in Rippen str.
1 M li – U – 2 M li zus – 6 M re str. Von * bis * insg 7(7)8(8) Mal str. 1 M li – U – 2 M li zus str.

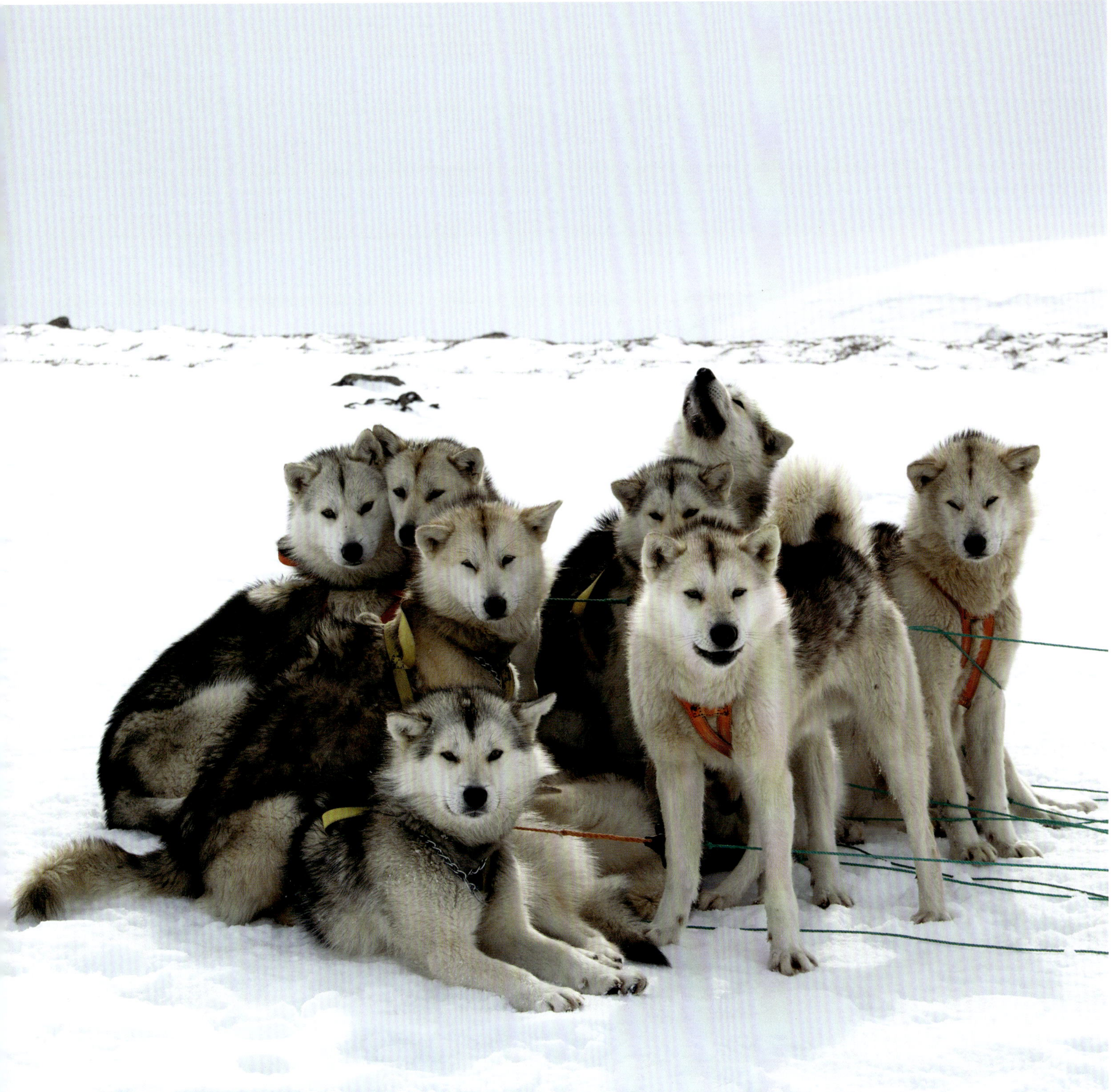

25(32)32(39) M in Rippen str.
1 M li – U – 2 M li zus str – 6 M re str. Von * bis * insg 3(3)4(4) Mal str. 1 M li – U – 2 M li zus – 3 M re.
Reihe 5: wie Reihe 1.
Reihe 6: 3 M re str – *2 M li zus – U – 1 M li – 6 M re*. Von * bis * insg 3(3)4(4)Mal str. 2 M li zus str – U – 1 M li. 25(32)32(39) M in Rippen str.
2 M li zus str – U – 1 M li – 6 M re. Von * bis * insg 7(7)8(8) Mal str. 2 M li zus str – U – 1 M li. 25(32)32(39) M in Rippen str.
2 M li zus str – U – 1 M li – 6 M re. Von * bis * insg 3(3)4(4) Mal str. 2 M li zus str – U – 1 M li – 3 M re.
Reihe 7: wie Reihe 1.

Reihe 8 mit Zöpfen: 3 M re str –
1 M li – U – 2 M li zus – B. Von * bis * insg 3(3)4(4) Mal str. 1 M li str – U – 2 M li zus. 25(32)32(39) M in Rippen str.
1 M li str – U – 2 M li zus – B. Von * bis * insg 7(7)8(8) Mal str. 1 M li str – U – 2 M li zus. 25(32)32(39) M in Rippen str.
1 M li str – U – 2 M li zus – B. Von * bis * insg 3(3)4(4) Mal str. 1 M li str – U – 2 M li zus – 3 M re.
Reihe 9: wie Reihe 1.
Reihe 10: wie Reihe 6. **Reihe 11:** wie Reihe 1.
Reihe 12: wie Reihe 4.

Reihe 1 - Reihe 12 insg 3 Mal str. Die Arbeit misst 15 cm.

1. ABNAHME: 1 M re str – 2 M li – *3 M re – 6 M li*.
Von * bis * insg 3(3)4(4) Mal str. 3 M re str. *4 M li – 1 M re – 2 M re zus* str.
Von * bis * insg 3(4)4(5) Mal str. 4 M li str. *3 M re – 6 M li* str.
Von * bis * insg 7(7)8(8) Mal str. 3 M re str. *4 M li – 1 M re– 2 M re zus* str.
Von * bis * insg 3(4)4(5) Mal str. 4 M li str. *3 M re – 6 M li* str. Von * bis * insg 3(3)4(4) Mal str. 3 M re – 2 M li – 1 M re str.

Es sind nun 176(188)215(227) M.
11 R im Muster str.
Am Seitenteil sind 22(28)28(34) M in Rippen.

2. ABNAHME: 1 M re – 2 M li – *3 M re – 6 M li* str. Von * bis * insg 3(3)4(4) Mal str. 3 M re str. *4 M li – 2 M re zus str*.
Von * bis * insg 3(4)4(5) Mal str. 4 M li str. *3 M re – 6 M li* str.
Von * bis * insg 7(7)8(8) Mal str. 3 M re str. *4 M li – 2 M re zus* str.
Von * bis * insg 3(4)4(5) Mal str. 4 M li str. *3 M re – 6 M li* str. Von * bis * insg 3(3)4(4) Mal str. 3 M re – 2 M li – 1 M re str.

Es sind nun 170(180)207(217) M.
11 R im Muster str.
Am Seitenteil sind es 19(24)24(29) M in Rippen. Die Arbeit misst 25 cm.

1. ZUNAHME: 1 M re – 2 M li – *3 M re – 6 M li* str.
Von * bis * insg 3(3)4(4) Mal str. 3 M re str. *4 M li – 1 M re – 1 neue M re* str.
Von * bis * insg 3(4)4(5) Mal str. 4 M li str. *3 M re – 6 M li* str.
Von * bis * insg 7(7)8(8) Mal str. 3 M re str. *4 M li – 1 M re – 1 neue M re* str.
Von * bis * insg 3(4)4(5) Mal str. 4 M li str. *3 M re – 6 M li* str. Von * bis * insg 3(3)4(4) Mal str. 3 M re – 2 M li – 1 M re str.

Es sind nun 176(188)215(227)M.
11 R im Muster str.
Am Seitenteil sind es 22(28)28(34 M in Rippen.

2. ZUNAHME: 1 M re – 2 M li – *3 M re – 6 M li* str.
Von * bis * insg 3(3)4(4) Mal str. 3 M re str. *4 M li – 2 M re – 1 neu M re* str.
Von * bis * insg 3(4)4(5) Mal str. 4 M li str. *3 M re – 6 M li* str.
Von * bis * insg 7(7)8(8) Mal str. 3 M re str. *4 M li – 2 M re – 1 neue M re* str.
Von * bis * insg 3(4)4(5) Mal str. 4 M li str. *3 M re – 6 M li* str. Von * bis * insg 3(3)4(4) Mal str. 3 M re – 2 M li – 1 M re str.

Es sind nun 182(196)223(237) M. Am Seitenteil sind es 25(32)32(39) M in Rippen. 23 R im Muster str. Die Arbeit misst 40 cm.

In der nächsten RückR für die Armausschnitte in der Mitte der Seitenteile M abk: 44(47)56(56) M – 3(4)4(11) M abk – 88(94)103(103) M (die erste M ist bereits auf der Nd) – 3(4)4(11) M abk – 44(47)56(56) M (die erste M ist bereits auf der Nd).

RAGLAN

Die Ärmelmaschen wieder auf die Nd setzen. Die Ärmel über den abgeketteten M am Körper einsetzen. Eine HinR im Muster str: 44(47)56(56) M vom rechten Vorderteil str – 52(58)58(58) Ärmelmaschen str – 88(94)103(103) Rückenmaschen str – 52(58)58(58) Ärmelmaschen str – 44(47)56(56) M vom linken Vorderteil str = 280(304)331(331) M.

1(1)3(5) R im Muster str.

Wo Ärmel und Körper aneinander treffen, Abn für den Raglan str.
2 M re verschr zus str: die erste M re abh – die zweite M str – die erste M über die 2. M heben.

1. ABNAHME:
Gr. S(XL): 42(54) M vom rechten Vorderteil str – 2 M re verschr zus – 2 M re zus – 48(54) Ärmelmaschen – 2 M re verschr zus – 2 M zus – 84(99) Rückenmaschen – 2 M re verschr zus – 2 M re zus – 48(54) Ärmelmaschen – 2 M re verschr zus – 2 M re zus – 42(54) M vom linken Vorderteil = 272(323) M.

Gr. (M)L: (45)54 M vom rechten Vorderteil – 2 M li zus – 2 M li zus – (54)54 Ärmelmaschen – 2 M li zus – 2 M li zus – (90)99 Rückenmaschen – 2 M li zus – 2 M li zus – (54)54 Ärmelmaschen – 2 M li zus – 2 M li zus – (45)54 M vom linken Vorderteil str = (296)323 M.

Die RückR im Muster str.
2. ABNAHME:
Gr. S(XL): 41(53) M vom rechten Vorderteil – 2 M re verschr zus – 2 M re zus – 46(52) Ärmelmaschen – 2 M re verschr zus – 2 M re zus – 82(97) Rückenmaschen – 2 M re verschr zus – 2 M re zus – 46(52) Ärmelmaschen – 2 M re verschr zus – 2 M re zus – 41(53) M vom linken Vorderteil str = 264(315) M.

Gr. (M)L: (44)53 M vom rechten Vorderteil – 2 M li zus – 2 M li zus – (52)52 Ärmelmaschen – 2 M li zus – 2 M li zus – (88)97 Rückenmaschen – 2 M li zus – 2 M li zus – (52)52 Ärmelmaschen – 2 M li zus – 2 M li zus – (44)53 M vom linken Vorderteil str = (288)315 M.

Eine RückR im Muster str.
3. ABNAHME:
Gr:S(M)L: 2 M re verschr zus – 2 M re zus str, wo die Ärmel an den Körper treffen.
Gr. (XL): 2 M li zus – 2 M li zus str, wo Ärmel und Körper aneinander treffen.
Es sind 256(280)307(307) M.

Eine RückR im Muster str.
4. ABNAHME:
Gr. S(XL): 2 M li zus – 2 M li zus str, wo Ärmel und Körper aneinander treffen.
Gr. (M)L: 2 M re verschr zus – 2 M re zus str, wo Ärmel und Körper aneinander treffen.
Es sind 248(272)299(299) M.

Eine RückR im Muster str.
5. ABNAHME:
Gr. S(XL): 2 M li zus – 2 M li zus str, wo Ärmel und Körper aneinander treffen.
Gr. (M)L: 2 M re verschr zus – 2 M re zus str, wo Ärmel und Körper aneinandertreffen. Es sind 240(264)291(291) M.

Eine RückR im Muster str.
6. ABNAHME:
Gr. S(XL): 2 M li zus – 2 M li zus str, wo Ärmel und Körper aneinander treffen.
Gr. (M)L: 2 M re verschr zus – 2 M re zus str, wo Ärmel und Körper aneinander treffen.
Es sind 232(256)283(283) M.

Eine RückR im Muster str.
7. ABNAHME:
Gr. S(XL): 2 M re verschr zus – 2 M re zus str, wo Ärmel und Körper aneinander treffen.
Gr. (M)L: 2 M li zus – 2 M li zus str, wo Ärmel und Körper aneinander treffen. Es sind 224(248)275(275) M.

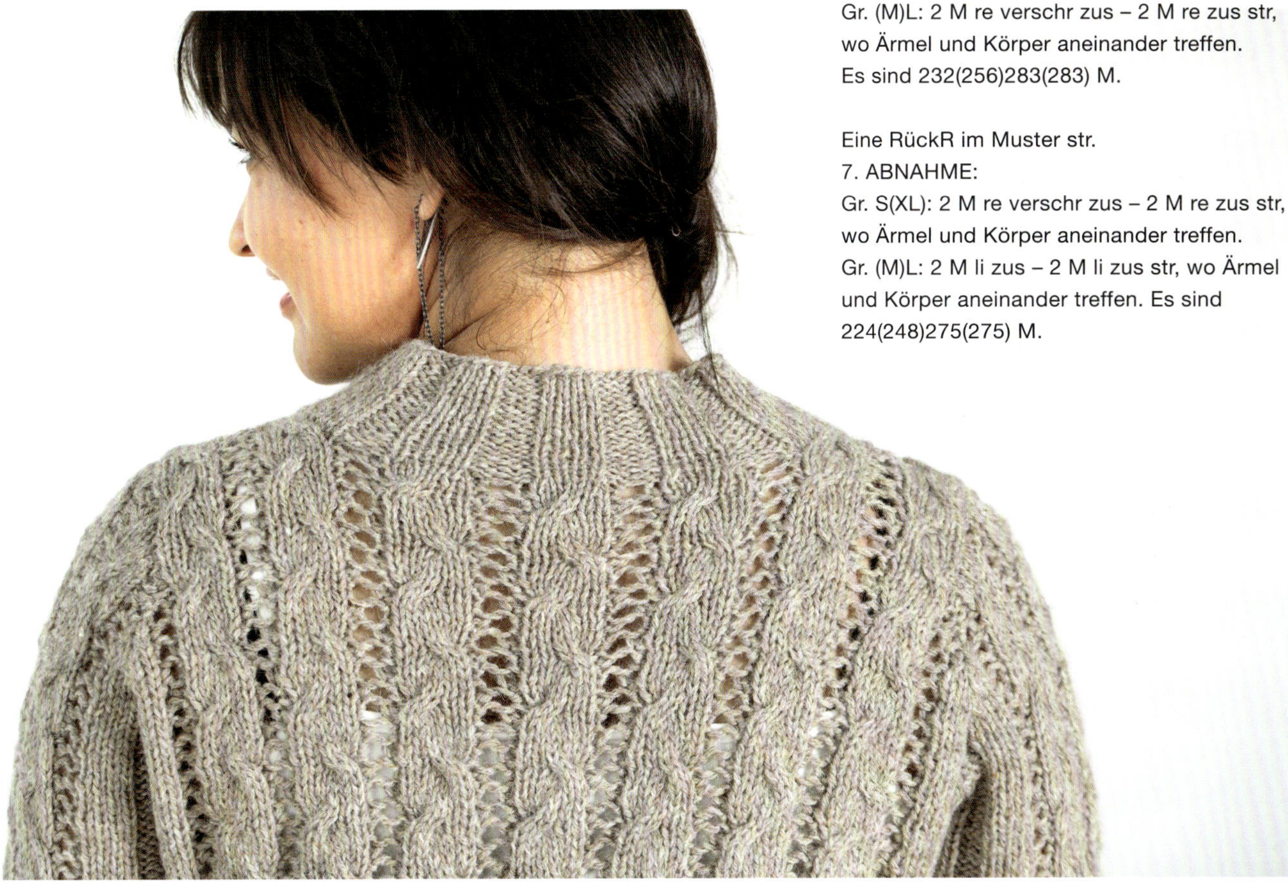

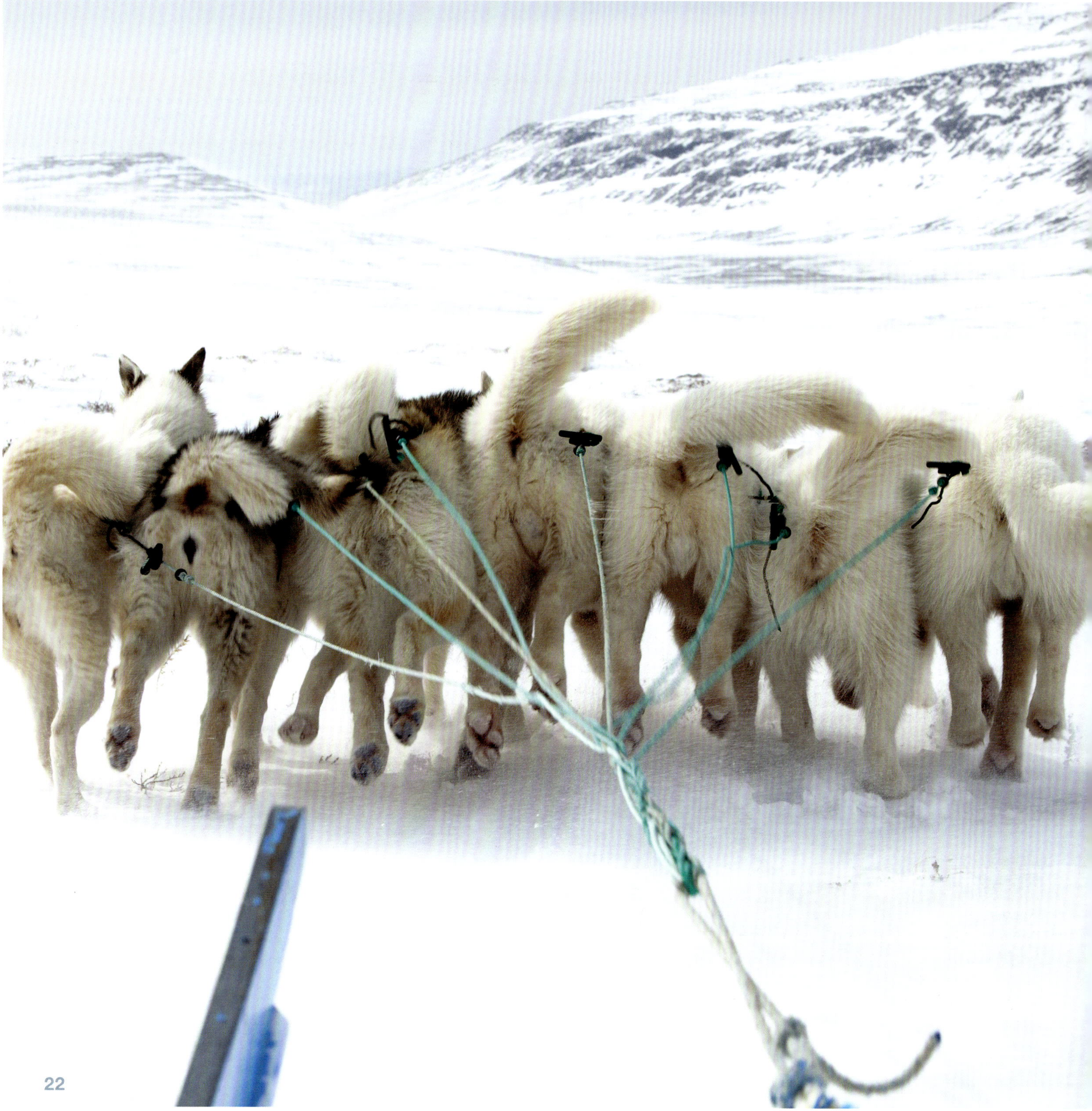

Mit den Abn und im Muster weiterstr, bis insg 10(10)9(8) Abn gestr sind = 200(224)259(267) M.
Nach einer R mit Abn enden.

Nun mit Wenden weiterstr, um den Halsausschnitt zu formen. Im Muster weiterstr.
Die Lochmusterstreifen, die am dichtesten an den Raglannähten liegen, werden bei den Raglanabnahmen mit verwendet. Das Lochmuster so lange wie möglich weiterstr.

Reihe 1 (RückR): 197(221)256(264) M str = 3 M sind nicht gestr. Das Strickteil wenden.
Reihe 2: 1 verschr U um die rechte Nd legen. Mit Abn bis zu den letzten 3 M str.
Das Strickteil wenden.
Reihe 3: 1 verschr U. 183(207)242(250) M str = 3 M + U vor der letzten Wende. Wenden.
Reihe 4: 1 verschr U. Mit Abn bis zu den 3 M + U vor der letzten Wende str.
Reihe 5: 1 verschr U. 169(193)228(236) M str = 3 M + U vor der letzten Wende. Wenden.
Reihe 6: 1 verschr U. Mit Abn bis zu den 3 M + U vor der letzten Wende str. Wenden.
Gr. S: Weiterlesen bei LINKES VORDERTEIL.
Gr. (M)L(XL):
Reihe 7: 1 verschr U. (180)214(224) M str = (2)3(3) M + U vor der letzten Wende. Wenden.
Reihe 8: 1 verschr U. Mit Abn bis zu den (2)3(3) M + U vor der letzten Wende str. Wenden.
Reihe 9: 1 verschr U. (169)201(211) M str = (1)2(2) M + U vor der letzten Wende. Wenden..
Reihe 10: 1 verschr U. Mit Abn bis zu den (1)2(2) M + U vor der letzten Wende str. Wenden.
Reihe 11: 1 verschr U. (159)189(199) M str = (1)2(2) M U vor der letzten Wende. Wenden.
Reihe 12: 1 verschr U.
Mit Abn bis zu den (1)2(2) M + U vor der letzten Wende str. Wenden.

Gr. M: Weiterlesen bei LINKES VORDERTEIL.

Gr. L(XL):
Reihe 13: 1 verschr U. 177(188) M str. Wenden.
Reihe 14: 1 verschr U.
Mit Abn bis zu 2(1) M + U vor der letzten Wende str. Wenden.
Gr. L: Weiterlesen bei LINKES VORDERTEIL.
Gr. (XL):
Reihe 15: 1 verschr U.
178 M str. Wenden.
Reihe 16: 1 verschr U.
Mit Abn bis zu 1 M + U vor der letzten Wende str. Wenden.

LINKES VORDERTEIL

Im Muster weiterstr.
Reihe 1 (RückR): U – 22(18)22(22) M str. Wenden.
Über dieses Vorderteil hin und her str.
Reihe 2: 20(17)21(21) M str. Wenden.

Gr. M: Weiterlesen bei Reihe 6.

Reihe 3: U – 20, 21(21) M str. Wenden.
Reihe 4: 18, 20(20) M str. Wenden
Gr. L(XL): Weiterlesen bei Reihe 6.
Reihe 5: U – 17 M str. Wenden.

Reihe 6: KEINEN U. 17(17)20(20) M str.
10(14)12(12) R im Muster über diese 17(17)20(20) M weiterstr.
Die erste und letzte M in allen R re str. Die letzte R ist eine RückR.
Die Fäden abschneiden.
Die M und U vom Vorderteil auf einem Faden stilllegen.

LINKER ÄRMEL

Eine RückR im Muster str. Am Anfang der R 3 M abk – 23 M str (die erste M ist bereits auf der Nd) = an der Verbindungsstelle zwischen Ärmel und Rücken. Wenden. Am Anfang der R 3 M abk – 20 M str (die erste M ist bereits auf der Nd). Wenden. Nur über die Ärmelmaschen str.
Weiterhin am Anfang jeder R 3 M abk, bis noch 8 M übrig sind.
In einer RückR diese M li abk.

RÜCKEN

In einer RückR die 62(62)71(71) Rückenmaschen im Muster str. An der Verbindungsstelle zw Rücken und Ärmel wenden.
13 R str.
Die erste und letzte M in allen R re str. Die letzte R ist eine RückR.

4 R nur über die ersten 17(17)20(20) Rückenmaschen str. Die erste und letzte M in allen R re str.
Die Fäden abschneiden.

Nun 4 R über die letzten 17(17)20(20) Rückenmaschen str. Die M auf eine zweite Nd schieben (ohne sie zu str), so dass wieder eine HinR gestr werden kann.
Die mittleren 28(28)31(31) M sind für den Nacken.

Die Schultern mit den Vorderteilmaschen zusammenstricken.
Die Schultermaschen vom Vorderteil wieder auf eine Nd setzen. Die Schulter rechts auf rechts aneinander legen. Mit einer dritten Nd nacheinander die gegenüberliegenden M zus str und gleichzeitig dabei abk.
Die Fäden abschneiden.

Die Nackenmaschen und die rechte Schulter auf einem Faden stilllegen.

RECHTER ÄRMEL

Wie den LINKEN ÄRMEL str.

RECHTES VORDERTEIL

Im Muster weiterstr.
Reihe 1 (RückR): 20(17)21(21) M str. Wenden.

Gr. M: Weiterlesen bei Reihe 5.

Reihe 2: U – 20, 21(21) M str. Wenden.

Reihe 3: 18, 20(20) M str. Wenden.

Gr. L(XL): Weiterlesen bei Reihe 5.

Reihe 4: U – 17 M str. Wenden.

Reihe 5: KEINEN U.
17(17)20(20) M str.
11(15)13(13) R im Muster über diese 17(17)20(20) M str.
Die erste und letzte M in allen R re str. Die letzte R ist eine RückR.

Die Schultern mit dem Rücken zus str wie bei der ersten Schulter.

HALSRAND

Zu Nd Nr. 4½ wechseln.
Beim RECHTEN VORDERTEIL beg:
2 M re str – die nächste M re verschr mit dem U zus str – 2 M re str – re verschr mit dem U zus str.
Bis zu der M vor dem nächsten U re str, diese M mit dem U re verschr zus str.
Wdh, bis keine U mehr übrig sind – 1 M re str = 14(14)20(20) M.
18(25)21(21) M aus dem geraden Stück vor den Nackenmaschen herausstr.

Die Nackenmaschen mit Abn str:
Gr. S(M): 2 M li – *2 M re zus – 2 M re – 2 M re zus – 3 M li*. Von * bis * insg 2 Mal str.
Enden mit 2 M re zus – 2 M re – 2 M re zus – 2 M li = 22 M.

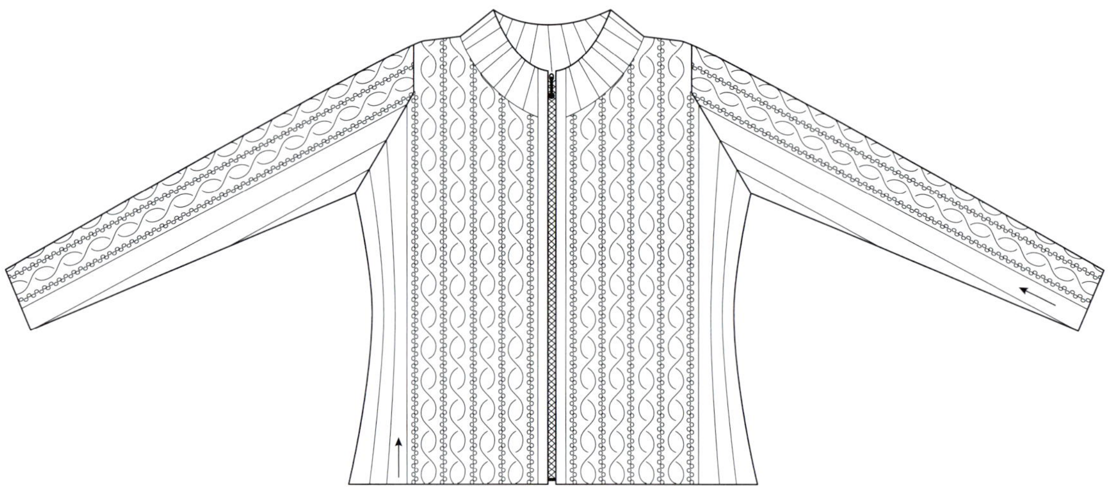

Gr. L(XL): 3 M re – 2 M re zus – *3 M li – 2 M re zus – 2 M re – 2 M re zus*. Von * bis * insg 2 Mal str.
Enden mit 3 M li – 2 M re zus – 3 M re = 25 M.

18(25)21(21) M aus dem geraden Stück bis zu den stillgelegten M herausstr.
1 M re str – den U mit der nächsten M re zus str. Alle U mit der nächsten M re zus str.
Enden mit 2 M re = 86(100)107(107) M.

Reihe 1 (RückR): 1 M re – 2 M li – *3 M re – 4 M li*. Von * bis * wdh. Enden mit 3 M re – 2 M li – 1 M re.

Reihe 2: 3 M re – *3 M li – 4 M re*. Von * bis * wdh. Enden mit 3 M li – 3 M re.
Reihe 1 – Reihe 2 wdh, bis der Halsrand 6 cm misst. In Rippen abk.

BELEG

Mit Nd Nr. 3 und einem Faden Tvinni 150 M anschl. 5 R glatt rechts str. Die erste R muss eine RückR sein. Alle M abk.

FERTIGSTELLUNG

Die Ärmel in die Armausschnitte nähen.

Den Reißverschluss mit Nähgarn einnähen. Die Abkettreihe des Belegs mit Nähgarn an die Rückseite des Reißverschluss annähen. Die Anschlagreihe mit Strickgarn an die Jacke nähen.

Die Fäden vernähen.

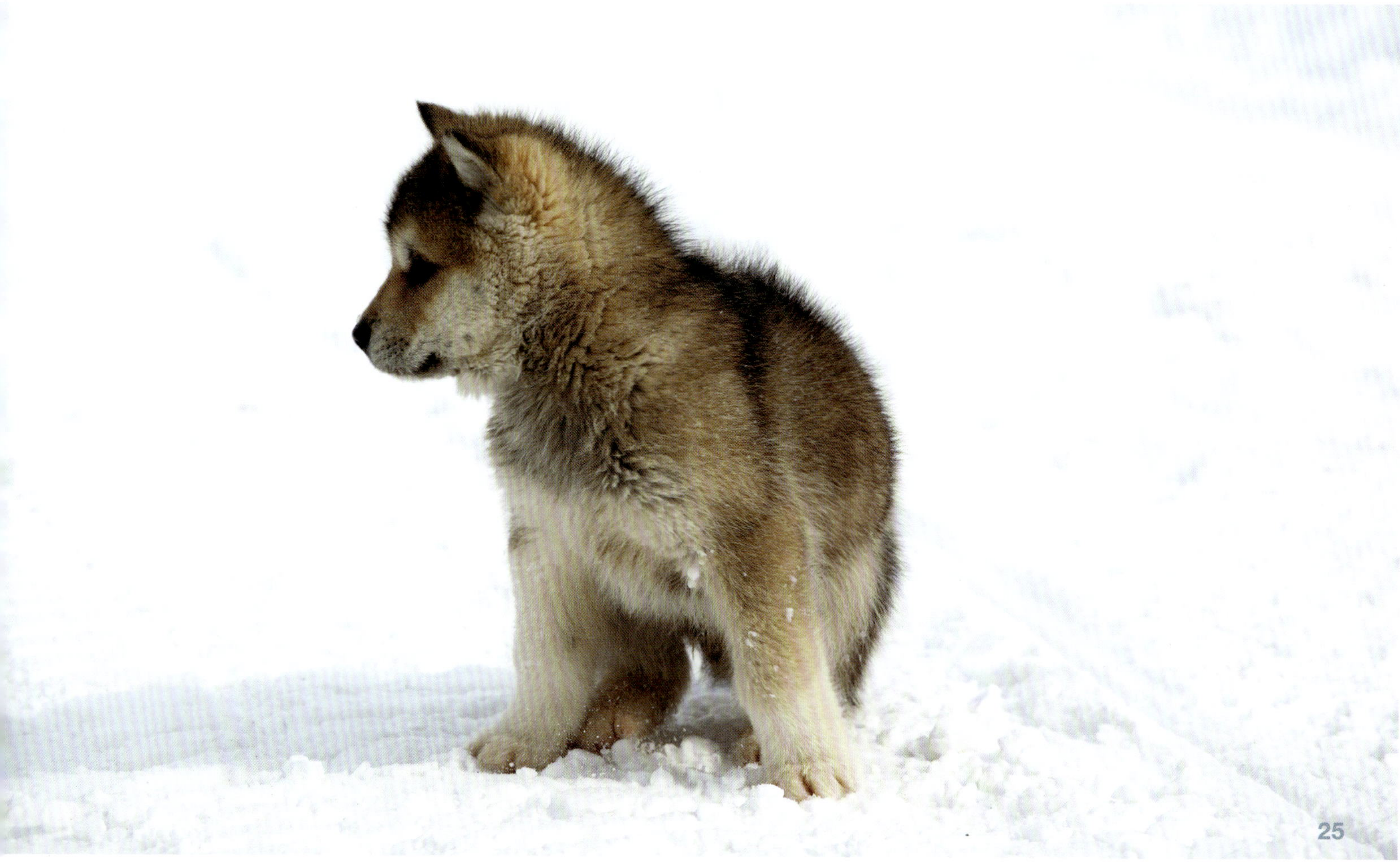

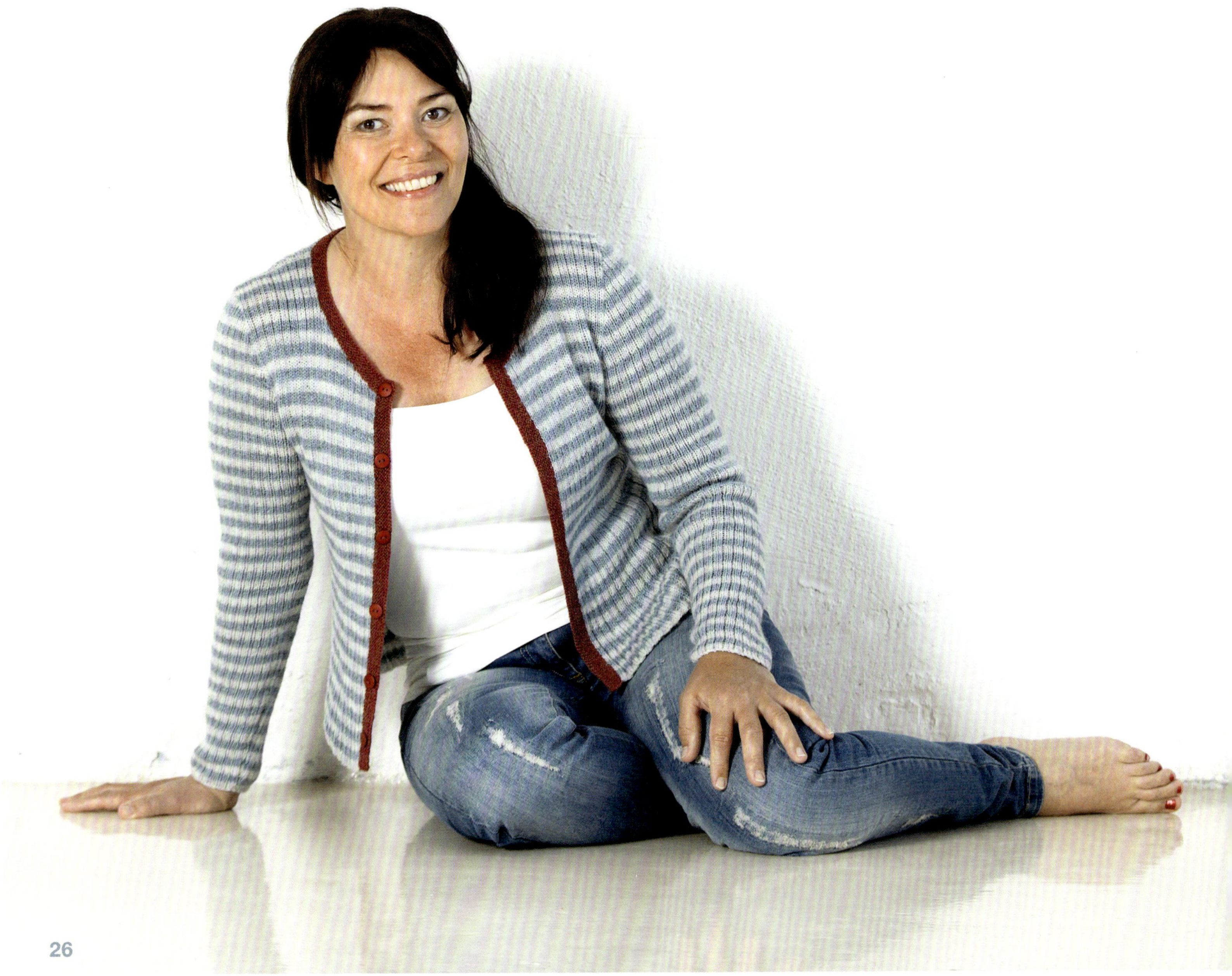

FISCHKUTTER

AALISARIUT

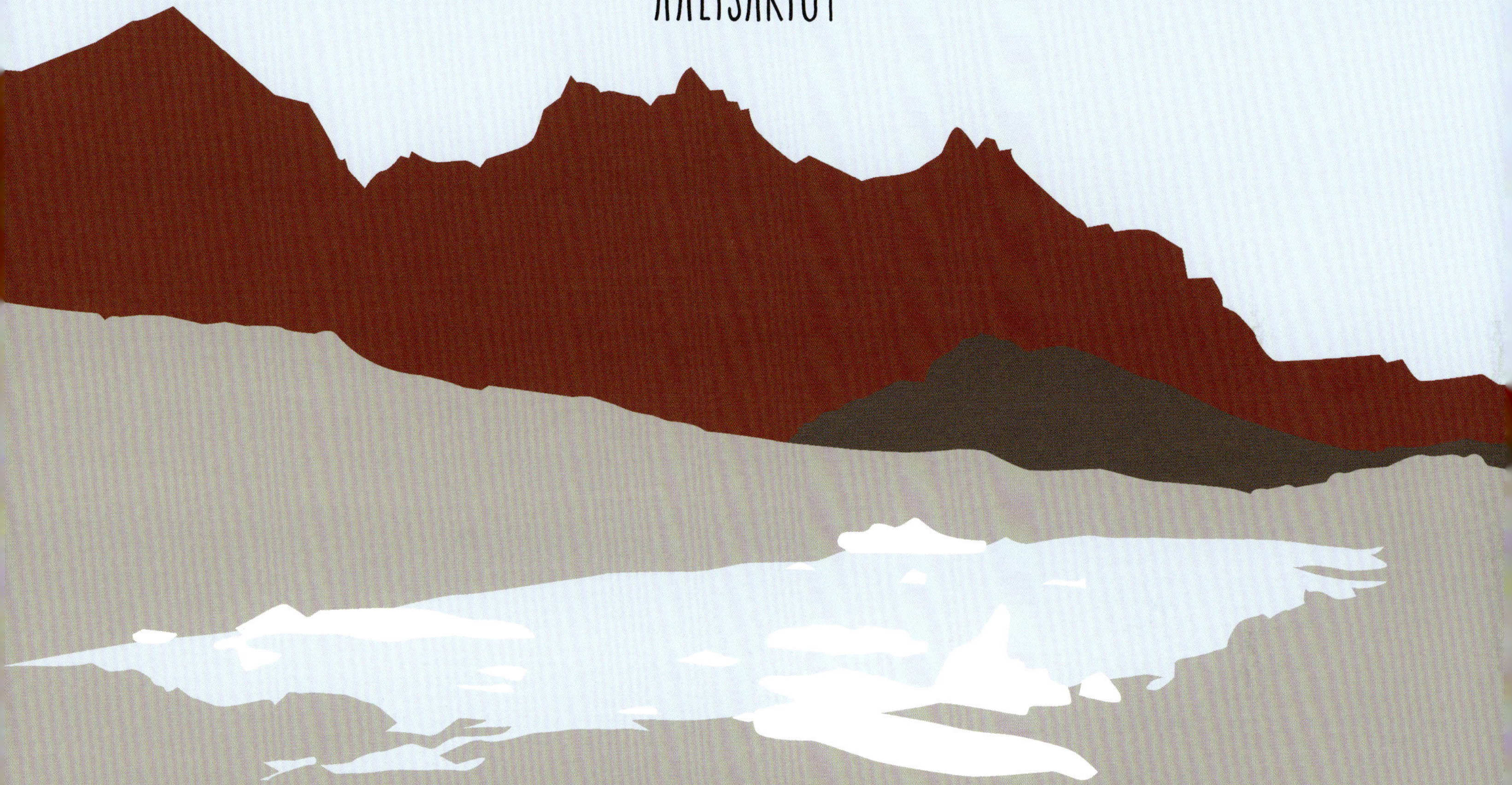

Gr: S(M)L(XL)

Halbe Oberweite: 46(50)54(58) cm
Länge: 58(58)59(60) cm
Schulterbreite: 33(35)38(40) cm
Ärmellänge: 41 cm

Material:
A: 150(150)150(200) g Highland
Farbe Ice blue
B: 150(150)150(200) g Isager Alpaca 2
Farbe 11
C: 50 g Highland Farbe Chili

6 Knöpfe

Strumpfnadeln Nr. 3 und
Rundnadeln Nr. 2½ und 3

Maschenprobe in glatt rechts
und Nd Nr. 3:
10 cm = 28 M und 36 R

KÖRPER

359(399)439(479) M mit Fa A anschl. In Reihen hin und her str.
Reihe 1 (RückR): 1 M re – *2 M li – 3 M re*. Von * bis * wdh. Enden mit 2 M li – 1 M re.
Reihe 2: 3 M re – *3 M li – 2 M re*.
Von * bis * wdh. Enden mit 1 M re.
Reihe 3: Wie Reihe 1.

Zu B wechseln. 4 R Rippen wie bisher str.
Zu A wechseln. 4 R Rippen str.
Zu B wechseln. 4 R Rippen str.
Zu A wechseln. 4 R Rippen str.

Zu B wechseln.
1. ABNAHME: 3 M re – *3 M li – 2 M re – 2 M li zus – 1 M li – 2 M re*. Von * bis * wdh. Enden mit 3 M li – 3 M re = 324(360)396(432) M.

15 R Rippen im Streifenmuster str.
Zu B wechseln.
2. ABNAHME: 3 M re – *2 M li zus – 1 M li – 2 M re – 2 M li – 2 M re*. Von * bis * wdh. Enden mit 2 M li zus – 1 M li – 3 M re = 288(320)352(384) M.
15 R Rippen im Streifenmuster str.
Zu B wechseln.
3. ABNAHME: 3 M re – *2 M li – 2 M re – 2 M li zus – 2 M re*. Von * bis * wdh. Enden mit 2 M li – 3 M re =
253(281)309(337) M.
11 R Rippen im Streifenmuster str.
Zu A wechseln.
4. ABNAHME: 3 M re – *2 M li zus – 2 M re – 1 M li – 2 M re*. Von * bis * wdh. Enden mit 2 M li zus – 3 M re =
217(241)265(289) M. Die Arbeit misst 18 cm.
11 R Rippen im Streifenmuster str.

Zu B wechseln. In Rippen weiterstr.
1. ZUNAHME: 54(60)66(72) M str – 1 neue M li, dafür den Querfaden zw zwei M verschr auf die linke Nd heben und li str – 1 M li – 1 neue M li – 107(119)131(143) M str – 1 neue M li – 1 M li – 1 neue M li – 54(60)66(72) M str = 221(245)269(293) M.

7 R Rippen im Streifenmuster str.

Zu B wechseln.
2. ZUNAHME: 55(61)67(73) M str – 1 neue M re str, dafür den Querfaden zw zwei M re verschr str – 1 M li – 1 neue M re – 109(121)133(145) M str – 1 neue M re – 1 M li – 1 neue M re – 55(61)67(73) M str =
225(249)273(297) M.

3 R Rippen str.

Zu A wechseln.
3. ZUNAHME: 56(62)68(75) M str – 1 neue M re – 1 M li – 1 neue M re – 111(123)135(147) M – 1 neue M re – 1 M li – 1 neue M re –56(62)68(75) M = 229(253)277(301) M.

In jeder 4. R insg 12 Mal Zun an beiden Seiten der Linksmaschen str = 265(289)313(337) M. Die neuen M in das Muster einfügen.

3 R Rippen str.
Zu A wechseln. 1 R Rippen str. Die Arbeit misst 36 cm.

In der RückR die Arbeit in Vorderteile und Rücken teilen: 60(65)71(77) M str – 13(15)15(15) M abk – 119(129)141(153) M str (die erste M ist bereits auf der Nd) – 13(15)15(15) M abk – 60(65)71(77) M str (die erste M ist bereits auf der Nd). Jedes Teil für sich fertig str.

RECHTES VORDERTEIL

Mit Rippen im Streifenmuster weiterstr.
Für den Armausschnitt an der Armseite am Anfang der R abk.
3 M abk = 57(62)68(74) M.
2(3)4(5) Mal 2 M abk = 53(56)60(64) M.
4 Mal 1 M abk = 49(52)56(60) M.

7(5)3(5) R str.
Die äußerste M am Armausschnitt in allen R re str.
Der Armausschnitt misst ca. 6(6)6(7) cm.

Für den HALSAUSSCHNITT mit Wenden str.
Reihe 1: Ab Armausschnitt 45(48)52(56) M str. Wenden.
Reihe 2: 1 verschr U – zurück str.
Reihe 3: Ab Armausschnitt 42(45)48(52) M str. Wenden.
Reihe 4: 1 verschr U – zurück str.
Reihe 5: Ab Armausschnitt 39(42)45(49) M str. Wenden.
Reihe 6: 1 verschr U – zurück str.
Reihe 7: Ab Armausschnitt 36(39)42(46) M str. Wenden.
Reihe 8: 1 verschr U – zurück str.
Reihe 9: Ab Armausschnitt 34(37)39(43) M str. Wenden.
Reihe 10: 1 verschr U – zurück str.
Reihe 11: Ab Armausschnitt 32(35)37(41) M str. Wenden.
Reihe 12: 1 verschr U – zurück str.
Reihe 13: Ab Armausschnitt 30(33)35(39) M str. Wenden.
Reihe 14: 1 verschr U – zurück str.
Reihe 15: Ab Armausschnitt 29(31)34(36) M str. Wenden.
Reihe 16: 1 verschr U – zurück str.
Reihe 17: Ab Armausschnitt 28(30)33(35) M str. Wenden.
Reihe 18: 1 verschr U – zurück str. Mit den Wenden 1 M + U vor der letzten Wende fortsetzen, bis es nur 26(28)30(32) M auf der Nd sind. Bei der letzten Wende KEINEN U machen und zurück str.

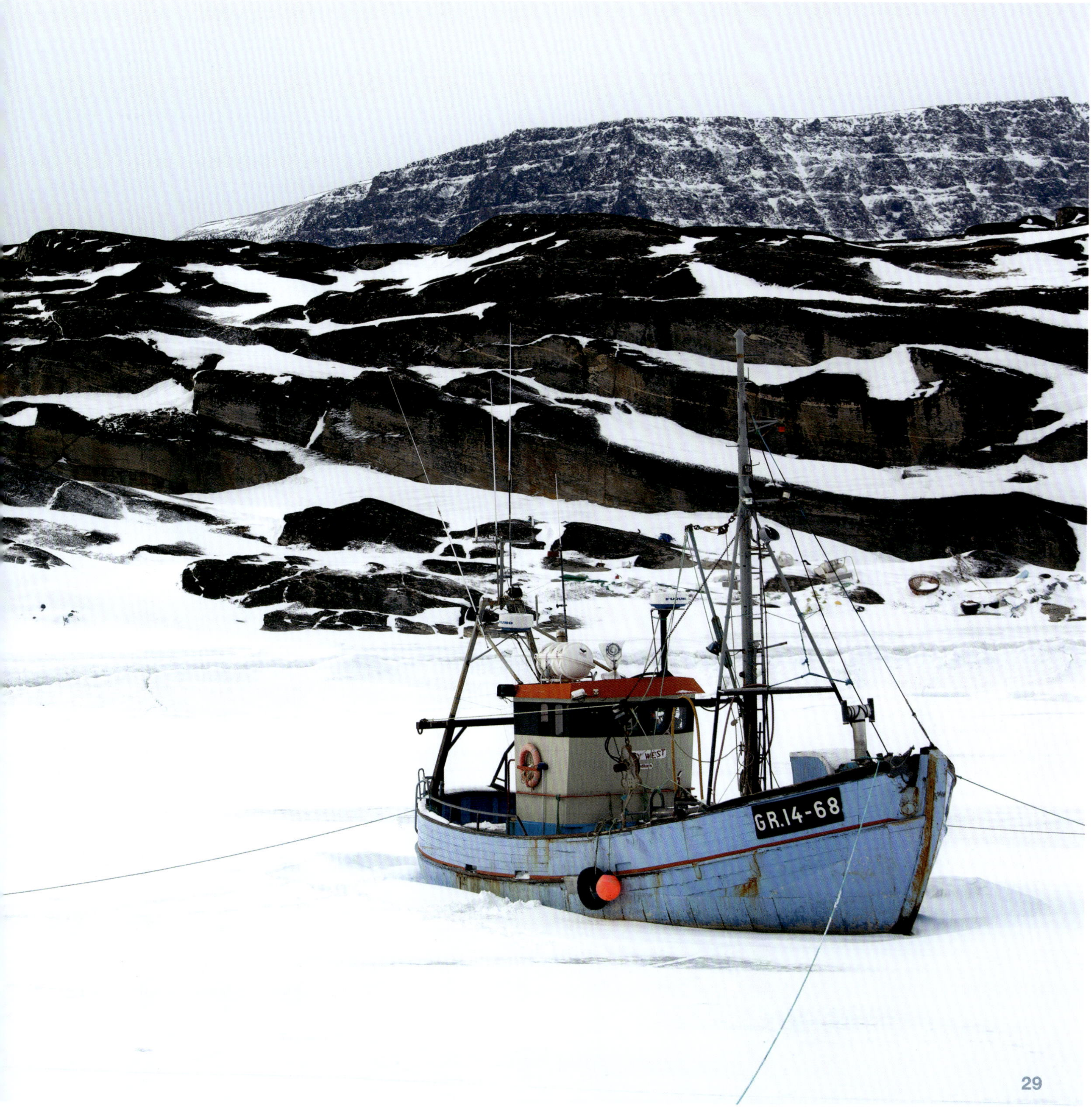
GR.14-68

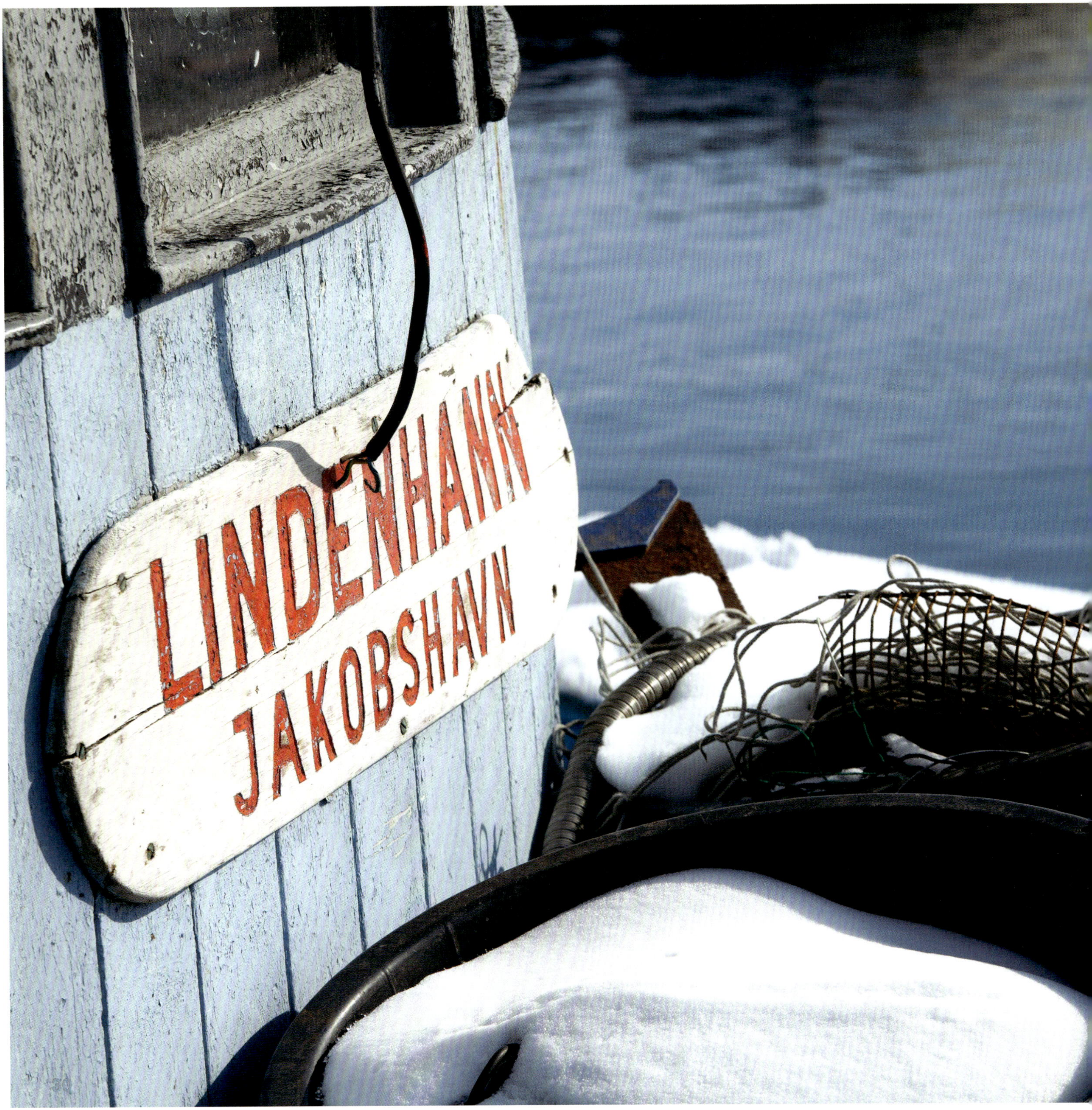
LINDENHANN
JAKOBSHAVN

16(20)22(22) R über die restlichen
26(28)30(32) M str.
Nun auch die äußerste M am Halsausschnitt in allen R re str. Die letzte R ist eine erste Streifenreihe. Die Fäden abschneiden, aber die M auf der Nd lassen.

LINKES VORDERTEIL

Wie das rechte Vorderteil str, jedoch spiegelverkehrt. An der Ärmelseite mit dem Abketten beg.
Nach dem Abketten noch 9(7)5(7) R str.
Mit Wenden str.
Nach dem Halsausschnitt noch 15(19)21(21) R über die verbliebenen M str.
Die letzte R muss die gleiche R wie beim rechten Vorderteil sein.

RÜCKEN

Mit Rippen im Streifenmuster weiterstr. Mit einer HinR beg.
Beidseitig 1 Mal 3 M abk =
113(123)135(147) M.
Beidseitig 1 Mal 2 M abk =
109(119)131(143) M.
Beidseitig 6(8)10(12) Mal 1 M abk =
97(103)111(119) M.

38(38)42(42) R str. Die äußersten M re str. Nun mit der anderen Farbe beg als das Vorderteil endet.

SCHULTER

Mit Wenden str.
Reihe 1: Ab Armausschnitt 35(37)39(41) M str. Wenden.
Reihe 2: 1 verschr U – zurück str.
Reihe 3: Ab Armausschnitt 30(32)34(36) M str. Wenden.
Reihe 4: 1 verschr U – zurück str.
Reihe 5: Ab Armausschnitt 26(28)30(32) M str. Wenden.
Reihe 6: KEINEN U machen – zurück str.

Die Schulter mit der Schulter vom Vorderteil zus str, dafür die Teile rechts auf rechts aneinander legen. Mit einer dritten Nadel nacheinander die gegenüberliegenden M zus str und gleichzeitig dabei abk.

Die mittleren M bleiben für den Halsrand auf dem Faden.
Die Schulter der zweiten Seite auf die gleiche Weise str. An der Ärmelseite mit den Wenden beg.

HALSAUSSCHNITT

Mit C und Rundnadel Nr. 2½ str.
3 M re str – den U mit der nächsten M re verschr zus str – 2 M re str – den U mit der nächsten M re verschr zus str. Alle U mit den vorherigen M re verschr zus str =
23(24)26(28) M.
Bis zu den Nackenmaschen 14(16)18(18) M heraus str. 4 M re str – den U mit der nächsten M re zus str – 4 M re str – den U mit der nächsten M re zus str. 25(27)31(35) M re über die Nackenmaschen – die letzte M mit dem U re verschr zus str – 4 M re – die letzte M re verschr mit dem U zus str – 4 M re.
14(16)18(18) M aus dem Vorderteil heraus str.
Den U mit der folgenden M re zus str.
Die R zu Ende str = 119(127)139(147) M.

10 R re str. Alle M abk.

RECHTER VORDERRAND

Mit C und Rundnd Nr. 2½ M aus dem rechten Vorderteil herausstr. 3 M aus jedem Streifen herausstr = 114(114)114(117) M. 6 M aus dem Halsrand herausstr = 120(120)120(123) M.

5 R re str.
In einer HinR Knopflöcher str: 9(9)9(12) M re – *2 M re zus – 2 neue M anschl – 2 M re verschr zus str – 17 M re*. Von * bis * wdh. Enden mit 2 M re zus – 2 neue M anschl – 2 M re verschr zus str – 2 M re. 5 R re str. Alle M abk.

LINKER VORDERRAND

Erst 6 M aus dem Halsrand herausstr – danach 114(114)114(117) M aus dem linken Vorderteil herausstr =
120(120)120(123) M.
11 R re ohne Knopflöcher str. Alle M abk.

ÄRMEL

63(66)72(75) M mit Fa A und Strumpfnd Nr. 3 anschl.
3 Rd str: *2 M re – 1 M li*. Von * bis * wdh. Zu B wechseln. 4 Rd str.
Zu A wechseln.
1. ZUNAHME: 1 neue M li – 62(65)71(74) M in Rippen – 1 neue M li – 1 M li = 65(68)74(77) M.
3 Rd str.
Die neuen M in das Muster einfügen.
Zu B wechseln. 4 Rd str.

Zu A wechseln.
2. ZUNAHME: 1 neue M re – 64(67)73(76) M in Rippen – 1 neue M re – 1 M li = 67(70)76(79) M.
3 Rd str.
Zu B wechseln. 4 Rd str.

Zu A wechseln.
3. ZUNAHME: 1 neue M re – 66(69)75(78) M in Rippen – 1 neue M re – 1 M li = 69(72)78(81) M.
3 Rd str.

Mit Rippen im Streifenmuster weiterstr.
Die ZUNAHMEN in jeder 8.(8.)8.(6.) Rd wdh, bis es 99(102)108(117) M sind.
Weiterstr, bis der Ärmel ca. 41 cm misst. Nach einem ganzen Streifen enden.

Den Ärmel für die Armkugel teilen: Am Anfang der Rd 3 M abk. Die R zu Ende str und wenden.
Am Anfang der RückR 4 M abk = 92(95)101(110) M.
In Reihen mit Rippen und im Streifenmuster hin und her str.
Beidseitig 3(3)3(4) Mal 2 M abk = 80(83)89(94) M.
Beidseitig 19(21)23(21) Mal 1 M abk = 42(41)43(52) M.
Beidseitig 3 Mal 2 m abk = 30(29)31(40) M.
Beidseitig 2(2)2(3) Mal 3 M abk = 18(17)19(22) M.
Die restlichen M abk.

Den zweiten Ärmel auf die gleiche Weise str.

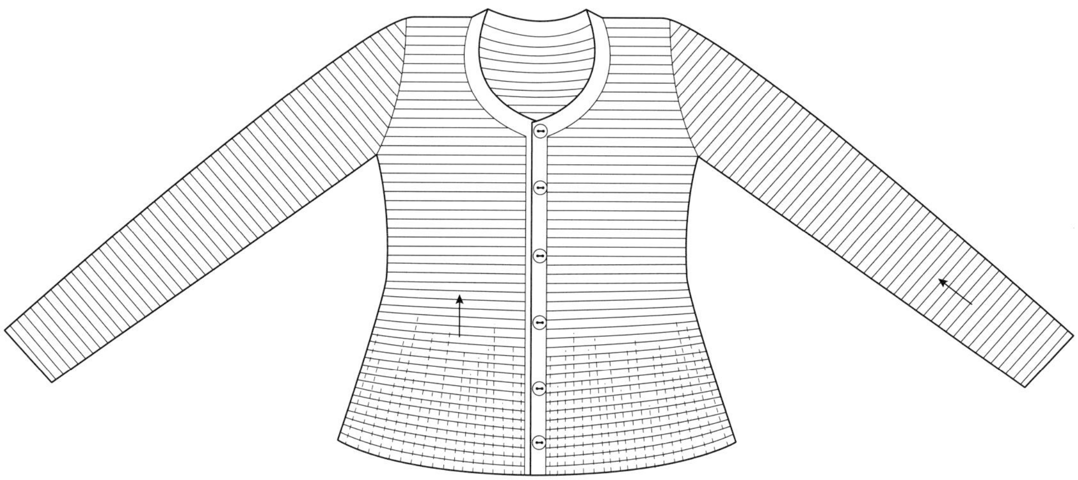

FERTIGSTELLUNG

Die Ärmel vor dem Einnähen mit Nadeln im Armausschnitt feststecken. Von außen einnähen Die Fäden vernähen. Die Knöpfe annähen.

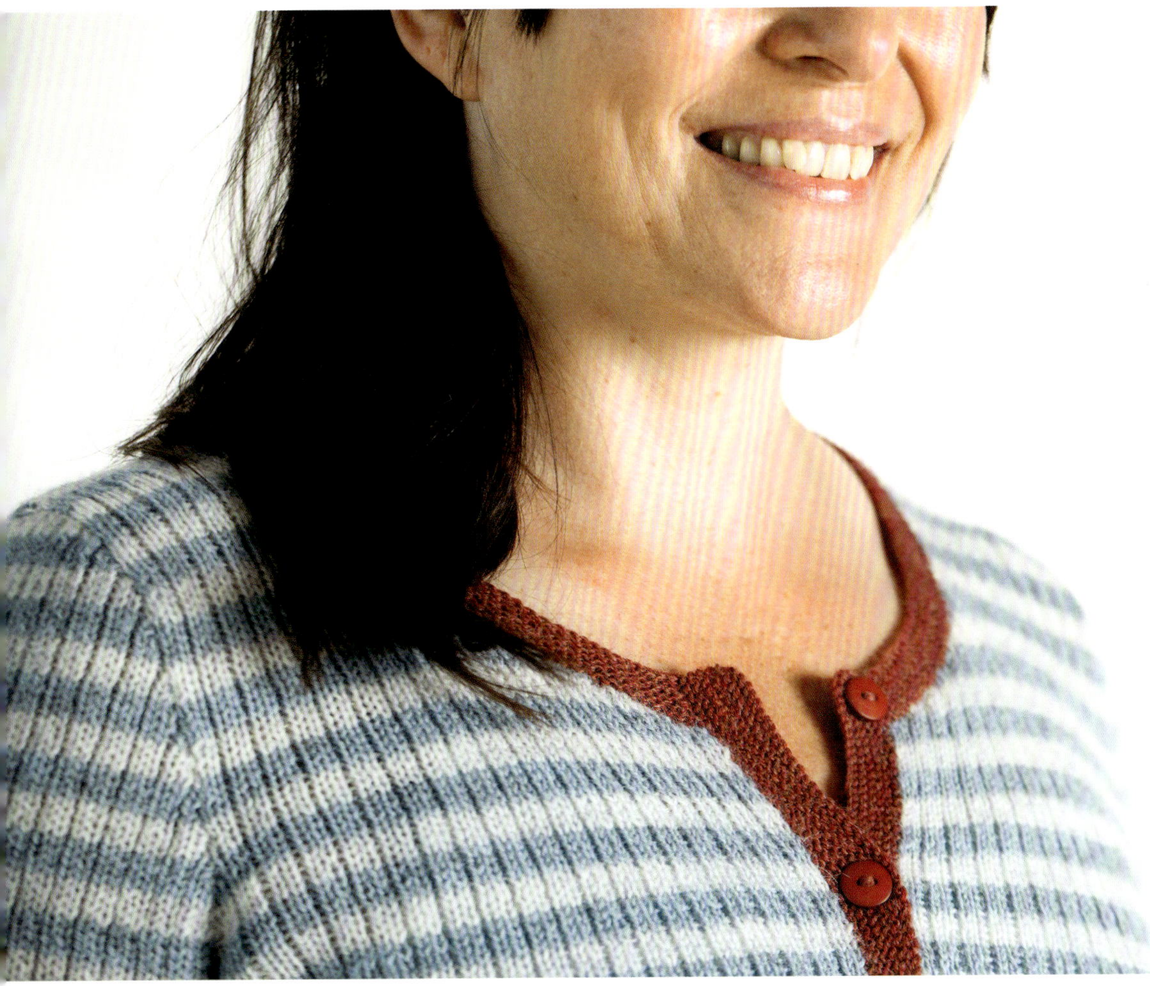

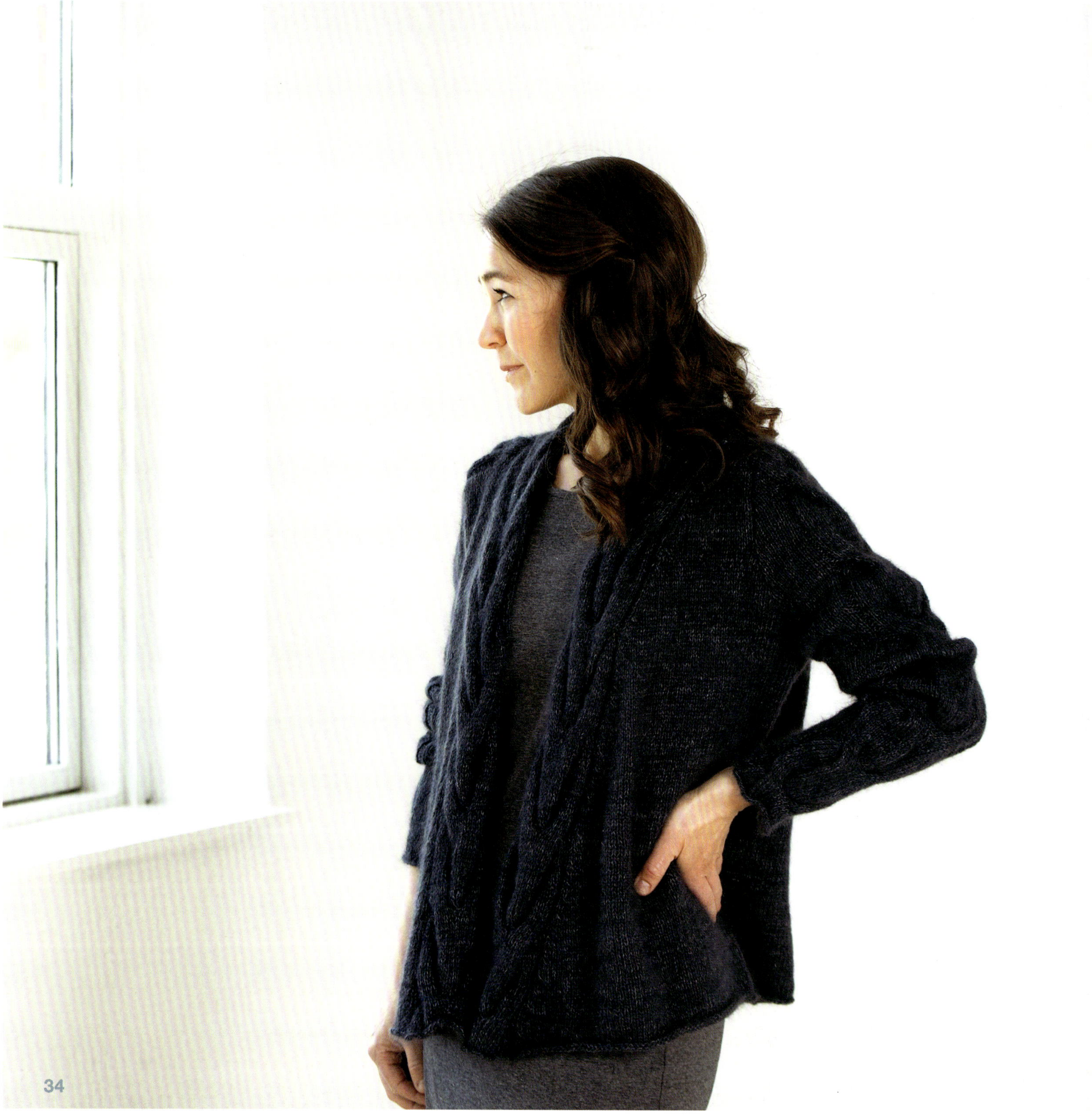

WALE

ARFEQ

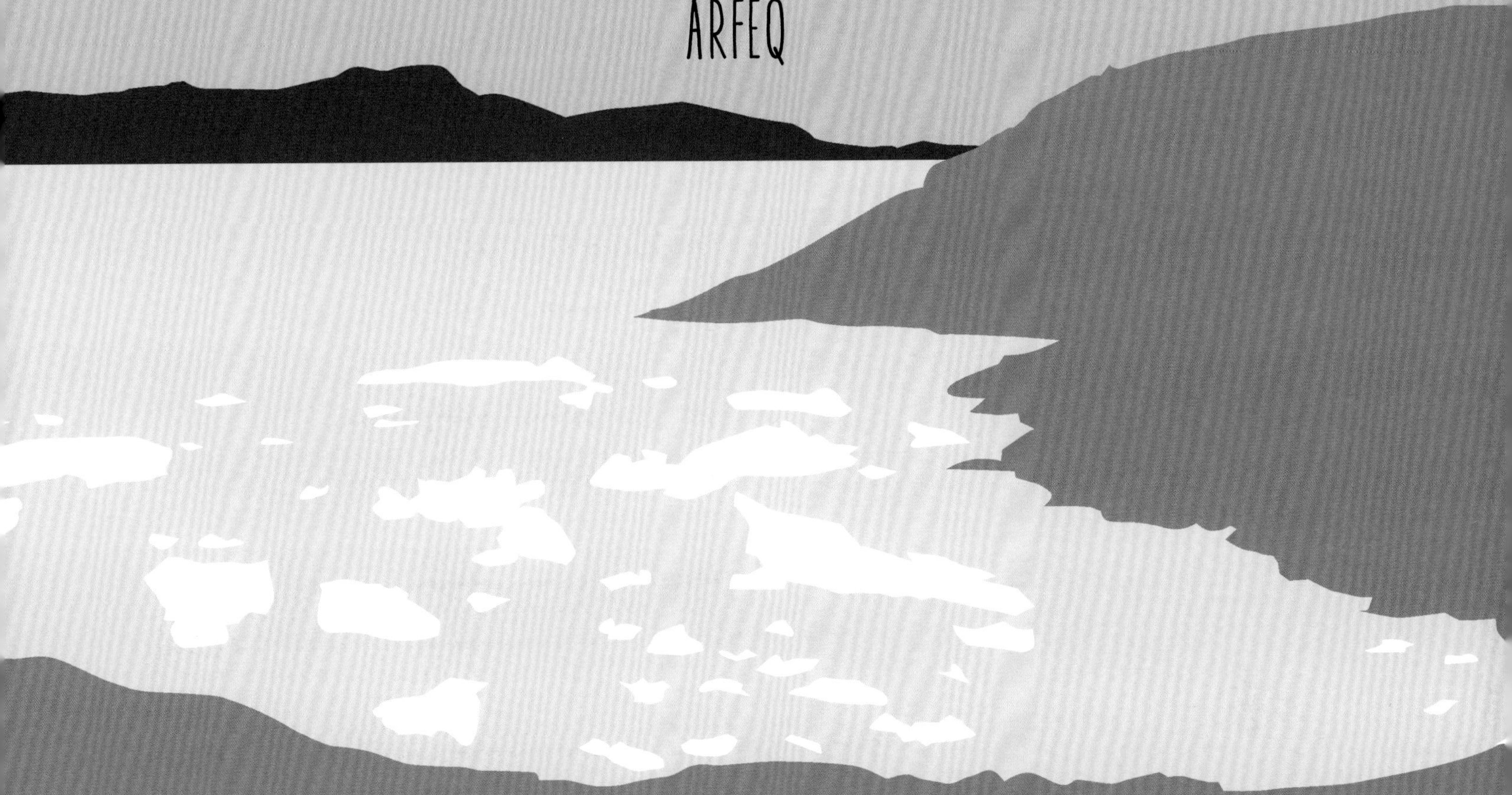

Gr: S(M)L(XL)

Halbe Oberweite: 49(53)55(58) cm
Länge: 55(56)56(57) cm
Innere Ärmellänge: 40 cm

Material:
150(175)175(200) g Silk Mohair
Farbe 47
200(200)250(250) g Spinni Farbe 47
Beide Qualitäten zusammen verstricken.

Strumpf- und Rundnadeln Nr. 4

Maschenprobe in glatt rechts:
10 cm = 20 M und 30 R

KÖRPER

306(318)330(342) M mit den beiden Qualitäten und Nd Nr. 4 anschl.
In Reihen hin und her str.

Muster:
A = 6 M auf eine Hilfsnadel hinter die Arbeit legen – 6 M re str – die 6 M von der Hilfsnd str – 6 M auf eine Hilfsnadel vor die Arbeit legen – 6 M re str – die 6 M von der Hilfsnd str.

Reihe 1 (RückR): 1 M abh mit dem Faden vor der Arbeit = 1 FV – 1 M li – 2 M re – 24 M li – 2 M re – 109(115)121(127) M li – 2 M re – 24 M li – 2 M re – 109(115)121(127) M li – 2 M re – 24 M li – 2 M re – 1 M li – 1 M re.
Reihe 2: 1 FV – 1 M re – 2 M li – 24 M re – 2 M li – 109(115)121(127) M re – 2 M li – 24 M re – 2 M li – 109(115)121(127) M re – 2 M li – 24 M re – 2 M li – 2 M re.
Reihe 3: Wie Reihe 1.

Reihe 4 mit Abn am Vorderrand: 1 FV – 1 M re – 2 M li – 24 M re – 2 M li – 1 M re – 2 M re zus – 106(112)118(124) M re – 2 M li – 24 M re – 2 M li – 106(112)118(124) M re– 2 M re verschr zus – 1 M re – 2 M li – 24 M re – 2 M li – 2 M re = 304(316)328(340) M.
Reihe 5: 1 FV – 1 M li – 2 M re – 24 M li – 2 M re – 108(114)120(126) M li – 2 M re – 24 M li – 2 M re – 108(114)120(126) M li – 2 M re – 24 M li – 2 M re – 1 M li – 1 M re.
Reihe 6: 1 FV – 1 M re – 2 M li – 24 M re – 2 M li – 108(114)120(126) M re – 2 M li – 24 M re – 2 M li – 108(114)120(126) M re – 2 M li – 24 M re – 2 M li – 2 M re.
Reihe 7: Wie Reihe 5.

Reihe 8 mit Abn am Vorderrand: 1 FV – 1 M re – 2 M li – 24 M re – 2 M li – 1 M re – 2 M re zus – 105(111)117(123) M re – 2 M li – 24 M re – 2 M li – 105(111)117(123) M re – 2 M re verschr zus – 1 M re – 2 M li – 24 M re – 2 M li – 2 M re = 302(314)326(338) M.

Reihe 9: 1 FV – 1 M li – 2 M re – 24 M li – 2 M re – 107(113)119(125) M li – 2 M re – 24 M li – 2 M re – 107(113)119(125) M li – 2 M re – 24 M li – 2 M re – 1 M li – 1 M re.
Reihe 10: 1 FV – 1 M re – 2 M li – 24 M re – 2 M li – 107(113)119(125) M re – 2 M li – 24 M re – 2 M li – 107(113)119(125) M re – 2 M li – 24 M re – 2 M li – 2 M re.
Reihe 11: Wie Reihe 9.

Reihe 12 mit Abn am Vorderrand, Zöpfen und Abn in der Rückenmitte: 1 FV – 1 M re – 2 M li – A – 2 M li – 1 M re – 2 M re zus – 101(107)113(119) M re – 2 M re verschr zus – 1 M re – 2 M li – A – 2 M li – 1 M re– 2 M re zus – 101(107)113(119) M re – 2 M re verschr zus – 1 M re – 2 M li – A – 2 M li – 2 M re = 298(310)322(334) M.

Mit den Abn am Vorderrand in jeder 4. R fortsetzen. Die Zöpfe in jeder 24. R wdh.
Die Abn in der Rückenmitte ebenfalls in jeder 24. R insg 3 Mal str = 270(282)294(306) M.

Danach mit den Abn am Vorderrand in jeder 4. R fortsetzen. Aber nun in der Rückenmitte - 23 R nach der letzten Abn - mit Zun beg: 1 FV – 1 M re – 2 M li – A – 2 M li – 1 M re – 2 M re zus – 82(88)94(100) M re – 1 neue M re, dafür den Querfaden zw zwei M re verschr str – 1 M re – 2 M li – A – 2 M li – 1 M re – 1 neue M re – 82(88)94(100) M re – 2 M re verschr zus – 1 M re – 2 M li – A – 2 M li – 2 M re = 260(272)284(296) M.

Mit den Abn am Vorderrand in jeder 4. R fortsetzen. Die Zöpfe in jeder 24. R wdh.
Die Zun in der Rückenmitte in jeder 24. R wdh = 250(262)274(286) M.
Die Arbeit misst ca. 36 cm.
In der nächsten RückR für die Armausschnitte abk: 1 FV – 1 M li – 2 M re – 24 M li – 2 M re – 42(45)48(51) M li – 4 M abk – 35(38)41(44) M li – 2 M re – 24 M li – 2 M re – 35(38)41(44) M li – 4 M abk – 42(45)48(51) M li – 2 M re – 24 M li – 2 M re – 1 M li – 1 M re. Die Vorderteile und den Rücken für sich fertig str.

RECHTES VORDERTEIL

Mit den Zöpfen in jeder 24. R fortsetzen.
Mit den Abn am Vorderrand in jeder 4. R fortsetzen, aber ab jetzt bei jedem 2. Mal 3 M anstatt 2 M zus str.

Reihe 1: 72(75)78(81) M.
Reihe 2: 3 M abk – 69(72)75(78) M str.
Reihe 3: 31 M str – 3 M re zus – 35(38)41(44) M.
Reihe 4: 2 M abk – 65(68)71(74) M.
Reihe 5: 65(68)71(74) M str.
Reihe 6: 2 M abk – 63(66)69(72) M.
Reihe 7: 31 M str – 2 M re zus str – 30(33)36(39) M.
Reihe 8: 1(2)2(2) M abk – 61(63)66(69) M.
Reihe 9: 61(63)66(69) M str.

Reihe 10: 1(1)1(2) M abk – 60(62)65(67) M.
Reihe 11: 31 M str – 3 M re zus – 26(28)31(33) M.
Reihe 12: 1 M abk – 57(59)62(64) M.
Reihe 13: 57(59)62(64) M str.
Reihe 14: 1 M abk – 56(58)61(63) M.
Reihe 15: 31 M str – 2 M re zus – 23(25)28(30) M.
Reihe 16: 1 M abk – 54(56)59(61) M.
Reihe 17: 54(56)59(61) M str.
Reihe 18: 1 M abk – 53(55)58(60) M.
Reihe 19: 31 M str – 3 M re zus – 19(21)24(26) M.
Reihe 20: 1 M abk – 50(52)55(57) M.
Reihe 21: 50(52)55(57) M str.

Nur Gr. (M)L(XL):
Reihe 22: 1 M abk – (51)54(56) M.
Reihe 23: 31 M str – 2 M re zus – (18)21(23) M.

Nur Gr. (XL):
Reihe 24: 1 M abk – 54 M.
Reihe 25: 54 M str.
Reihe 26: 1 M abk – 53 M.
Reihe 27: 31 M str – 3 M re zus – 19 M.

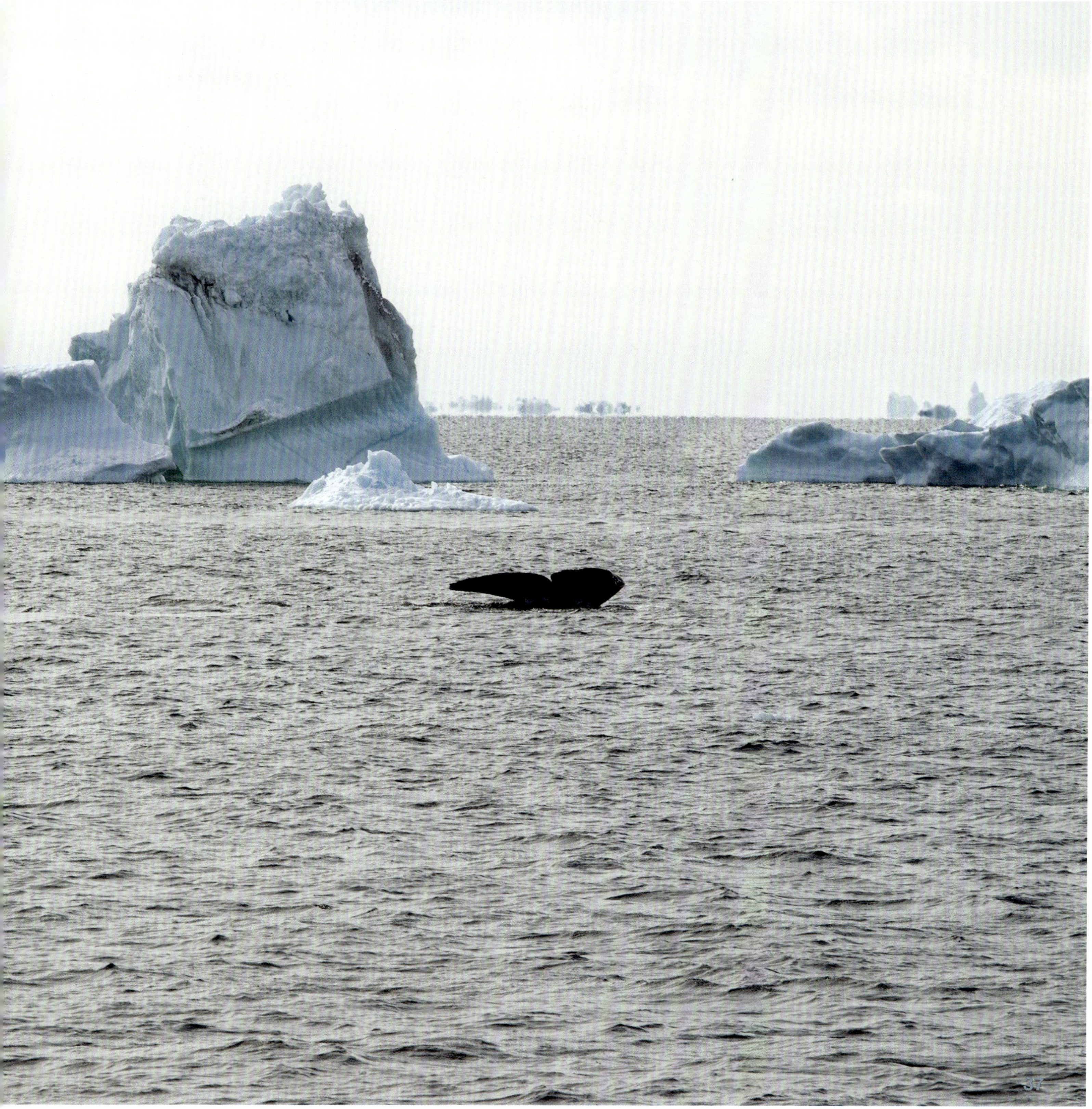

ALLE Gr.:
Im Muster, aber ohne für den Armausschnitt abzuketten, weiterstr.
Weiterhin noch 4(3)3(3) Mal in jeder 4. R abwechselnd 2 M re zus und 3 M re zus str = 44(45)48(47) M.
Nach der letzten Abn 2(4)6(2) R str.
Ab Armausschnitt 14(15)18(17) M abk – 30 M str.

Für den Kragen 16(16)18(18) cm über die letzten 30 M str.
Dabei die äußerste M an der Schulterseite in allen R re str.
In der letzten HinR die rechten M vom Zopf immer 2 und 2 M zus str, damit der Zopf zusammengehalten wird. Nicht abk.

LINKES VORDERTEIL

Wie das rechte Vorderteil str.
Hier werden am Vorderrand in jeder 4. R abwechselnd 3 und 2 M re verschr zus gestr – gleichzeitig an der Ärmelseite M abk:
1 Mal 3 M abk.
2(3)3(4) Mal 2 M abk.
7(7)7(8) Mal 1 M abk.

Wenn es 44(45)48(47) M sind, nach der letzten Abn noch 3(5)7(3) R str.
Ab Armausschnitt 14(15)18(17) M abk.

Für den Kragen 16(16)18(18) cm über die letzten 30 M str.
Dabei die äußerste M an der Schulterseite in allen R re str.

In der letzten HinR die rechten M vom Zopf immer 2 und 2 M zus str, damit der Zopf zusammengehalten wird.
Die Kragenmaschen mit dem Kragen vom rechten Vorderteil zus str, dafür die beiden Teile rechts auf rechts aneinander legen. Mit einer 3. Nd die gegenüberliegenden M zus str und gleichzeitig dabei abk.

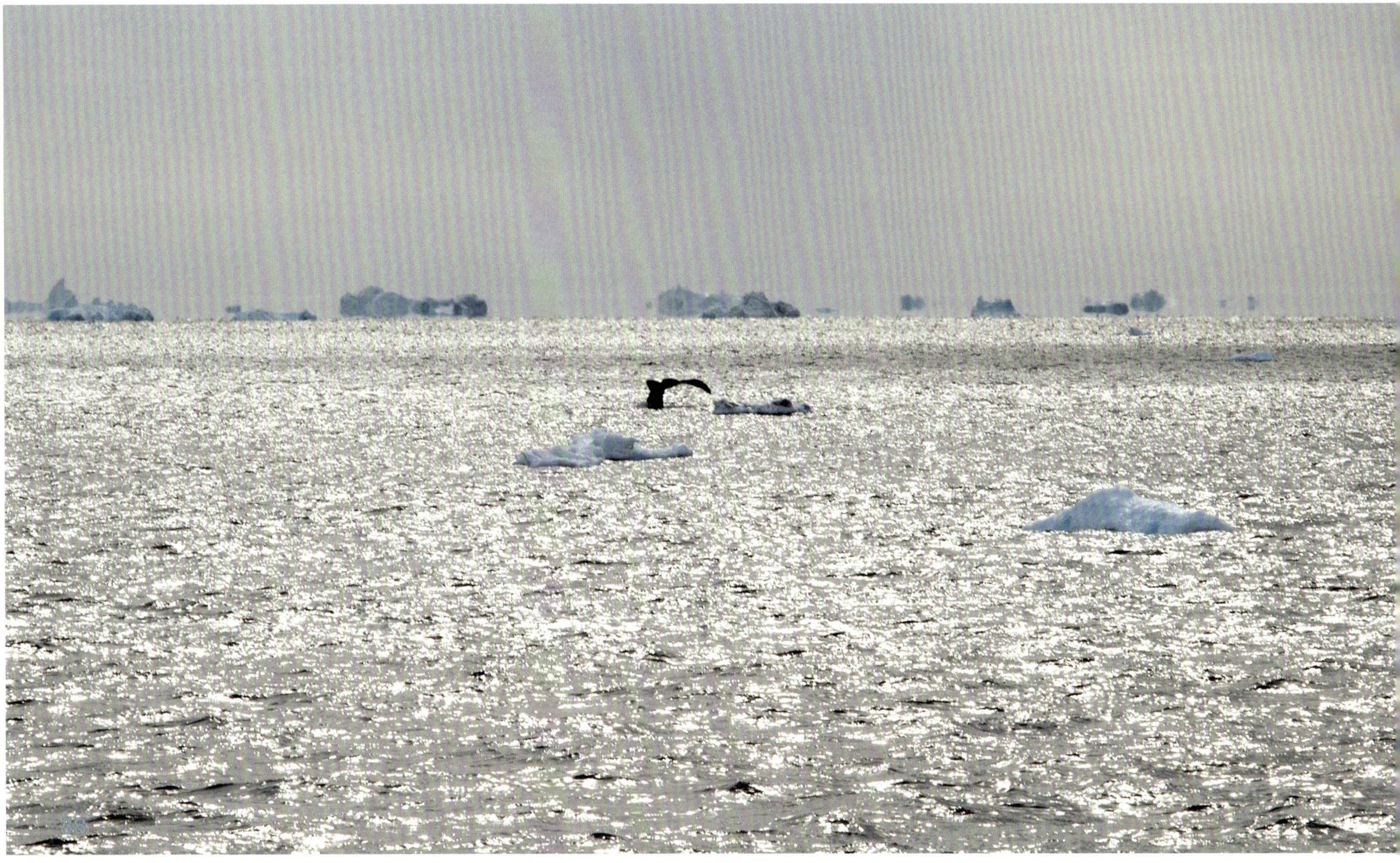

RÜCKEN

Beidseitig M für die Armausschnitte abk.
Beidseitig 2(3)3(4) Mal 2 M abk = 90(92)98(100) M.
Beidseitig 10 Mal 1 M abkk = 70(72)78(80) M.

16(14)16(18) R ohne abzuketten str.

Beidseitig die äußeren 14(15)15(17) M markieren. Diese M werden später an die Sattelschultern genäht. In einer HinR alle M abk, dabei wieder die rechten Zopfmaschen immer 2 und 2 M zus str.

ÄRMEL

54(56)58(60) M mit beiden Qualitäten und Strumpfnd Nr. 4 anschlagen. In Runden str.

Rd 1 – Rd 11: 13(14)15(16) M re – 2 M li – 24 M re – 2 M li – 13(14)15(16) M re.
Rd 12 mit Zopf: 13(14)15(16) M re – 2 M li – A – 2 M li – 13(14)15(16) M re.
Rd 13 – Rd 23: 13(14)15(16) M re – 2 M li – 24 M re – 2 M li – 13(14)15(16) M re.
Rd 24 mit Zun: 12(13)14(15) M re – 1 neue M re, dafür den Querfaden zw zwei M verschr str – 1 M re – 2 M li – 24 M re – 2 M li – 1 M re – 1 neue M re – 12(13)14(15) M re.
Rd 25 – Rd 35: 14(15)16(17) M re – 2 M li – 24 M re – 2 M li – 14(15)16(17) M re.
Rd 36 mit Zopf und Zun:
13(14)15(16) M re – 1 neue M re – 1 M re – 2 M li – A – 2 M li – 1 M re – 1 neue M re – 13(14)15(16) M re.
Rd 37 – Rd 47: 15(16)17(18) M re – 2 M li – 24 M re – 2 M li – 15(16)17(18) M re.
Rd 48 mit Zun: 14(15)16(17) M re – 1 neue M re – 1 M re – 2 M li – 24 M re – 2 M li – 1 M re – 1 neue M re – 14(15)16(17) M re.

Weiterhin Zöpfe in jeder 24. Rd str. Weiterhin Zun in jeder 12. Rd str, bis insg 9 Zun gestrickt sind = 72(74)76(78) M.

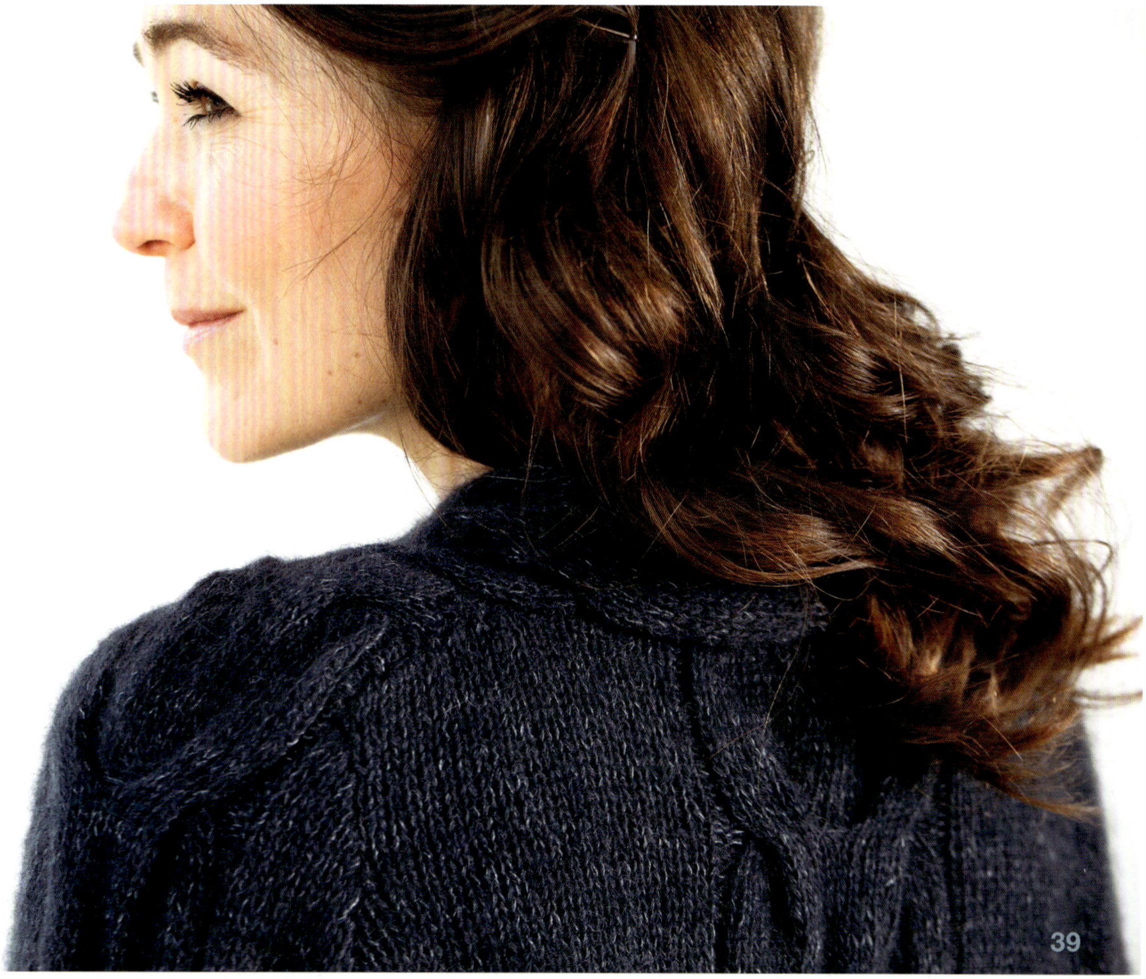

Weiterstr, bis der Ärmel ca. 40 cm misst. Nach der letzten Zun mit einer ungeraden Reihenanzahl enden (Anzahl für den zweiten Ärmel notieren).

Den Ärmel teilen und in R hin und her str.

Am Anfang der Rd 2 M abk – die Rd zu Ende str. Wenden und wieder 2 M abk – die R zu Ende str = 68(70)72(74) M.

Weiterhin Zöpfe in jeder 24. Rd str.
Beidseitig am Anfang der R abk:
1 Mal 2 M abk = 64(66)68(70) M.
4 Mal 1 M abk = 56(58)60(62) M.
2 R ohne abzuketten str.
1 Mal 1 M abk = 54(56)58(60) M.
2 R ohne abzuketten str.
1 Mal 1 M abk = 52(54)56(58) M.
2 R ohne abzuketten str.
7(8)9(10) Mal 1 M abk = 38 M.
2 Mal 2 M abk = 30 M.

Über die letzten 30 M im Muster str. Die äußersten M in allen R re str. Diese M bilden die Sattelschulter.

22(24)24(28) R str = ca. 7(8)8(9) cm. In einer HinR alle M abk, dabei wieder die rechten Zopfmaschen immer 2 und 2 M zus str.

FERTIGSTELLUNG

Die Vorderteile und den Rücken an die Sattelschulter nähen. Die Ärmel vor dem Einnähen mit Nadeln im Armausschnitt feststecken. Von außen einnähen.
Den Kragen an die Sattelschulter und den Rücken nähen. Die Fäden vernähen.

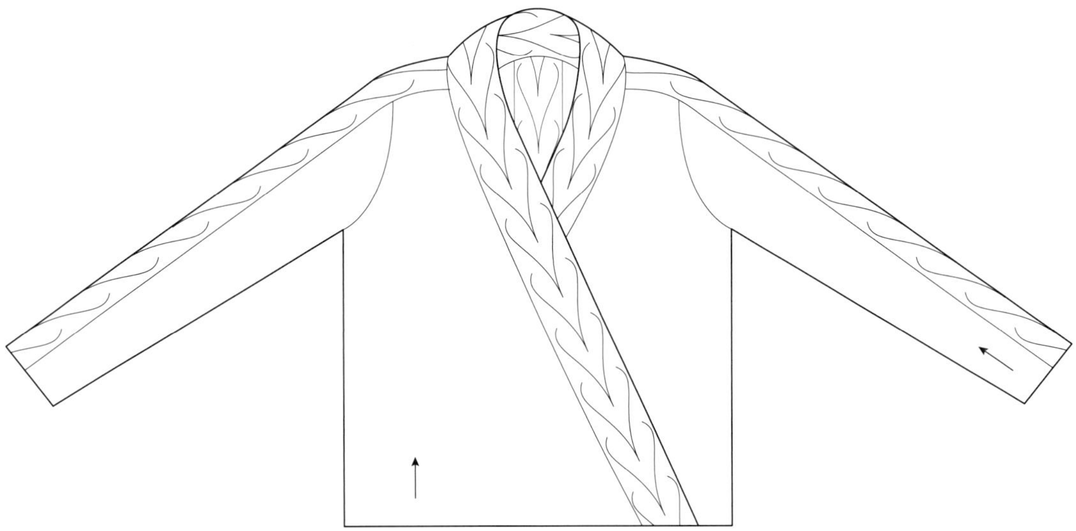

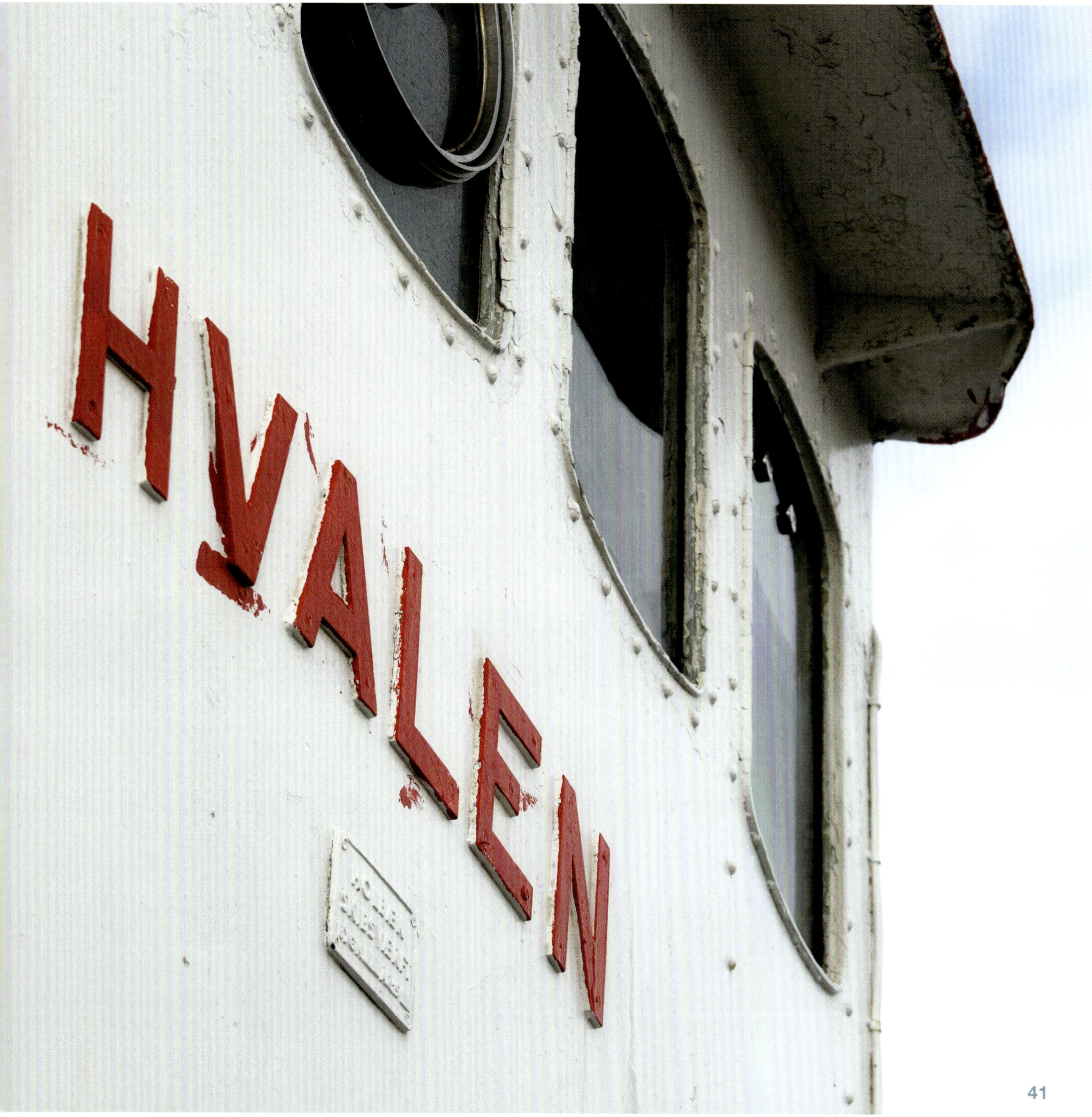
HVALEN

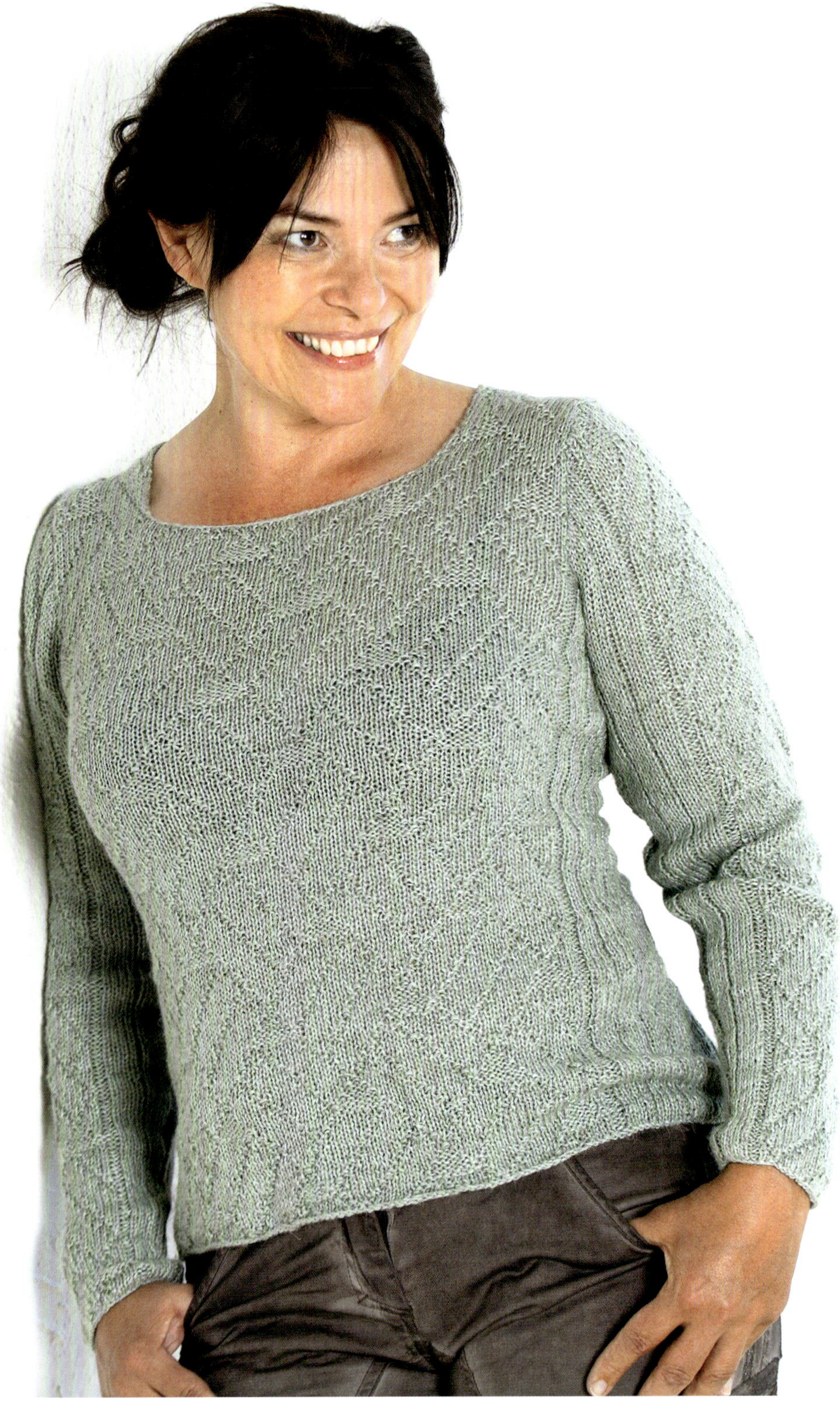

INLANDEIS

SERMERSUAQ

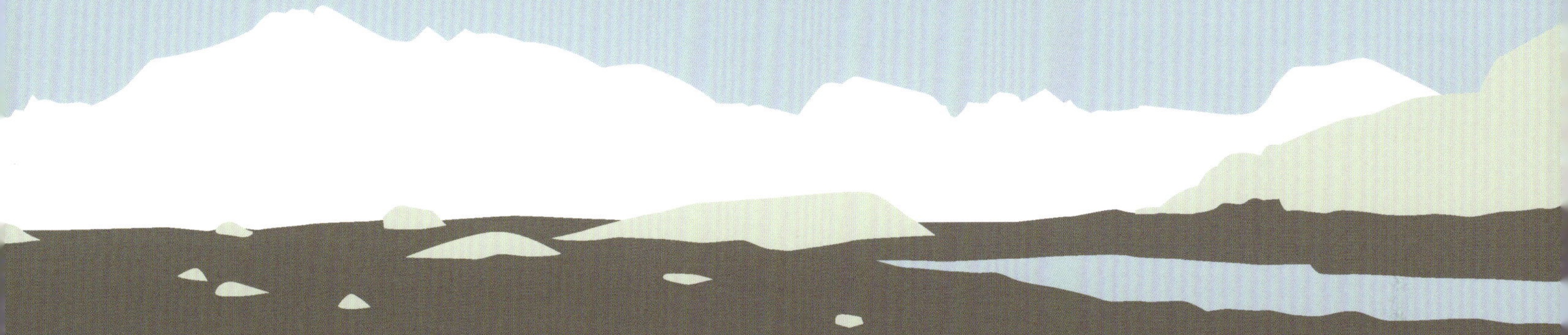

Gr: S(M)L(XL)

Halbe Oberweite: 45(49)53(58) cm
Länge: 53(55)55(57) cm
Innere Ärmellänge: 41 cm

Material:
250(250)300(300) g Viscolin Farbe 46
150(150)150(200) g Isager Alpaca 1
Farbe 46
Beide Qualitäten zusammen verstricken.

Rund- und Strumpfnadeln Nr. 3½

Maschenprobe in glatt rechts:
10 cm = 21 M und 30 R
Maschenprobe im Muster:
10 cm = 22 M und 34 R

KÖRPER

200(220)238(256) M mit beiden Qualitäten und Nd Nr. 3½ anschl. In Runden str.
Rd 1: 2 M re – *1 M li – 4 M re*.
Von * bis * 2(3)3(3) Mal str – 2 M li – das Diagramm 4(4)4½(5) Mal str = 72(72)81(90) M.
2 M li – *4 M re – 1 M li* str.
Von * bis * 2(3)3(3) Mal str – 2 M re – Markierung setzen = Seitennaht. Das Ganze noch einmal str.
Rd 2: Rechts über re M und links über li M str.

Rd 1 - Rd 2 wdh, dabei dem Diagramm folgen, bis das Diagramm 1 Mal in der Höhe gestr ist = 36 R.
Danach das Diagramm wieder von vorne beg und die ersten 8 Rd str.

Nach Diagramm str und dabei für die Taille abn:
1. ABNAHME: 2 M re zus – *1 M li – 2 M re – 2 M re zus*. Von * bis * 2(3)3(3) Mal str – 2 M li – Diagramm 4(4)4½(5) Mal str – 2 M li – *2 M re – 2 M re zus – 1 M li*. Von * bis * 2(3)3(3) Mal str – 2 M re. Das Ganze noch einmal str = 190(206)224(242)M.

13 Rd str.
2. ABNAHME: 1 M re – *1 M li – 2 M re zus – 1 M re*. Von * bis * 2(3)3(3) Mal str – 2 M li – Diagramm 4(4)4½(5) Mal str – 2 M li – *2 M re zus – 1 M re – 1 M li*. Von * bis * 2(3)3(3) Mal str – 2 M re zus. Das Ganze noch einmal str = 180(192)210(228) M.

21 Rd str.
1. ZUNAHME: 1 neue M re, dafür den Querfaden zw zwei M verschr auf die li Nd heben und re str – 1 M re – *1 M li – 1 M re – 1 neue M re – 1 M re*. Von * bis * 2(3)3(3) Mal str – 2 M li – das Diagramm 4(4)4½(5) Mal str – 2 M li – *1 M re – 1 neue M re – 1 M re – 1 M li*. Von * bis * 2(3)3(3) Mal str – 1 M re. Das Ganze noch einmal str = 190(206)224(242) M.

21 Rd str.
2. ZUNAHME: 2 M re – *1 M li – 1 M re – 1 neue M re – 2 M re*. Von * bis * 2(3)3(3) Mal str – 2 M li – Diagramm 4(4)4½(5) Mal str – 2 M li – *1 M re – 1 neue M re – 2 M re – 1 M li*.
Von * bis * 2(3)3(3) Mal str – 1 M re – 1 neue M re. Das Ganze noch einmal str = 200(220)238(256) M.

Das Diagramm in der Höhe insg 3 Mal + 21 Rd str. Die Arbeit misst ca. 38 cm.

Im Muster wie bisher weiterstr: Rippen unter den Armen und Vorderteil + Rücken nach Diagramm.
Für die Armausschnitte abk
Rd 22: 98(108)117(126) M str = Vorderteil – 4 M abk – 96(106)115(124) M str (die 1. M ist bereits auf der Nd) – 4 M abk (die letzte M gehört bereits zum Vorderteil).
Die Fäden nicht abschneiden.

VORDERTEIL

Reihe 23: Weiter über die Vorderteilmaschen str. In Reihen hin und her str.

Beidseitig am Anfang der R 1(2)2(2) Mal 3 M abk = 90(94)103(112) M.
Beidseitig am Anfang der R 3 Mal 2 M abk = 78(82)91(100) M.
Beidseitig am Anfang der R 2(4)4(4) Mal 1 M abk = 74(74)83(92) M.

Armausschnitt = 13(19)19(19) R.
Weitere 18(12)12(12) R str. Die RM in allen R re str – sie sind nicht im Diagramm abgebildet.
Letzte R = Reihe 17.

Reihe 18: 20(20)25(29) M im Muster str – 34(34)33(34) M abk – die letzten 20(20)25(29) M str (die 1. M ist bereits auf der Nd).
23(27)27(33) R über die 20(20)25(29) M der linken Schulter str.
Die RM am Halsausschnitt in allen R re str. Mit einer HinR enden.
Die Fäden abschneiden.

Die rechte Schulter mit einer HinR = Reihe 19 beg.
Gr L(XL): Bei den Markierungen im Diagramm beg. Die RM in allen R re str. Sie sind nicht im Diagramm abgebildet.
23(27)27(33) R str.
Mit einer HinR enden. Die Fäden abschneiden.

RÜCKEN

Reihe 23: Weiter über die Rückenmaschen in Reihen hin und und her str. Mit Abk beg.

Beidseitig am Anfang der R 0(1)1(1) Mal 3 M abk = 96(100)109(118) M.
Beidseitig am Anfang der R 3 Mal 2 M abk = 84(88)97(106) M.
Beidseitig am Anfang der R 5(7)7(7) Mal 1 M abk = 74(74)83(92) M.

Armausschnitt = 16(22)22(22) R.
Weitere 33(31)31(37) R str. Die RM in allen R re str – sie sind nicht im Diagramm abgebildet.

Nacken: 20(20)25(29) M im Muster str – 34(34)33(34) M abk – die letzten 20(20)25(29) M str (die 1. M ist bereits auf der Nd).
5 R über die restlichen M str.
Die RM in allen R re str – sie sind nicht im Diagramm abgebildet.
Mit der Schulter vom Vorderteil wie folgt zus str: Die Teile rechts auf rechts aneinander legen und mit einer dritten Nd die gegenüber liegenden M zus str und gleichzeitig dabei abk.

Ebenfalls 5 R über die zweite Schulter str. In einer HinR an der gleichen Stelle wie bei der rechten Vorderteilschulter beg.
Mit dem Vorderteil zus str.

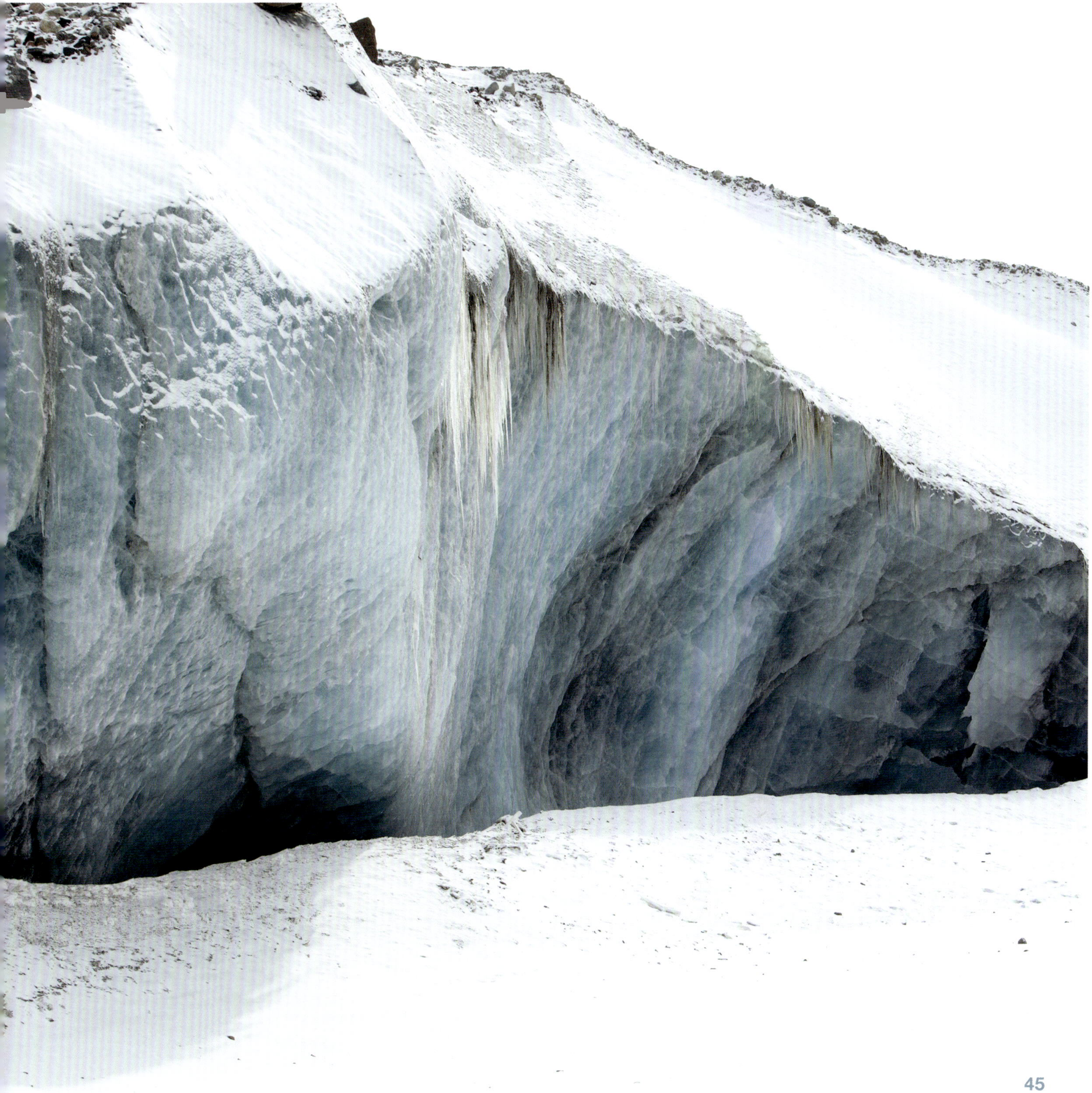

ÄRMEL

50(60)60(70) M mit Strumpfnd Nr. 3½ anschl. In Rd str.

Rd 1: *1 M li – 4 M re*. Von * bis * 1(2)2(3) Mal str – 2 M li – Diagramm 2 Mal str – 2 M li – *4 M re – 1 M li*. Von * bis * 1(2)2(3) Mal str.
Rd 2: Rechts über re M und links über li M str. Insg 8 Rd str.

1. ZUNAHME: 1 M li – 1 neue M li, dafür den Querfaden zw zwei M verschr auf die li Nd heben und li str – 48(58)58(68) M – 1 neue M li – 1 M li = 52(62)62(72) M. 7 Rd str.
Die neuen M re str.

2. ZUNAHME: 1 M li – 1 neue M re – 50(60)60(70) M – 1 neue M re – 1 M li = 54(54)64(64) M. 7 Rd str.
Die neuen M re str.

Die Zun in jeder 8. Rd wdh, bis es 82(92)92(102) M sind.
Bei den nächsten 3 Zun die neuen M re str. Bei der nächsten Zun die neuen M li str. Bei den nächsten 4 Zun die neuen M re str. Bei der nächsten Zun die neuen M li str. Bei den nächsten 4 Zun die neuen M re str.

Weiterstr, bis der Ärmel 41 cm misst.
Nach einer "geraden Rd" enden (die Ärmel nicht zu lang str – sie "wachsen" beim Tragen noch).

Am Anfang der Rd 2 M abk – die Rd zu Ende str. Wenden und 2 M abk – die R zu Ende str = 78(88)88(98) M.
Das Muster nun in R hin und her str.

Beidseitig am Anfang der R 2(3)3(3) Mal 2 M abk = 70(76)76(86) M.
Beidseitig am Anfang der R 14(15)15(16) Mal 2 M re zus str = 42(46)46(54) M.
Beidseitig am Anfang der R 2(3)3(5) Mal 2 M abk = 34 M.
Beidseitig am Anfang der R 2 Mal 3 M abk = 22 M. Die letzten M abk.

Den zweiten Ärmel auf die gleiche Weise str.

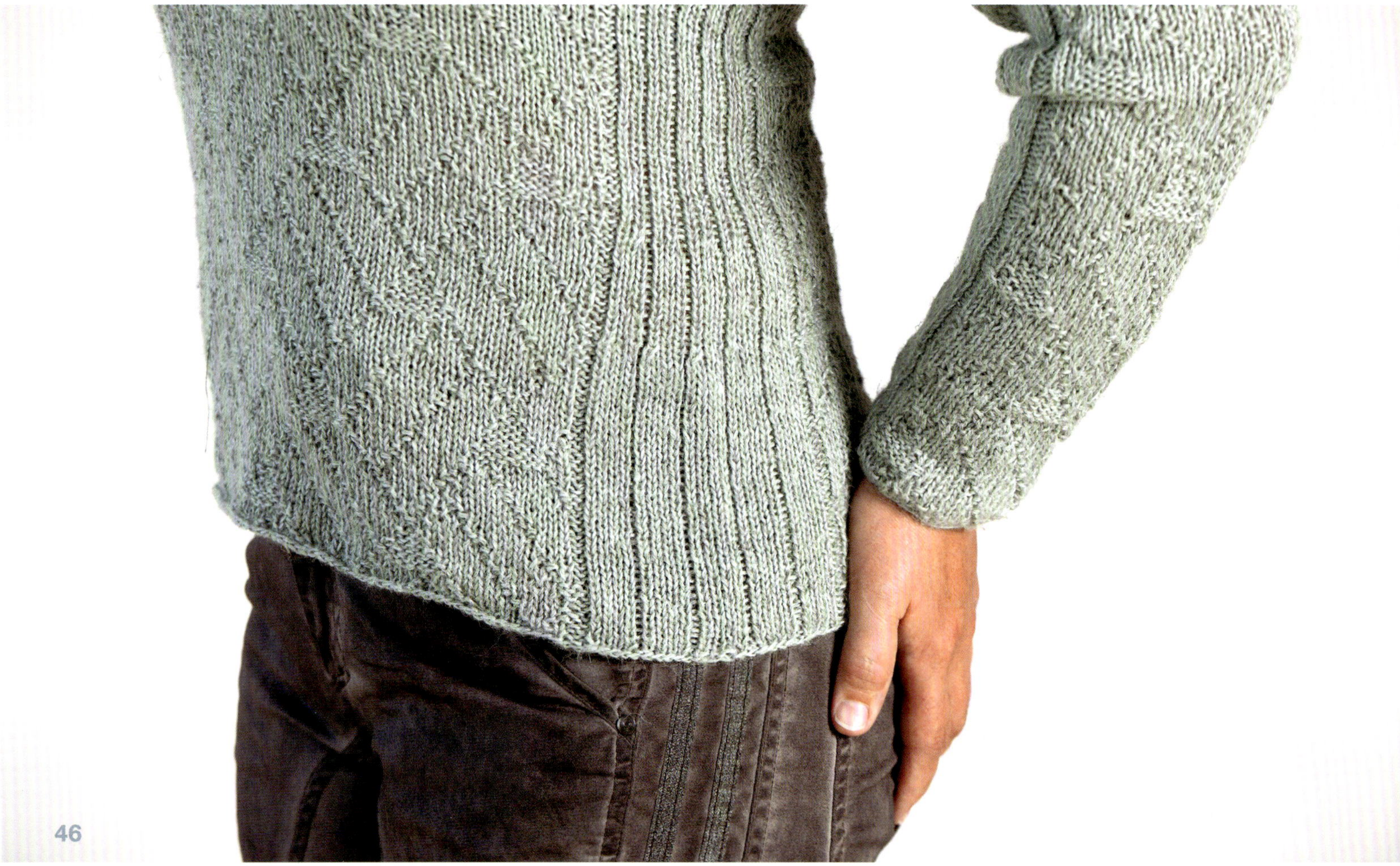

FERTIGSTELLUNG

Die Fäden vernähen.
Vor dem Einnähen die Ärmel mit Nadeln in dem Armausschnitt feststecken. Von außen einnähen.

☐ re in den HinR – li in den RückR

☒ li in den HinR – re in den RückR

Gerade R = rechts über re M – links über li M

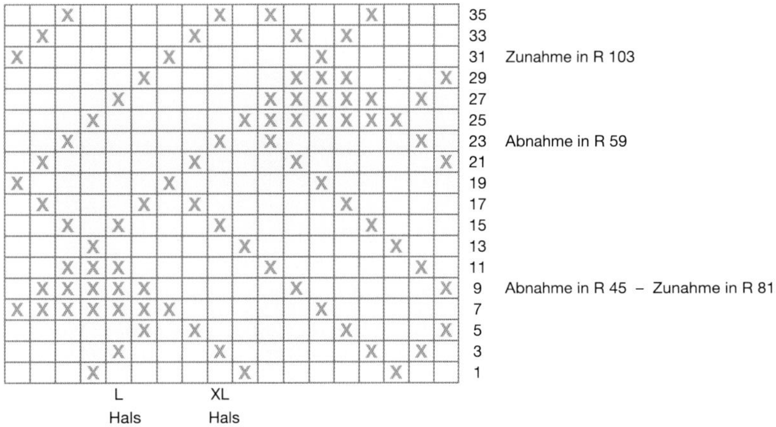

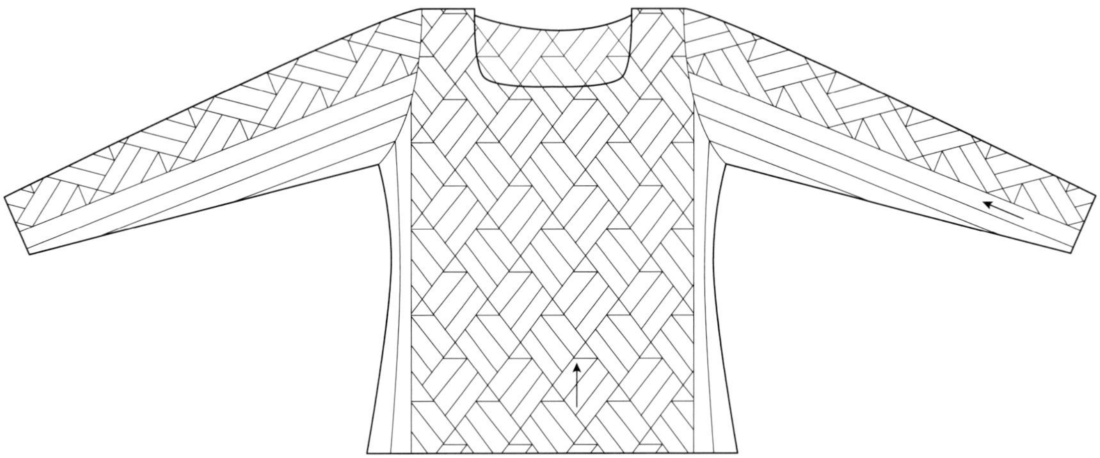

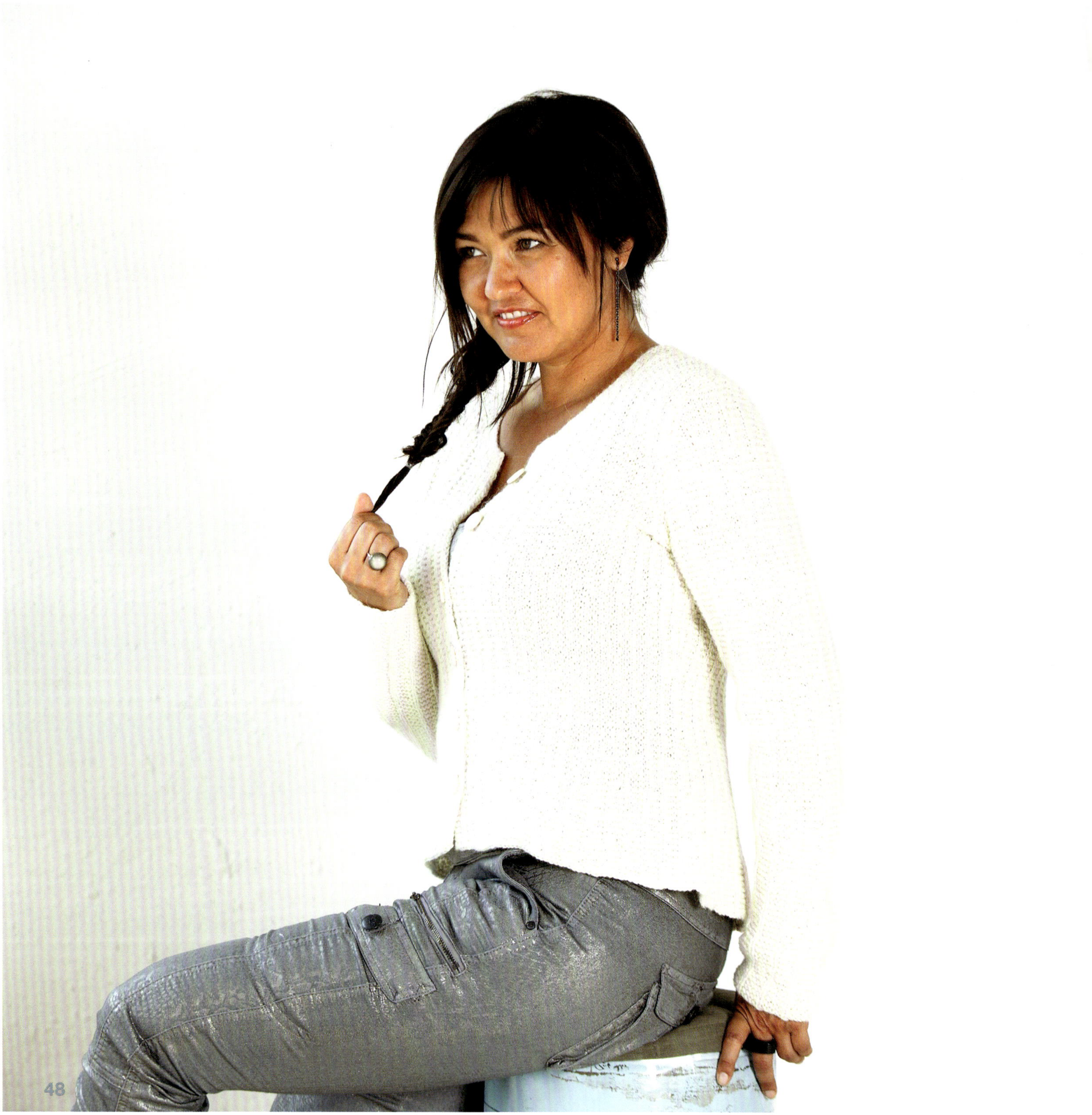

EISZAPFEN

KUSUKKAT

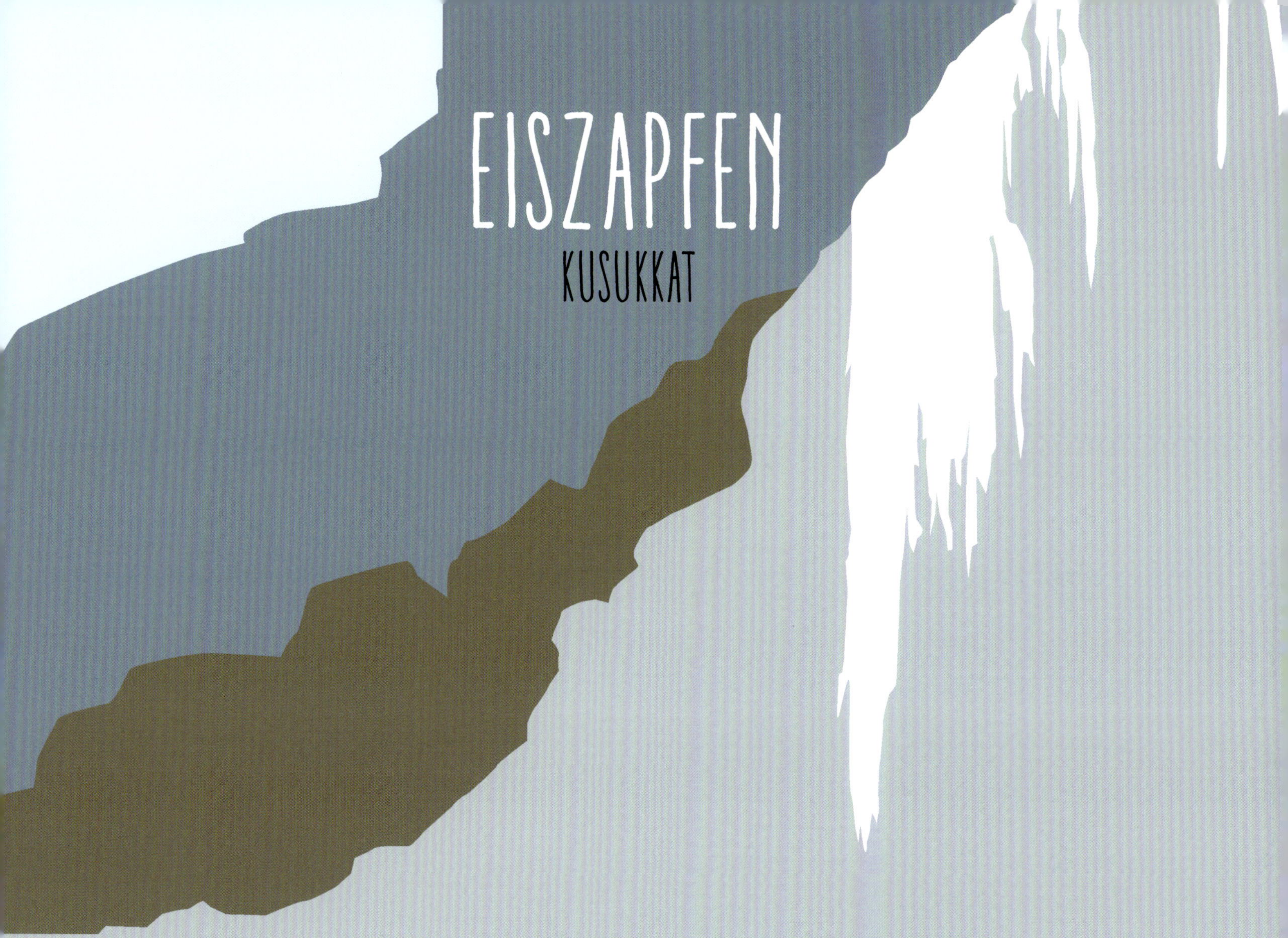

Gr: S(M)L(XL)

Halbe Oberweite: 47(51)56(60) cm
Länge: 59(60)61(62) cm
Innere Ärmellänge: 40 cm

Material:
250(250)250(300) g Isager Alpaca 2 Farbe 0
200(200)200(250) g Spinni Farbe 0
Beide Qualitäten zusammen verstricken.

6 Knöpfe

Rundnadeln Nr. 3½ und 4, Strumpfnadeln Nr. 4

Maschenprobe in glatt rechts, Nd Nr. 4:
10 cm = 21 M und 28 R
Maschenprobe Körper:
10 cm = 21 M und 32 R
Maschenprobe Ärmel:
10 cm = 21 M und 36 R

Die Jacke wird von oben nach unten gestrickt.

RÜCKEN

RECHTE SCHULTER:

18(18)21(21) M mit beiden Qualitäten und Nd Nr. 4 anschl.
In Reihen hin und her str.

Reihe 1: 1 M re – *1 M li – 2 M re*. Von * bis * wdh. Enden mit 1 M li – 1 M re.
Reihe 2: 18(18)21(21) M re.
Reihe 1 – Reihe 2 wdh. Insg 5 R str. Nach einer Reihe 1 enden. Die Fäden abschneiden.

LINKE SCHULTER:

Die zweite Schulter auf die gleiche Weise str.
Die Fäden NICHT abschn.

18(18)21(21) M re str – 36(39)39(42) M neu anschl – die 18(18)21(21) M der anderen Schulter re str = 72(75)81(84) M.
Reihe 1: 1 M re – *1 M li – 2 M re*. Von * bis * wdh. Enden mit 1 M li – 1 M re.
Reihe 2: 72(75)81(84) M re.

Weiterstr, bis insg (inkl Schulter) 38(40)40(42) R gestr sind = 12(12½)12½(13) cm. Nach einer Reihe 2 enden.
Zun für den Armausschnitt str, dafür beidseitig 5(6)7(8) Mal 2 M aus der letzten M str = 82(87)95(100) M.
Die neuen M in das Muster einfügen.

Beidseitig in Verlängerung der R 2 Mal 2 neue M anschl = 90(95)103(108) M.
Beidseitig in Verlängerung der R 1 Mal 3 neue M anschl = 96(101)109(114) M.

Mit einer RückR enden.
Der Armausschnitt misst ca. 17(18)19(20) cm.
Die Fäden abschn.

RECHTES VORDERTEIL

18(18)21(21) M aus der Anschlagreihe der rechten, rückwärtigen Schulter heraus str.
In Reihen hin und her str.
Reihe 1: 1 M re – *1 M li – 2 M re*. Von * bis * wdh. Enden mit 1 M li – 1 M re.
Reihe 2: 18(18)21(21) M re.
Reihe 1 – Reihe 2 wdh. Insg 13(15)13(15) R str.
Nach einer Reihe 1 enden.

Zun für den Halsausschnitt str.
Die neuen M in das Muster einfügen.
Am Halsausschnitt 6 Mal 2 M aus der letzten M str = 24(24)27(27) M.
Am Halsausschnitt in Verlängerung der R 3 Mal 2 neue M anschl = 30(30)33(33) M. Am Halsausschnitt in Verlängerung der R 2(2)3(3) Mal 3 neue M anschl = 36(36)42(42) M. Am Halsausschnitt in Verlängerung der R 6 neue M anschl = 42(42)48(48) M.

2 R im Muster str.
Nun die RM am Hals als Kettmasche str: Am Anfang der R die M mit dem Faden vor der Arbeit abh. Am Ende der nächsten R die M re str.
Zun für den Armausschnitt str: 3 Mal 2 M aus der letzten M str = 45(45)51(51) M.
Die neuen M in das Muster einfügen. In der nächsten R ein KNOPFLOCH str:
41(41)47(47) M – U – 2 M re zus – 2 M re.

Für den Armausschnitt noch 2(3)4(5) Mal 2 M aus der letzten M str = 47(48)55(56) M.

Für den Armausschnitt in Verlängerung der R 2 Mal 2 neue M anschl = 51(52)59(60) M.
Für den Armausschnitt in Verlängerung der R 1 Mal 3 neue M anschl = 54(55)62(63) M.

Mit 2 R enden = selbe Stelle wie beim Rücken.
Die Fäden abschneiden.

LINKES VORDERTEIL

18(18)21(21) M aus der Anschlagreihe der linken, rückwärtigen Schulter heraus str.
Reihe 1: 1 M re – *1 M li – 2 M re*. Von * bis * wdh. Enden mit 1 M li – 1 M re.
Reihe 2: 18(18)21(21) M re.
Reihe 1 – Reihe 2 wdh. Insg 14(16)14(16) R str.
Nach einer Reihe 2 enden. Die Zun für den Halsausschnitt wie am rechten Vorderteil str.
2 R im Muster str.
Den Kettmaschenrand am Hals beachten.

Für die Zun am Armausschnitt 5(6)7(8) Mal 2 M aus der letzten M str = 47(48)55(56) M. Die Zun für den Armausschnitt wie am rechten Vorderteil fortsetzen.

Mit 1 R enden = selbe Stelle wie beim Rücken.
Die Fäden NICHT abschneiden.

KÖRPER

In einer HinR über alle Teile str.
Zuerst die 54(55)62(63) M vom linken Vorderteil str – 3(7)8(12) neue M anschl – die 96(101)109(114) Rückenmaschen str – 3(7)8(12) neue M anschl – die 54(55)62(63) M vom rechten Vorderteil str = 210(225)249(264) M.

Die neuen M unter beiden Ärmeln in das Muster einfügen.
Das KNOPFLOCH in jeder 20. R wdh.

9 R str.
Die letzte R ist eine RückR .

1. ABNAHME: 1 M abh – 52(55)62(65) M re – 2 M re verschr zus – 1(1)2(2) M re = Seitennaht – 2 M re zus – 94(103)111(120) M re – 2 M re verschr zus – 1(1)2(2) M re = Seitennaht – 2 M re zus – 53(56)63(66) M re = 206(221)245(260) M.

7 R str.
Die Abn dem Muster anpassen.

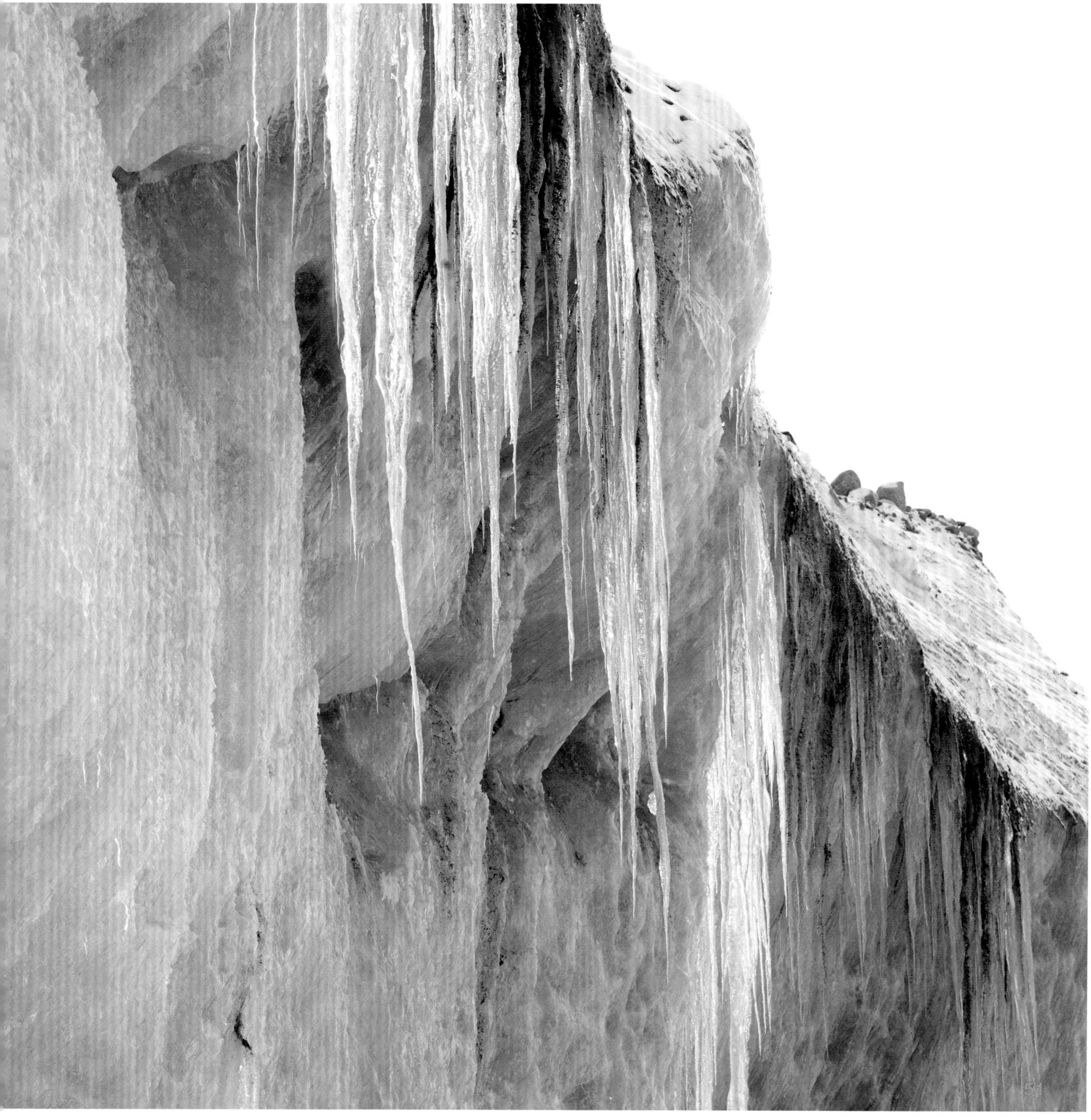

2. ABNAHME: 1 M abh – 51(54)61(64) M re – 2 M re verschr zus – 1(1)2(2) M re – 2 M re zus – 92(101)109(118) M re – 2 M re verschr zus – 1(1)2(2) M re – 2 M re zus – 52(55)62(65) M re = 202(217)241(256) M.
7 R str.
Die Abn in jeder 8. R wdh.
Vor der Seitennaht 2 M re verschr zus str – nach der Seitennaht 2 M re zus str.
Die Abn insg 6 Mal str = 186(201)225(240) M.

Die Jacke misst nun insg 33(34)35(36) cm.
29(25)23(19) R str = 42 cm.

SCHÖSSCHENZUNAHMEN
Die Zun in den HinR str.
An den ersten und letzten 10(10)11(12) krausen Rechtsrillen keine Zun str.
1. ZUNAHME: 1 M abh – 32(32)35(38) M re – *1 neue M re, dafür den Querfaden zw zwei M verschr str – 6 M re*. Von * bis * wdh, bis insg 20(22)25(27) Zun gestr sind.
Enden mit 1 neue M re – 33(36)39(39) M re = 207(224)251(268) M.

11 R str.
In den RückR die neuen M re str.

2. ZUNAHME: 1 M abh – 36(36)39(42) M re – *1 neue M re – 7 M re*. Von * bis * wdh, bis insg 19(22)25(27) Zun gestr sind.
Enden mit 1 neue M re – 37(33)36(36) M re = 227(247)277(296) M.
11 R str.
3. ZUNAHME: 1 M abh – 56(64)67(70) M re – *1 neue M re – 8 M re*. Von * bis * wdh, bis insg 14(15)18(19) Zun gestr sind.
Enden mit 1 neue M re – 58(62)65(73) M re = 242(263)296(316) M.

5 R str.
Mit Wenden (verkürzten Reihen) die Rundung des unteren Rands formen. Im Muster weiterstr. Bei jeder Wende 3 Rechtsrippen weniger str. Diese M bleiben bis zum späteren Abketten auf der Nd.
Unmittelbar nach einer hervorgehobenen rechten M wenden.

Reihe 1 (HinR): 232(253)286(306) M re = Anfang der 3. krausen Rechtsrille – wenden.
Reihe 2 (RückR): U. 222(243)276(296) M str = Anfang der 3. krausen Rechtsrille an der anderen Seite – wenden.
Reihe 3: U. 213(234)267(287) M re str = Anfang der 6. krausen Rechtsrille – wenden.
Reihe 4: U. 204(225)258(278) M str = Anfang der 6. krausen Rechtsrille – wenden.
Reihe 5: U. 195(216)249(269) M re = Anfang der 9. krausen Rechtsrille – wenden.
Reihe 6: U. 186(207)240(260) M str = Anfang der 9. krausen Rechtsrille – wenden.

Reihe 7 mit 4. ZUNAHME: Die ersten 34(33)36(48) M re str – *1 neue M re – 9 M re*. Von * bis * wdh, bis insg 14(15)18(19) Zun gestr sind. Enden mit 1 neue M re – 15(28)33(32) M re = Anfang der 12. krausen Rechtsrille – wenden.

Weiterhin 3 Rechtsrillen vor der letzten Wende wenden, bis nach einer RückR noch 1 Mal gewendet wird und nur noch 5(6)8(7) Rechtsrillen übrig sind.

Einen letzten U machen. In der HinR 26(31)41(36) M re str = bis zum U – den U mit der nächsten M re zus str. Die R auf diese Weise zu Ende str.

In der RückR bis zum U str – den U mit der nächsten M re verschr zus str. Die R auf diese Weise zu Ende str.

Re abk.

HALSRAND

Rund um den Halsausschnitt M mit Nd Nr. 3½ heraus str. Am rechten Vorderteil beg:
2 M aus den äußersten 2 M heraus str.
4 M aus den nächsten 5 M heraus str.
1 M aus der hervorgehobenen re M str.
4 M aus den nächsten 5 M heraus str.
1 M aus der hervorgehobenen re M str = 12 M.
Eine Markierung setzen.

25(25)30(30) M bis zur Schulternaht heraus str.
3 M bis zu den Nackenmaschen heraus str.
36(39)39(42) M aus der Anschlagreihe am Nacken heraus str.
3 M bis zur Schulternaht heraus str.
25(25)30(30) M bis zur gleichen markierten und hervorgehobenen re M wie am rechten Vorderteil str = bis zu den restlichen 14 Vorderteilmaschen.

1 M aus der hervorgehobenen re M str.
4 M aus den nächsten 5 M heraus str.
1 M aus der hervorgehobenen re M str.
4 M aus den nächsten 5 M heraus str.
2 M aus den äußersten 2 M heraus str.

Es sind nun = 116(119)129(132) M.

Reihe 1 (RückR): 1 M abh – *1 M li – 4 M re*. Von * bis * insg 8(8)9(9) Mal str.
1 M li – 2 M re – 2 M re zus – 1 M re str.
Von * bis * insg 2(2)2(3) Mal str. *1 M li – 2 M re* str. Von * bis * insg 3(4)4(3) Mal str. *1 M li – 2 M re – 2 M re zus – 1 M re* str.
Von * bis * insg 2(2)2(3) Mal str.
1 M li – 4 M re str. Von * bis * insg 8(8)9(9) Mal str.
Enden mit 1 M li – 1 M re = 112(115)125(126) M.

Reihe 2 (HinR): 1 M abh – 111(114)124(125) M re.
Reihe 3: 1 M abh – *1 M li – 4 M re*. Von * bis * insg 10(10)11(12) Mal str.
1 M li – 2 M re str. Von * bis * insg 3(4)4(3) Mal str. *1 M li – 4 M re* str. Von * bis * insg 10(10)11(12) Mal str. Enden mit 1 M li – 1 M re.

Reihe 2 - Reihe 3 wdh, bis 11 R gestr sind. In einer HinR abk.

ÄRMEL

45(45)50(50) M mit Strumpfnd Nr. 4 anschl. In Runden str.

Rd 1: 2 M li – *1 M re – 4 M li*.
Von * bis * wdh. Enden mit 1 M re – 2 M li.
Rd 2: 45(45)50(50) M re.
Rd 1 – Rd 2 wdh. Insg 11 Rd im Muster str. Nach einer Rd 1 enden.

Für die folgenden Zun in der ersten und letzten krausen Rechtsrille eine neue M str:
1. ZUNAHME: 1 M re – 1 neue M re – 43(43)48(48) M re – 1 neue M re – 1 M re = 47(47)52(52) M.
13(9)9(11) Rd im Muster str. Die neuen M in der Runde 1 li str.

2. ZUNAHME: 1 M re – 1 neue M re – 45(45)50(50) M re – 1 neue M re – 1 M re = 49(49)54(54) M.
13(9)7(7) Rd im Muster str. Die neuen M in der Runde 1 li str.

3. ZUNAHME: 1 M re – 1 neue M re – 47(47)52(52) M re – 1 neue M re – 1 M re = 51(51)56(56) M.
11(9)9(7) Rd im Muster str. Die neuen M in der Runde 1 li str.

4. ZUNAHME: 1 M re – 1 neue M re – 49(49)54(54) M re – 1 neue M re – 1 M re = 53(53)58(58) M.
11(9)9(7) Rd im Muster str. Die neuen M in der Runde 1 re str.

Die Zun in jeder 12.(8.)10.(8.) Rd wdh, bis es 67(73)78(84) M sind.
Die neuen M in das Muster einfügen.

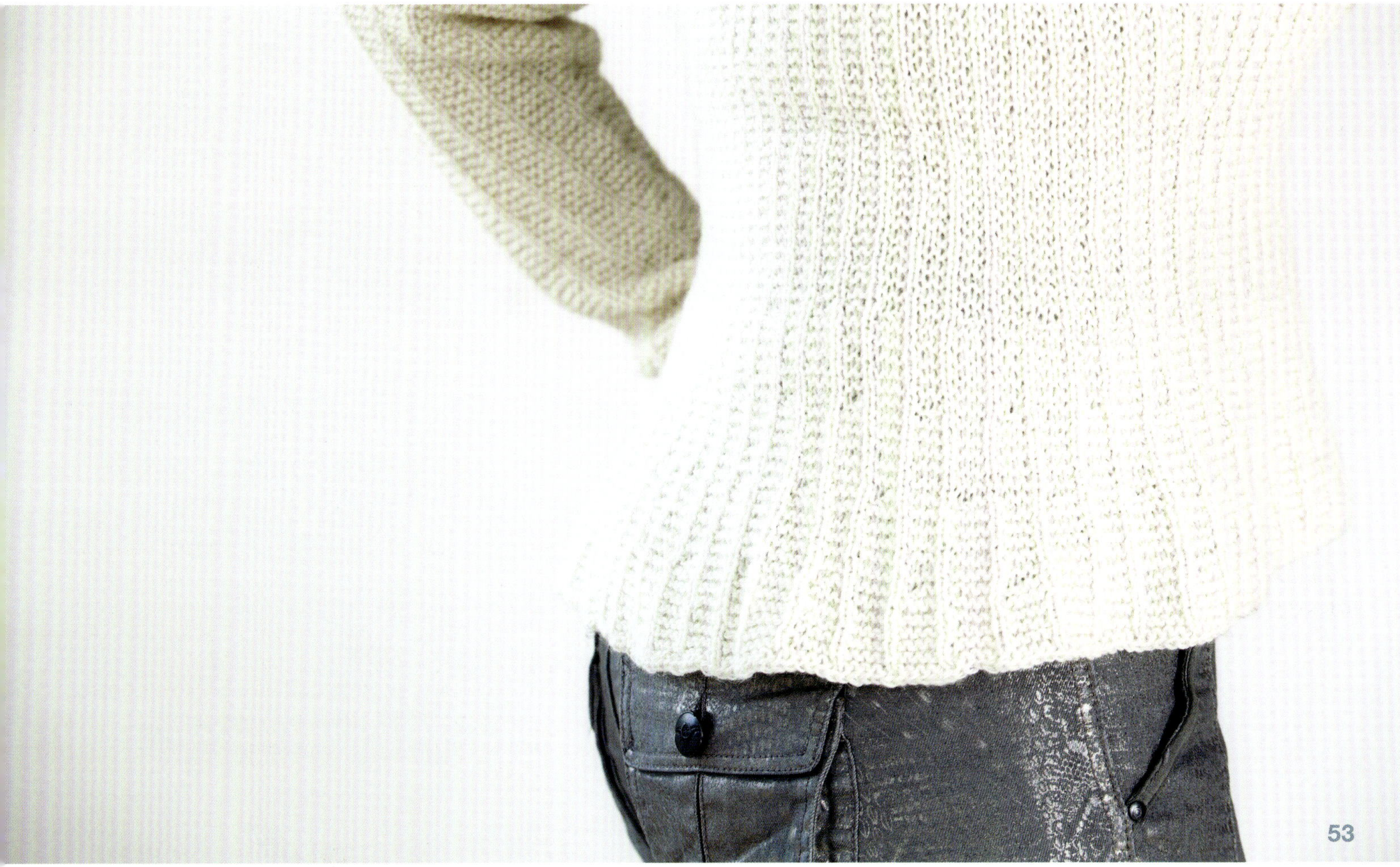

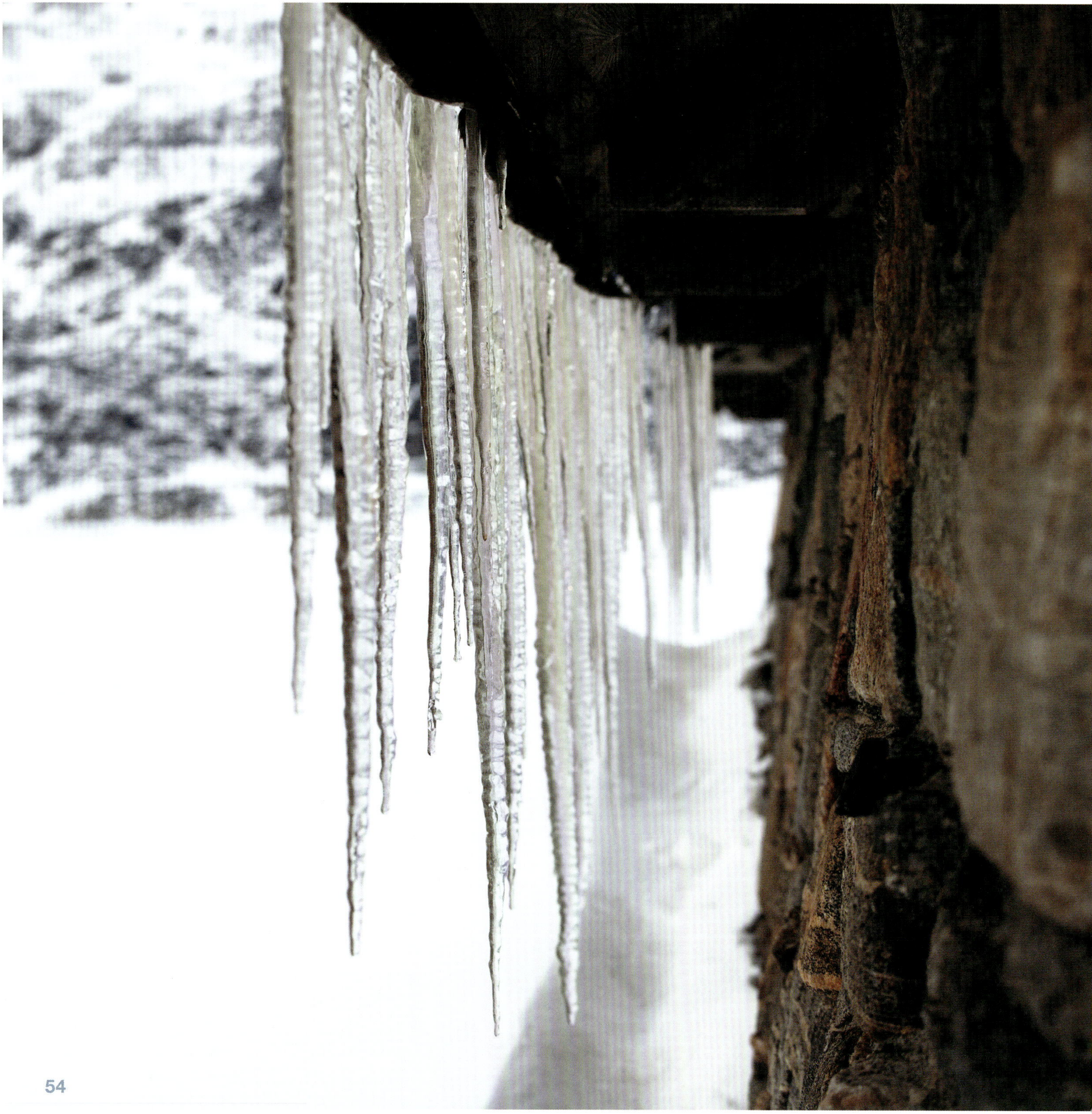

Weiterstr, bis der Ärmel 40 cm misst. Nach einer Runde 1 enden.

Am Anfang der Rd 2 M abk – die Rd zu Ende str. Wenden – 2 M abk.
Die R zu Ende str = 63(69)74(80) M.

Das Muster nun weiter in Reihen hin und her str.
Beidseitig am Anfang der R 1(1)2(2) Mal 1 M abk = 59(65)66(72) M.
Beidseitig am Anfang der R 4(5)4(5) Mal 2 M zus str = 51(55)58(62) M.

*2 R ohne abzuketten str.
Beidseitig am Anfang der R 1 Mal 2 M zus str*.
Von * bis * insg 3 Mal str = 45(49)52(56) M.

Beidseitig am Anfang der R 5(6)8(9) Mal 2 M zus str = 35(37)36(38) M.
Beidseitig am Anfang der R 3 Mal 2 M abk = 23(25)24(26) M.
Beidseitig am Anfang der R 2 Mal 3 M abk = 11(13)12(14) M.
Die letzten M abk.

Den zweiten Ärmel auf die gleiche Weise str.

FERTIGSTELLUNG

Vor dem Einnähen die Ärmel mit Nadeln im Armausschnitt feststecken. Von außen einnähen.
Die Fäden vernähen.
Die Knöpfe annähen.

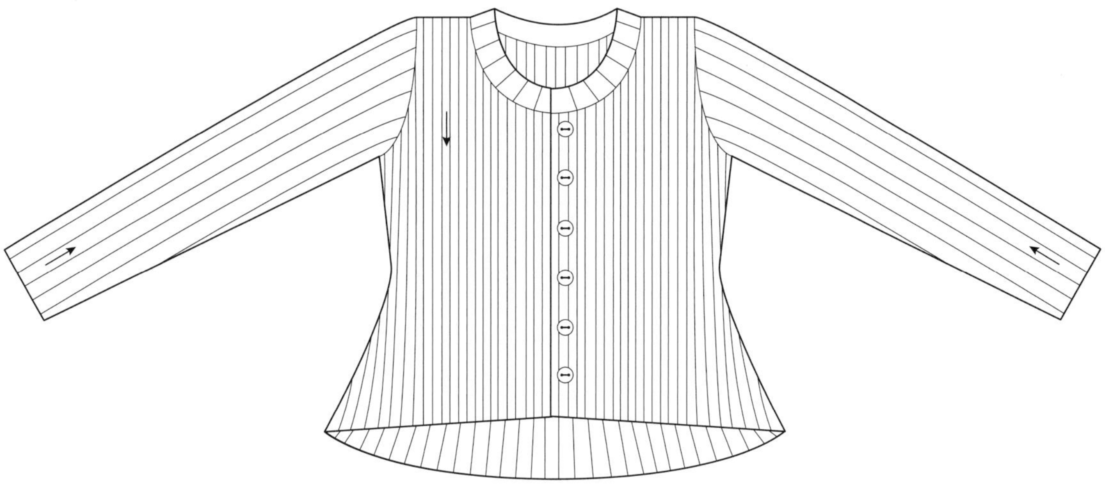

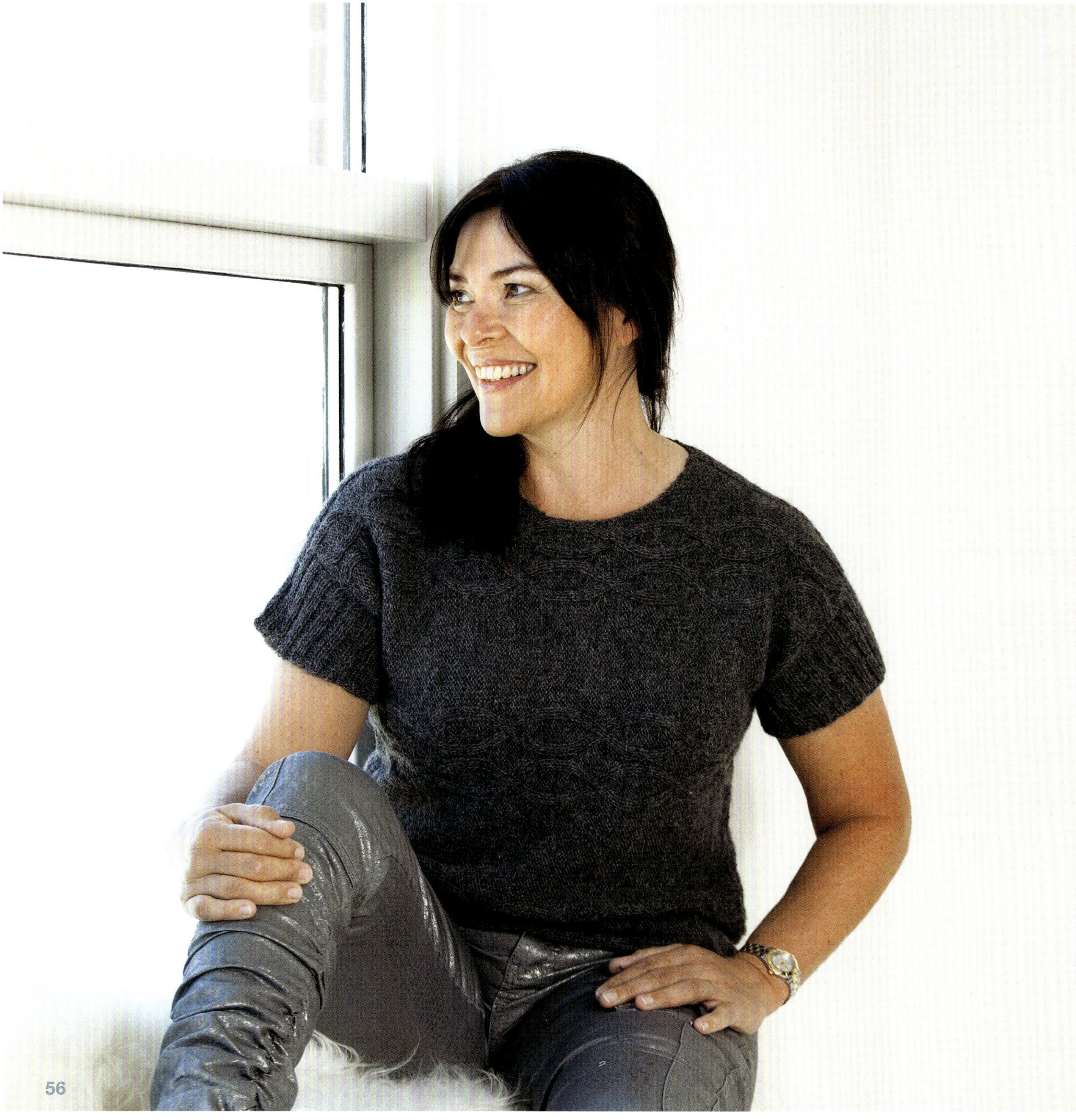

LAVASAND

ANNGAT

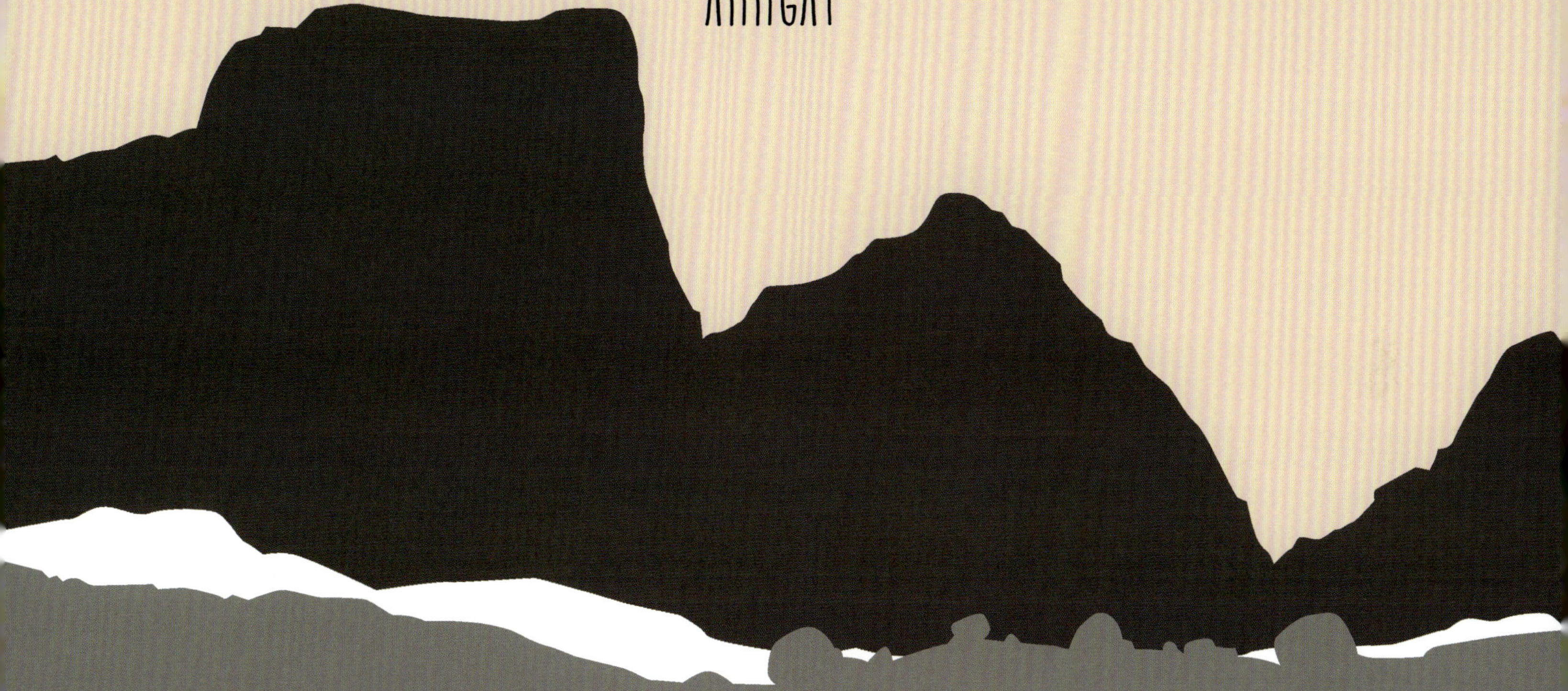

Gr: S(M/L)XL

Halbe Oberweite: 57(64)71 cm
Länge: 60(61)62 cm

Material:
200 g Spinni Farbe 4s
150(150)200 g Isager Alpaca 1
Farbe 4s
Beide Qualitäten zusammen verstricken.

Rund- und Strumpfnadeln Nr. 3½

Maschenprobe in glatt rechts
und Nd Nr. 3½:
10 cm = 24 M und 32 R

RÜCKEN

135 M mit beiden Qualitäten und Nd Nr. 3½ anschl. Der Pullover wird quer gestr.

Reihe 1 (RückR): 1 M re – 2 M li – 1 M re – Diagramm – 20 M re – Diagramm – 20 M re – Diagramm – 16 M re – 2 M li – 1 M re.
Reihe 2: 3 M re – 16 M li – Diagramm – 20 M li – Diagramm – 20 M li – Diagramm – 1 M li – 3 M re.
Reihe 3: 1 M re – 2 M li – 1 M re – Diagramm – 20 M re – Diagramm – 20 M re – Diagramm – 16 M re – 2 M li – 1 M re.

Reihe 4 mit Zun für Schulter: 3 M re – 16 M li – Diagramm – 20 M li – Diagramm – 20 M li – Diagramm – 1 neue M li, dafür den Faden zw zwei M verschr auf die li Nd heben und li str – 1 M li – 3 M re.
Reihe 5: 1 M re – 2 M li – 2 M re – Diagramm – 20 M re – Diagramm – 20 M re – Diagramm – 16 M re – 2 M li – 1 M re.
Reihe 6: 3 M re – 16 M li – Diagramm – 20 M li – Diagramm – 20 M li – Diagramm – 2 M li – 3 M re.
Reihe 7: Wie Reihe 5.

Reihe 8 mit Zun für Schulter: Wie Reihe 6, aber enden mit 1 M li – 1 neue M li – 1 M li – 3 M re.
Reihe 9: Wie Reihe 5, aber vor dem Diagramm beg mit 1 M re – 2 M li – 3 M re.
Reihe 10: Wie Reihe 6, aber enden mit 3 M li – 3 M re.
Reihe 11: Wie Reihe 9.

Reihe 12 mit Zun für Schulter: Wie Reihe 6, aber enden mit 2 M li – 1 neue M li – 1 M li – 3 M re.
Reihe 13: Wie Reihe 5, aber vor dem Diagramm beg mit 1 M re – 2 M li – 4 M re.
Reihe 14: Wie Reihe 6, aber enden mit 4 M li – 3 M re.
Reihe 15: Wie Reihe 13.
Reihe 16 mit Zun für Schulter: 3 M re – 16 M li – Diagramm – 20 M li – Diagramm – 20 M li – Diagramm – 3 M li – 1 neue M li – 1 M li – 3 M re.
Reihe 17: 1 M re – 2 M li – 5 M re – Diagramm – 20 M re– Diagramm – 20 M re – Diagramm – 16 M re – 2 M li – 1 M re.
Reihe 18: 3 M re – 16 M li – Diagramm – 20 M li – Diagramm – 20 M li – Diagramm – 5 M li – 3 M re.
Reihe 19: 1 M re – 2 M li – 5 M re – Diagramm – 20 M re – Diagramm – 20 M re – Diagramm – 16 M re – 2 M li – 1 M re.

Reihe 20 mit Zun für Schulter: 3 M re – 16 M li – Diagramm – 20 M li – Diagramm – 20 M li – Diagramm – 4 M li – 1 neue M li – 1 M li – 3 M re.
Reihe 21: 1 M re – 2 M li – 6 M re – Diagramm – 20 M re – Diagramm – 20 M re – Diagramm – 16 M re – 2 M li – 1 M re.
Reihe 22: 3 M re – 16 M li – Diagramm – 20 M li – Diagramm – 20 M li – Diagramm – 6 M li – 3 M re.
Reihe 23: Wie Reihe 21.
Reihe 24 mit Zun für Schulter: 3 M re – 16 M li – Diagramm – 20 M li – Diagramm – 20 M li – Diagramm – 5 M li – 1 neue M li – 1 M li – 3 M re.

Im Muster weiterstr und die Zun in jeder 4. R wdh, bis insg 13(15)18 Zun gestr sind = 148(150)153 M.

4 R str.
Gr S: Die letzte R ist eine HinR = Reihe 8 im Diagramm.
Gr (M/L): Die letzte R ist eine HinR = Reihe 16 im Diagramm.
Gr XL: Die letzte R ist eine HinR = Reihe 4 im Diagramm.

NACKEN:
Für den Halsausschnitt in der RückR die ersten 3 M abk - die R zu Ende str = 145(147)150 M.
52(60)60 R str.
Gr S: Die letzte R ist eine HinR = Reihe 12 im Diagramm.
Gr (M/L):): Die letzte R ist eine HinR = Reihe 4 im Diagramm.
Gr XL Die letzte R ist eine HinR = Reihe 16 im Diagramm.

Für die Schulter in Verlängerung der letzten HinR 3 neue M anschl.
Diese neuen M in den HinR re str und in den RückR 1 M re – 2 M li str.

SCHULTER:
4 R str.
In den RückR für die Schulter Abn str:
1 M re – 2 M li – 1 M re – 2 M re zus – die R zu Ende str.

Die Abn in jeder 4. R wdh, bis insg 13(15)18 Abn gestr sind = 135 M.

In Reihe 20 abk.

VORDERTEIL

Bis zum NACKEN wie den Rücken str.
Am Anfang der RückR M für den Halsausschnitt abk.
2 Mal 3 M abk = 142(144)147 M.
2(3)4 Mal 2 M abk = 138(138)139 M.
6 Mal 1 M abk = 132(132)133 M.
16(20)16 R str.
6 Mal aus der letzten M 2 M str = 138(138)139 M.
In Verlängerung der HinR 2(3)4 Mal 2 M anschl = 142(144)147 M.
In Verlängerung der HinR 2 Mal 3 M anschl = 148(150)153 M.
Diese neuen M in den HinR re str und in den RückR 1 M re – 2 M li str.

Wie den RÜCKEN ab SCHULTER fertig str.

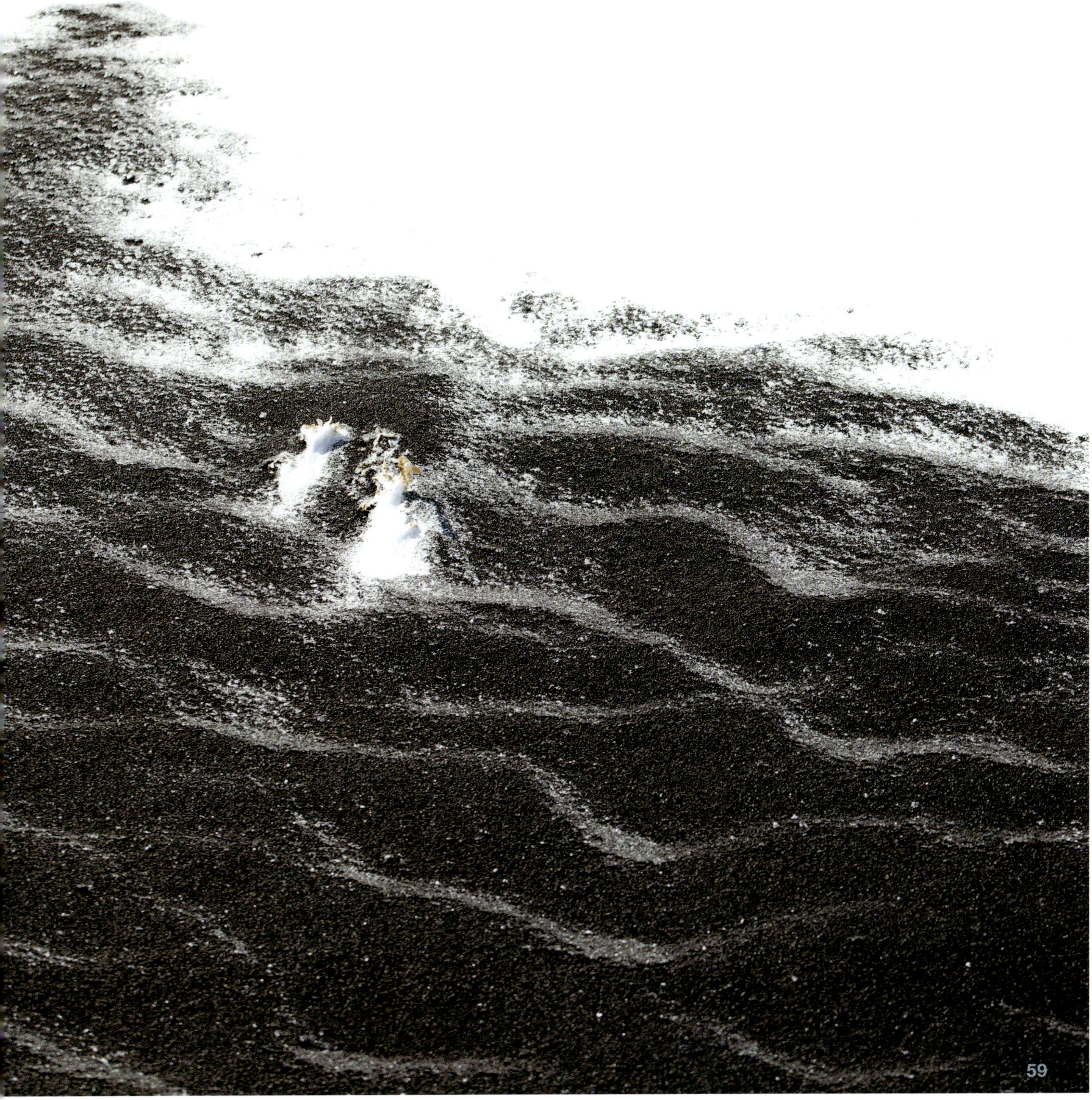

ÄRMELRAND

Die Schultern an beiden Seiten zusammennähen.

Von außen M mit Nd Nr. 3½ heraus str. Direkt hinter den 2 mittleren Zöpfen, im Übergang zwischen den letzten 2 rechten M und den Linksmaschen beg.
In Richtung Schulter 26 M aus den li M heraus str – 18 M aus dem Zopf heraus str – 2 M aus den li M – dann 4 M aus den rechten M auf der Schulter – 2 M aus den li M – 18 M aus dem Zopf – 26 M aus den li M heraus str = 96 M.

In Reihen hin und her str.
Reihe 1 (RückR): *2 M re – 2 M li*. Von * bis * über 44 M str. Über die Schulter 2 M re – 4 M li – 2 M re str. Dann *2 M li – 2 M re* str. Von * bis * über 44 M str.
Reihe 2: 1 M re – 1 M li – *2 M re – 2 M li*. Von * bis * über 44 M str. Über die Schulter 4 M re str. Dann *2 M li – 2 M re* str. Von * bis * über 44 M str. Enden mit 1 M li – 1 M re.
Reihe 1 - Reihe 2 wdh, bis insg 17 R gestr sind.
Für einen breiteren ÄRMELRAND in Richtung Schulternaht nun mit Wenden (verkürzten Reihen) str,

Reihe 1 (HinR): 88 M in Rippen str.
Wenden.
Reihe. 2: U. 80 M in Rippen str. Wenden.
Reihe 3: U. 72 M in Rippen str. Wenden.
Reihe 4: U. 64 M in Rippen str. Wenden.
Reihe 5: U. 56 M in Rippen str. Wenden.
Reihe 6: U. 48 M in Rippen str. Wenden.
Reihe 7: U. 40 M in Rippen str. Wenden.
Reihe 8: U. 32 M in Rippen str. Wenden.

Reihe 9: U. 32 M in Rippen str.
Den U mit der nächsten M re zus str – 7 M in Rippen str. Von * bis * bis zum Ende der R wdh.
Reihe 10: 64 M in Rippen str.
Den U mit der nächsten M li verschr zus str – 7 M in Rippen str. Von * bis * bis zum Ende der R wdh.

In Rippen abk.
Den zweiten Ärmelrand auf die gleiche Weise str.

FERTIGSTELLUNG

Die Ärmelränder und Seitennähte zusammennähen. Die Fäden vernähen.

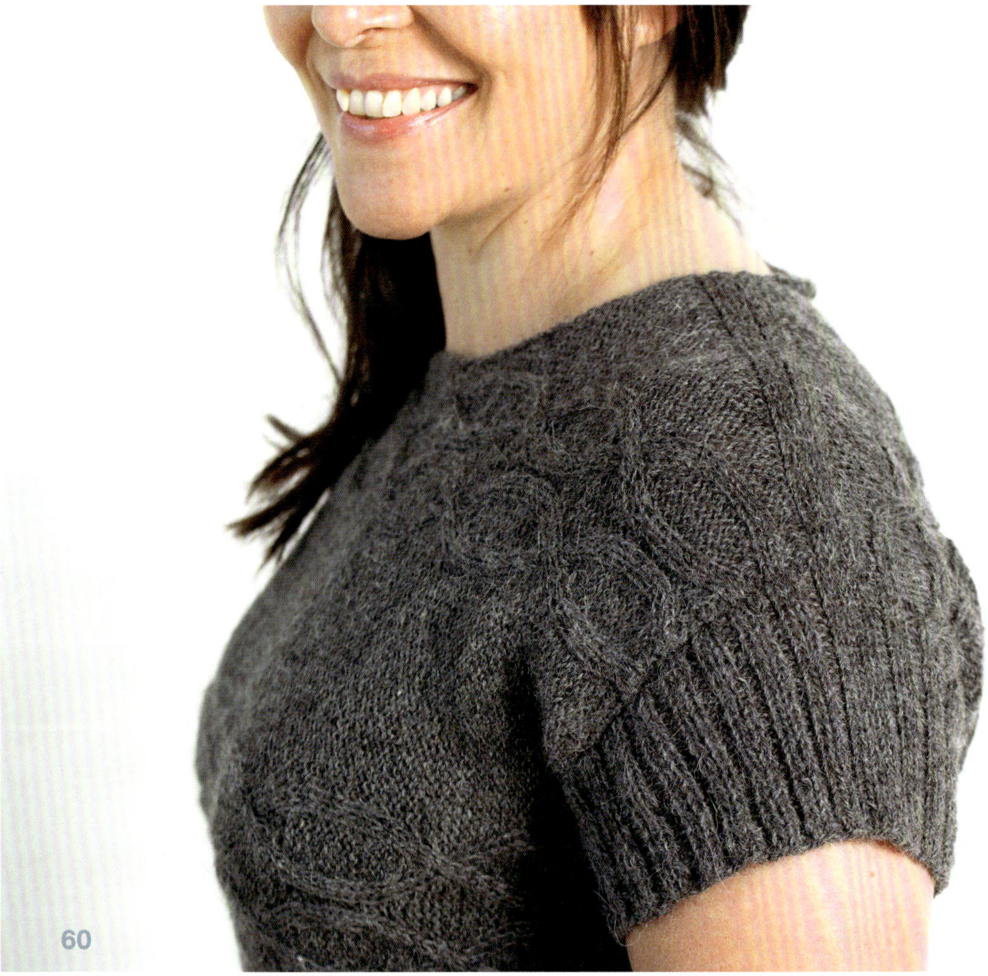

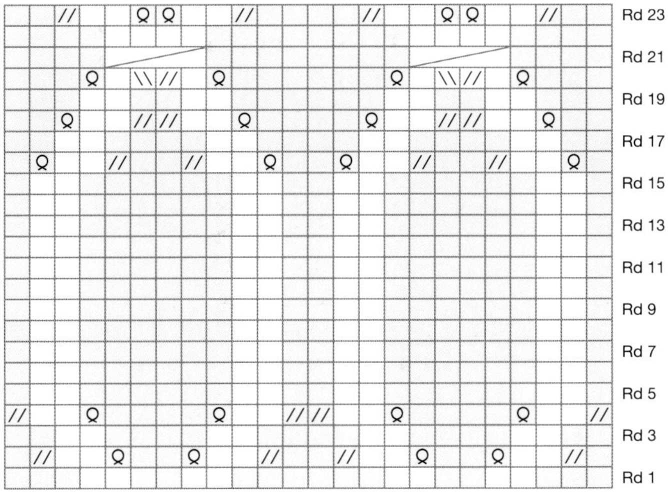

- li M in den RückR und re M in den HinR
- rechte M in den RückR und linke M in den HinR
- // 2 M li zus
- // 2 M re zus
- \\ 2 M re verschr zus
- Q 1 neue M li, dafür den Faden zw zwei M li verschr str
- 2 M auf Hilfsnadel hinter die Arbeit legen – 2 M re – die 2 M der Hilfsnadel re str

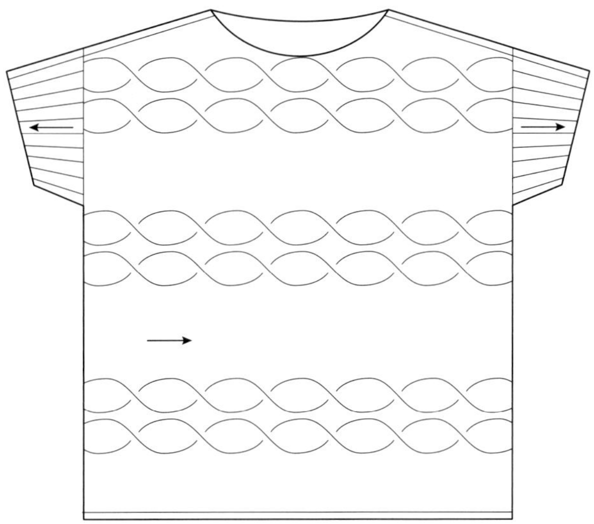

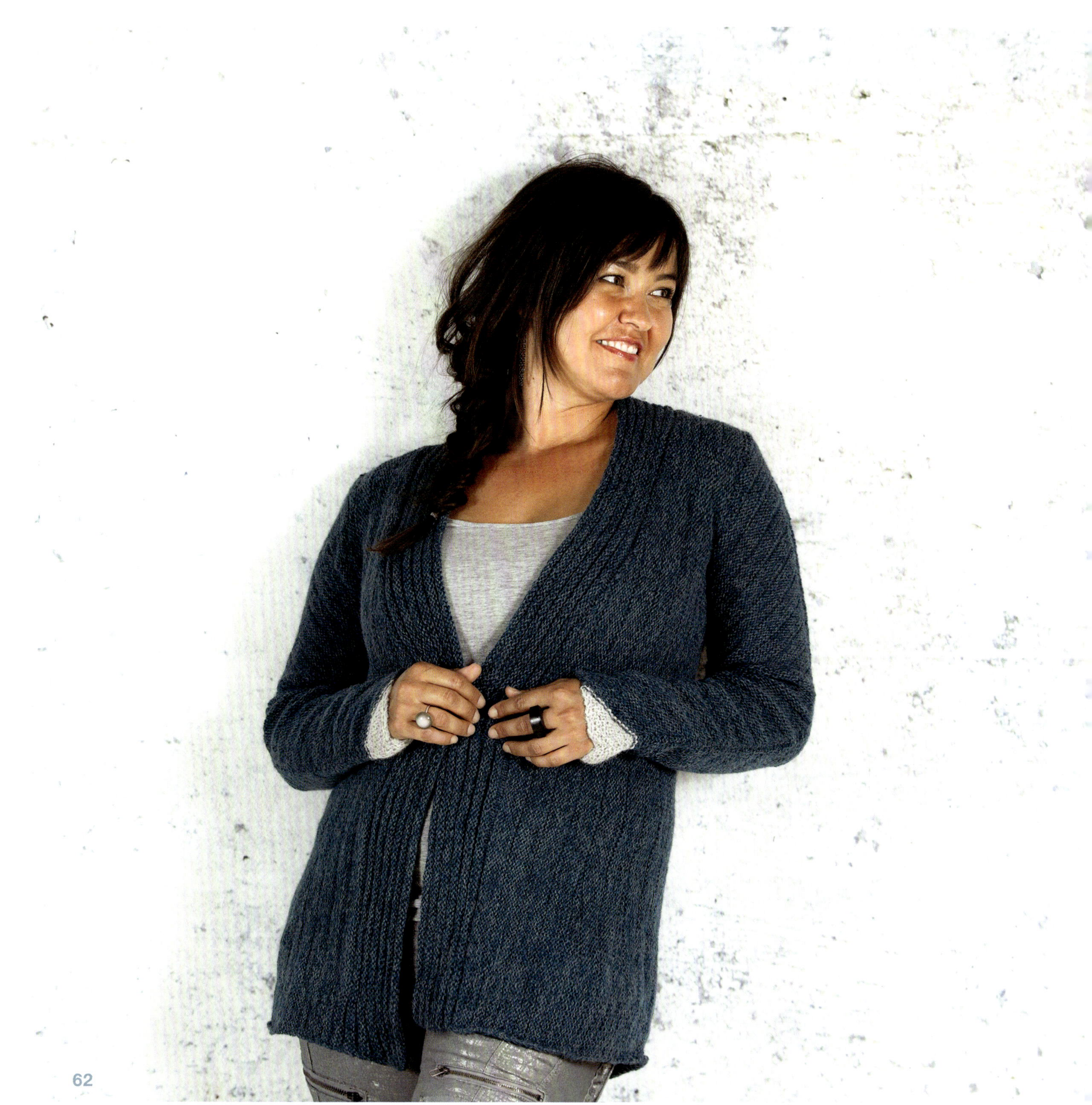

MÖWE UND STURMVOGEL

NAAJA AAMMA MALAMUK

Gr: S(M)L(XL)

Halbe Oberweite: 48(53)56(61) cm
Länge: 65 cm
Innere Ärmellänge: 41 cm

Material:
A: 250(250)250(300) g Highland
Farbe Greece
B: 150(200)200(200) g Isager Alpaca 1
Farbe 16
C: ca 10 g Isager Alpaca 1 Farbe 2
Für C 3 Fäden zusammen verstricken.

Rund- und Strumpfnadeln Nr. 4

Maschenprobe in glatt rechts:
10 cm = 21 M und 28 R

Bei der Jacke sind die linken M außen.

ÄRMEL

4 M mit 3 Fäden C und Nd. Nr. 4 anschl.
In Reihen hin und her str.
Reihe 1 (HinR): 4 M re.
Reihe 2: Aus jeder M 2 M str = 8 M.
Reihe 3: 1 M re – 6 M li – 1 M re.
Reihe 4: 1 M re – 1 neue M re, dafür den Querfaden zw zwei M verschr str – 2 M re – 1 neue M re – 2 M re – 1 neue M re – 2 M re – 1 neue M re – 1 M re = 12 M
Reihe 5: 1 M re – 10 M li – 1 M re.
Reihe 6: 1 M re – 1 neue M re – 4 M re – 1 neue M re – 2 M re – 1 neue M re – 4 M re – 1 neue M re – 1 M re = 16 M
Reihe 7 mit Rippe: 16 M re.
Reihe 8: 1 M re – 1 neue M re – 6 M re – 1 neue M re – 2 M re – 1 neue M re – 6 M re – 1 neue M re – 1 M re = 20 M.
Reihe 9: 1 M re – 18 M li – 1 M re.
Reihe 10: 1 M re – 1 neue M re – 8 M re – 1 neue M re – 2 M re – 1 neue M re – 8 M re – 1 neue M re – 1 M re = 24 M
Reihe 11: 1 M re – 22 M li – 1 M re.
Reihe 12: 1 M re – 1 neue M re – 10 M re – 1 neue M re – 2 M re – 1 neue M re – 10 M re – 1 neue M re – 1 M re = 28 M.
Reihe 13 mit Rippe: 28 M re.
Die Fäden abschneiden.

Zu A + B wechseln.
Reihe 14: 1 M re – 1 neue M re – 12 M re – 1 neue M re – 2 M re – 1 neue M re – 12 M re – 1 neue M re – 1 M re = 32 M
Reihe 15: 1 M re – 30 M li – 1 M re.
Reihe 16: 1 M re – 1 neue M re – 14 M re– 1 neue M re – 2 M re – 1 neue M re – 14 M re – 1 neue M re – 1 M re = 36 M.
Reihe 17: 1 M re – 34 M li – 1 M re.
Reihe 18: 1 M re – 1 neue M re – 16 M re– 1 neue M re – 2 M re – 1 neue M re – 16 M re – 1 neue M re – 1 M re = 40 M
Reihe 19 mit Rippe: 40 M re.
Reihe 20: 1 M re – 1 neue M re – 18 M re – 1 neue M re – 2 M re – 1 neue M re – 18 M re – 1 neue M re – 1 M re = 44 M.
Reihe 21: 1 M re – 42 M li – 1 M re.
Reihe 22: 1 M re – 1 neue M re – 20 M re – 1 neue M re – 2 M re – 1 neue M re – 20 M re – 1 neue M re – 1 M re = 48 M.
Reihe 23: 1 M re – 46 M li – 1 M re.
Reihe 24: 1 M re – 1 neue M re – 22 M re – 1 neue M re – 2 M re – 1 neue M re – 22 M re – 1 neue M re – 1 M re = 52 M.
Reihe 25 mit Rippe: 52 M re.

Gr. S: Weiter bei IN RUNDEN STRICKEN.

Gr. (M)L(XL): Weiterhin Zun am Anfang und Ende der R und an beiden Seiten der 2 Mittelmaschen str.
In jeder 6. Reihe Rippen str.
Weiterstr, bis (64)64(76) M auf der Nd sind.
Nach einer Rippe enden.

IN RUNDEN STRICKEN:
Rd 1: 1 M re – 2 M re zus – 22(28)28(34) M re – 1 neue M re – 2 M re – 1 neue M – 22(28)28(34) M re – 2 M re verschr zus – 1 M re. Die R zur Runde schließen, mit den rechten Maschen außen. Der Ärmel wird anschließend gewendet, so dass die linken Maschen außen sichtbar sind.
Rd 2: 52(64)64(76) M re.
Rd 3: Wie Rd 1.
Rd 4: Wie Rd 2.
Rd 5: Wie Rd 1.
Rd 6 mit Rippe: 52(64)64(76) M li.

Rd 7 mit 1. Ärmelzunahme: 25(31)31(37) M re – 1 neue M – 2 M re – 1 neue M – 25(31)31(37) M re.
Rd 8: 54(66)66(78) M re.
Rd 9: 1 M re – 2 M re zus – 23(29)29(35) M re – 1 neue M – 2 M re – 1 neue M – 23(29)29(35) M re – 2 M re verschr zus – 1 M re.
Rd 10: Wie Rd 8.
Rd 11: Wie Rd 9.
Rd 12 mit Rippe: 54(66)66(78) M li.
Rd 13: Wie Rd 9.
Rd 14: Wie Rd 8.

Rd 15 mit 2. Ärmelzunahme: 26(32)32(38) M re – 1 neue M – 2 M re – 1 neue M – 26(32)32(38) M re.
Rd 16: 56(68)68(80) M re.
Rd 17: 1 M re – 2 M re zus – 24(30)30(36) M re – 1 neue M – 2 M re – 1 neue M – 24(30)30(36) M re – 2 M re verschr zus – 1 M re.
Rd 18 mit Rippe: 56(68)68(80) M li.

Auf diese Weise weiterstricken: Rippen in jeder 6. Rd str.
Ärmelzun in jeder 6.(8.)6.(8.) Rd wdh, indem die Abn am Anfang und Ende der Rd weggelassen werden.

Insg 19(15)19(15) Ärmelzunahmen str = 90(94)102(106) M.

3(1)3(1) Rd str. Letzte Rd = 20. Rippe, gezählt am Rundenanfang.

Den Ärmel teilen und in R hin und her str.
Reihe 1: 4 M abk – 40(42)46(48) M re str (die 1. M ist bereits auf der Nd) – 1 neue M re – 2 M re – 1 neue M re – 44(46)50(52) M re. Wenden.
Reihe 2: 4 M abk – 83(87)95(99) M li str (die 1. M ist bereits auf der Nd) – 1 M re.
Reihe 3: 4 M abk – 37(39)43(45) M re (die 1. M ist bereits auf der Nd) – 1 neue M re – 2 M re – 1 neue M re – 41(43)47(49) M re. Wenden.
Reihe 4: 4 M abk – 77(81)89(93) M li (die 1. M ist bereits auf der Nd) – 1 M re.
Reihe 5: 4 M abk – 34(36)40(42) M re str (die 1. M ist bereits auf der Nd) – 1 neue M re – 2 M re – 1 neue M re – 38(40)44(46) M re. Wenden.

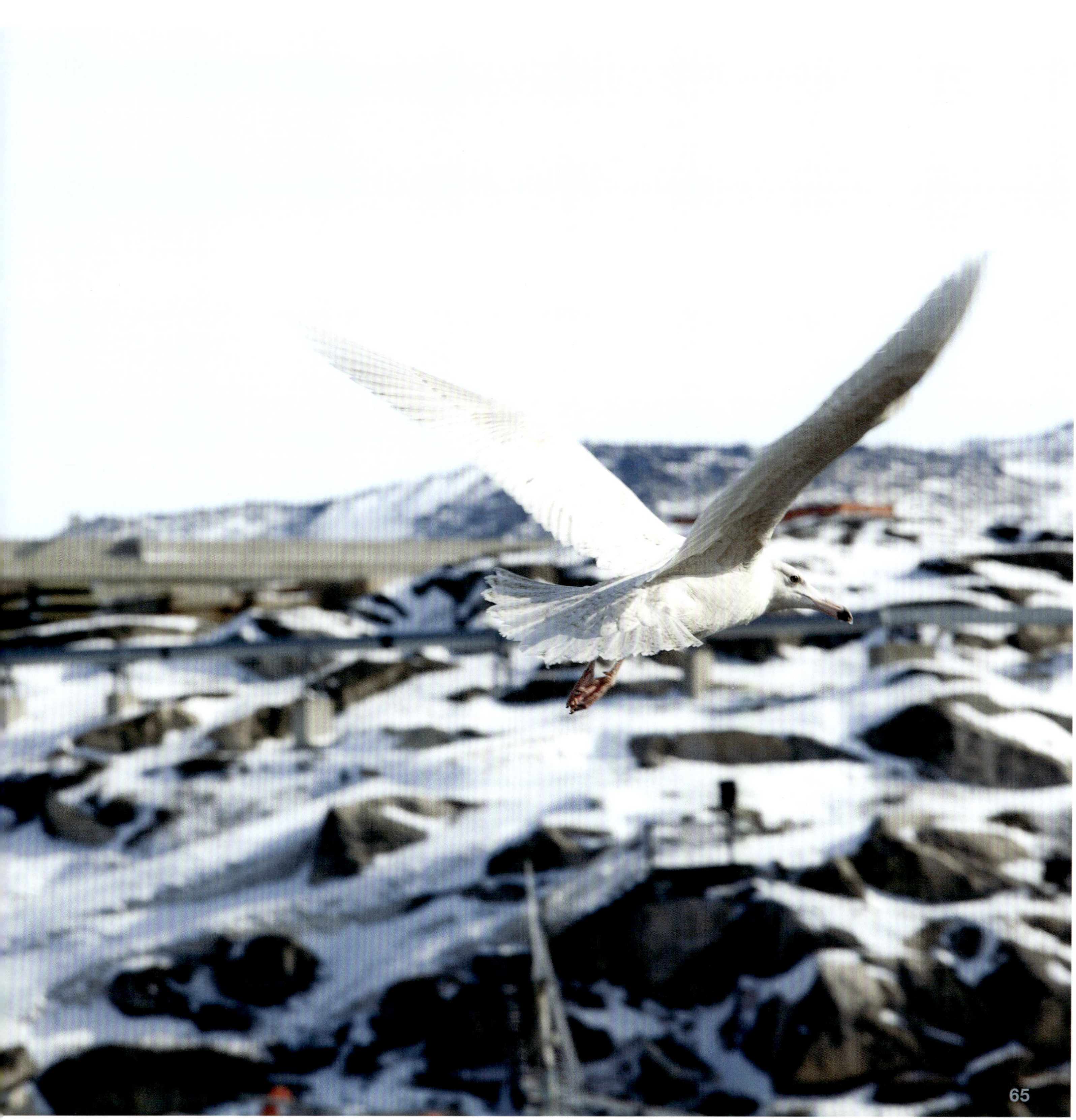

Reihe 6 mit Rippe: 4 M abk – 72(76)84(88) M re str (die 1. M ist bereits auf der Nd).

Weiterhin in jeder 6. R Rippen str und an beiden Seiten der 2 Mittelmaschen zun. Beidseitig am Anfang der R 3 Mal 6 M abk = 42(46)54(58) M.

Beidseitig am Anfang der R 1(1)2(2) Mal 8 M abk = 28(32)26(30) M.
Die restlichen M abk.

Den Ärmel nach außen wenden, so dass die linken Maschen sichtbar sind.

Den zweiten Ärmel auf die gleiche Weise str.

LINKE SEITE

In der Rückenmitte beg und zum linken Vorderteil str.

130 M anschl. 1 R re str = HinR.
MUSTER:
Reihe 1 (RückR): 130 M re.
Reihe 2 (HinR): 1 M re – 128 M li – 1 M re.
Reihe 3: 130 M re.
Reihe 4 mit Bundrippe: 1 M re – 117 M li – 12 M re.
Reihe 5: 130 M re.
Reihe 6: 1 M re – 128 M li – 1 M re.
Reihe 7: 130 M re.
Reihe 8 mit Rippe: 130 M re.
Reihe 1 - Reihe 8 noch 1 Mal str.

LINKER KEIL:
Reihe 1: 20 M re. Wenden.
Reihe 2: 1 verschr U – 19 M li – 1 M re.
Reihe 3: 20 M re –U mit der nächsten M re verschr zus str – 5 M re str. Wenden.
Reihe 4 mit Bundrippe:
1 verschr U – 14 M li – 12 M re.
Reihe 5: 26 M re – U mit der nächsten M re verschr zus str – 5 M re str. Wenden.
Reihe 6: 1 verschr U – 31 M li – 1 M re.
Reihe 7: 32 M re – U mit der nächsten M re verschr zus str – 5 M re str. Wenden.
Reihe 8 mit Rippe: 1 verschr U – 38 M re.
Reihe 9: 38 M re – U mit der nächsten M re verschr zus str – die R zu Ende str.
Der Keil ist fertig.

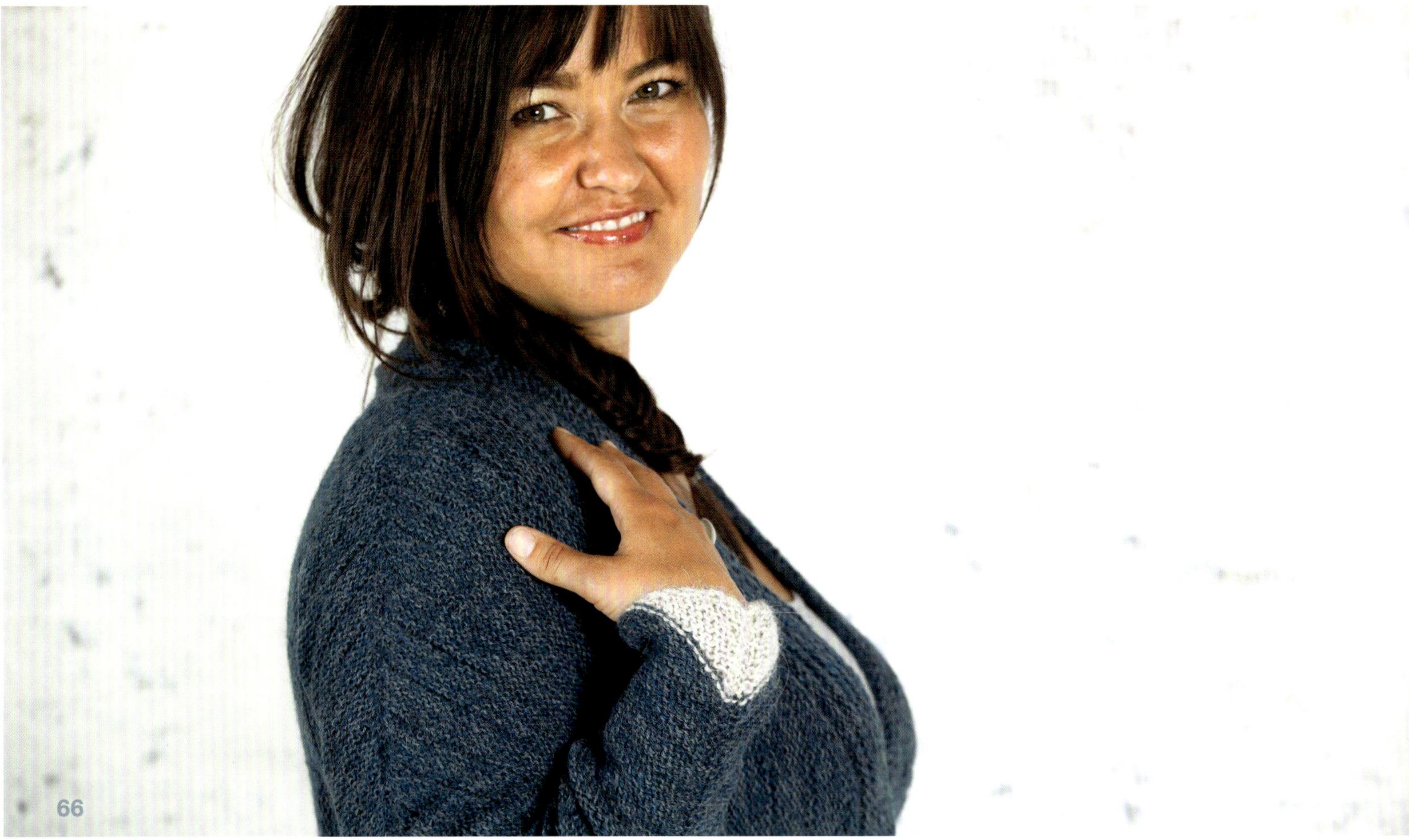

Reihe 2 - Reihe 8 vom MUSTER str.

Gr. S(M):
Reihe 1 str – in Verlängerung der R 2 neue M für den Halsausschnitt anschl = 132 M.
Die 2 neuen M in das Muster einfügen. 7 R MUSTER wie vorher str.
Den 2. KEIL wie LINKER KEIL str.

Gr. L(XL):
Reihe 1 - Reihe 2 vom MUSTER str.
Reihe 3 str – in Verlängerung der R 2 neue M für den Halsausschnitt anschl = 132 M.
Die 2 neuen M in das Muster einfügen. 5 R Muster wie vorher str.
2. KEIL wie LINKER KEIL str.

Alle Gr.:
15 R im MUSTER str.
Den 3. KEIL wie LINKER KEIL str.
2(4)6(8) R Muster str.

Schulter = 26(28)28(30) R.
Ab der Mitte sind es nun an der Schulter 50(52)54(56) R.

ARMAUSSCHNITT:
Im MUSTER weiterstr.
An der Schulter M abk = Seite ohne Keile.
17 M abk = 115 M.
2 mal 3 M abk = 109 M.
2(2)3(3) Mal 2 M abk = 105(105)103(103) M.
5(7)7(9) Mal 1 M abk = 100(98)96(94) M.

2(4)4(6) R str.
Ab der Mitte sind es nun 72(80)84(92) R. Hier ist die Seitennaht.
Eine Markierung in den Armausschnitt setzen. Über das Vorderteil weiterstr.

VORDERTEIL

6(8)8(10) R str.
Für den Armausschnitt M in Verlängerung der R anschl.
3(5)5(7) Mal 1 M anschl = 103(103)101(101) M.
2(2)3(3) Mal 2 M anschl = 107 M.
2 Mal 3 M anschl = 113 M.
1 Mal 19 M anschl = 132 M.

3(5)7(9) R MUSTER str.
Den 4. KEIL wie LINKEN KEIL str.
15 R MUSTER str.
Den 5. KEIL wie LINKEN KEIL str.
7(7)5(5) R MUSTER str.

HALSAUSSCHNITT

Im MUSTER weiterstr.
Am Vorderteil ab unterem Rand str.
Reihe 1: 120 M. Wenden.
Reihe 2: Verschr U. 120 M str.
Reihe 3: 114 M. Wenden.
Reihe 4: Verschr U. 114 M str.
Reihe 5: 108 M. Wenden.
Reihe 6: Verschr U. 108 M str.
Reihr 7: 102 M. Wenden.
Reihe 8: Verschr U. 102 M str.

Reihe 9: 98 M. Wenden.
Reihe 10: Verschr U. 98 M str.
Reihe 11: 94 M. Wenden.
Reihe 12: Verschr U. 94 M str.

Reihe 13: 91 M. Wenden.
Reihe 14: Verschr U. 91 M str.
Reihe 15: 88 M. Wenden.
Reihe 16: Verschr U. 88 M str.
Reihe 17: 85 M. Wenden.
Reihe 18: Verschr U. 85 M str.
Reihe 19: 82 M. Wenden.
Reihe 20: Verschr U. 82 M str.
Reihe 21: 79 M. Wenden.
Reihe 22: Verschr U. 79 M str.

Gr. L(XL)
Reihe 23: 76 M. Wenden.
Reihe 24: Verschr U. 76 M str.

Die Fäden abschneiden.
Evtl die M auf einem Faden stilllegen.

RECHTE SEITE

In der Rückenmitte beg und zum rechten Vorderteil str. 130 M von außen aus der Anschlagreihe der linken Rückenhälfte heraus str.
Reihe 1: 130 M re.
Reihe 2: 1 M re – 128 M li – 1 M re.
Reihe 3: 130 M re.
Reihe 4 mit Bundrippe: 12 M re – 117 M li – 1 M re.
Reihe 5: 130 M re.
Reihe 6: 1 M re – 128 M li – 1 M re.
Reihe 7: 130 M re.
Reihe 8 mit Rippe: 130 M re.
Reihe 1 - Reihe 7 str.
RECHTER KEIL:
Reihe 1 mit Rippe: 38 M re. Wenden.
Reihe 2: Verschr U – 38 M re.
Reihe 3: 1 M re – 31 M li. Wenden.
Reihe 4: Verschr U – 32 M re.
Reihe 5 mit Bundrippe: 12 M re – 14 M li. Wenden.
Reihe 6: Verschr U – 26 M re.
Reihe 7: 1 M re – 19 M li. Wenden.
Reihe 8: Verschr U – 20 M re.
Reihe 9 mit Rippe: 20 M re – *den U mit nächster M re zus str – 5 M re*. Von * bis * wdh, bis keine weiteren U mehr vorhanden sind. Die R re zu Ende str.
Der Keil ist fertig.
Reihe 1 - Reihe 7 vom MUSTER str.
Gr. S(M):
Reihe 8 str – in Verlängerung der R 2 neue M anschl = 132 M.
7 R im MUSTER str.
Den 2. Keil wie RECHTER KEIL str.

Gr. L(XL):
Reihe 8 und Reihe 1 vom MUSTER str.
Reihe 2 str – in Verlängerung der R 2 neue M anschl = 132 M.
Reihe 3 - Reihe 7 vom MUSTER str.
Den 2. Keil wie RECHTER KEIL str.

Alle Gr.:
15 R im MUSTER str.
Den 3. Keil wie RECHTER KEIL str. Wie bei LINKER SEITE weiterstr. Die Keile wie bei RECHTER KEIL str.

Die Fäden nicht abschneiden, sondern bei VORDERRAND weiterstr.

VORDERRAND

Die Vorderteilschultern an die Rückenschultern nähen.

Beim rechten Vorderteil unten am Bund beg. 79(79)76(76) M re str – den U mit der nächsten M re zus str – 2 M re – den U mit der nächsten M re zus str. Weiterhin bis zum nächsten U str und diesen mit der folgenden M re zus str. Enden mit 11 M re = 132 M.
40(40)44(44) M aus dem Nacken heraus str.

Über das linke Vorderteil str: 11 M re – die nächste M mit dem U re verschr zus str. So weiterstr, bis keine U mehr vorhanden sind.
Enden mit 79(79)76(76) M re = 304(304)308(308) M.
Reihe 1 (RückR):
1 M re – 302(302)306(306) M li – 1 M re.
Reihe 2 mit Zunahme: 79(79)76(76) M re – eine Markierung setzen – 1 neue M re – 146(146)156(156) M re – 1 neue M re – eine Markierung setzen – 79(79)76(76) M re = 306(306)310(310) M.
Reihe 3: Alle M re str.
Reihe 4: Li M str, aber die erste und letzte M re str.
Reihe 5: Alle M re str.
Reihe 6 mit Zunahme: 79(79)76(76) M re – Markierung – 1 neue M re – bis zur Markierung str – 1 neue M re – Markierung – 79(79)76(76) M re.
Reihe 7: Li M str, aber die erste und letzte M re str.
Reihe 8: Alle M re str.
Reihe 9: Alle M re str.
Reihe 10: Li M str, aber die erste und letzte M re str.
Reihe 11: Alle M re str.

Reihe 6 – 11 wdh, bis der Vorderrand 6 Linksrippen hat – gezählt von außen.
Es sind 316(316)320(320) M. Alle M abk.

FERTIGSTELLUNG

Die Ärmel an den Körper nähen. Die Fäden vernähen.

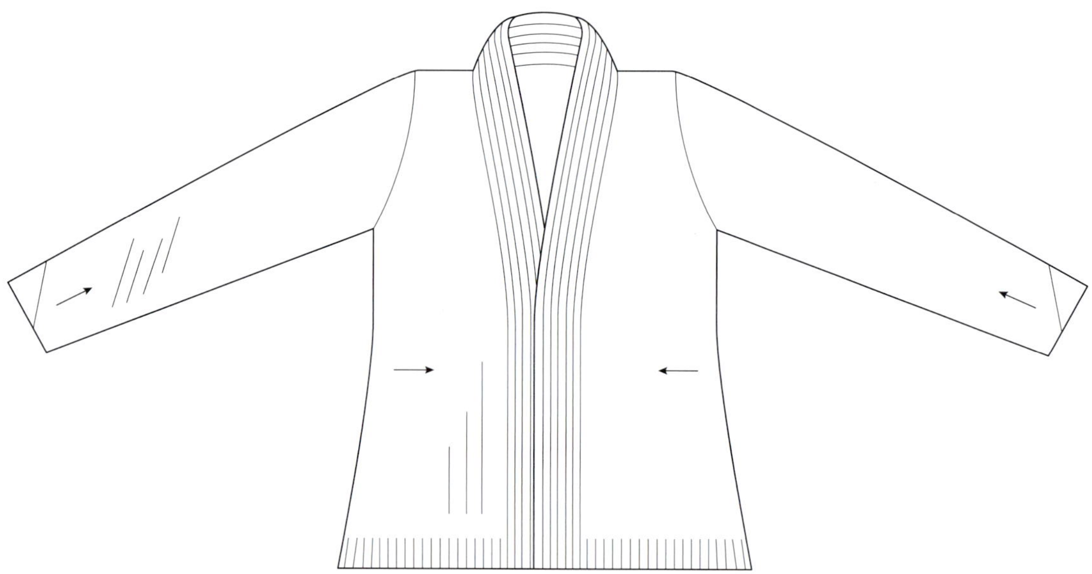

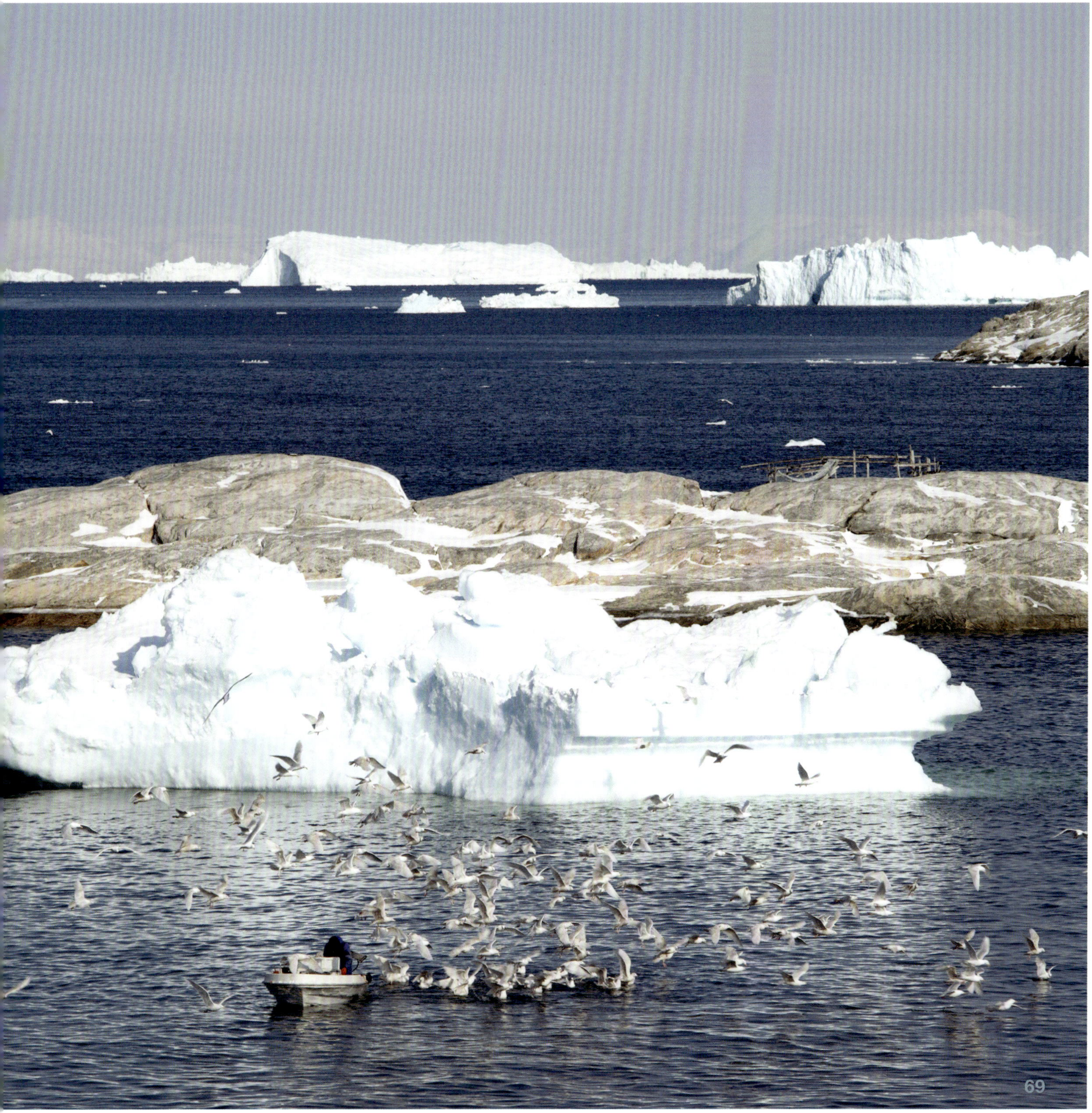

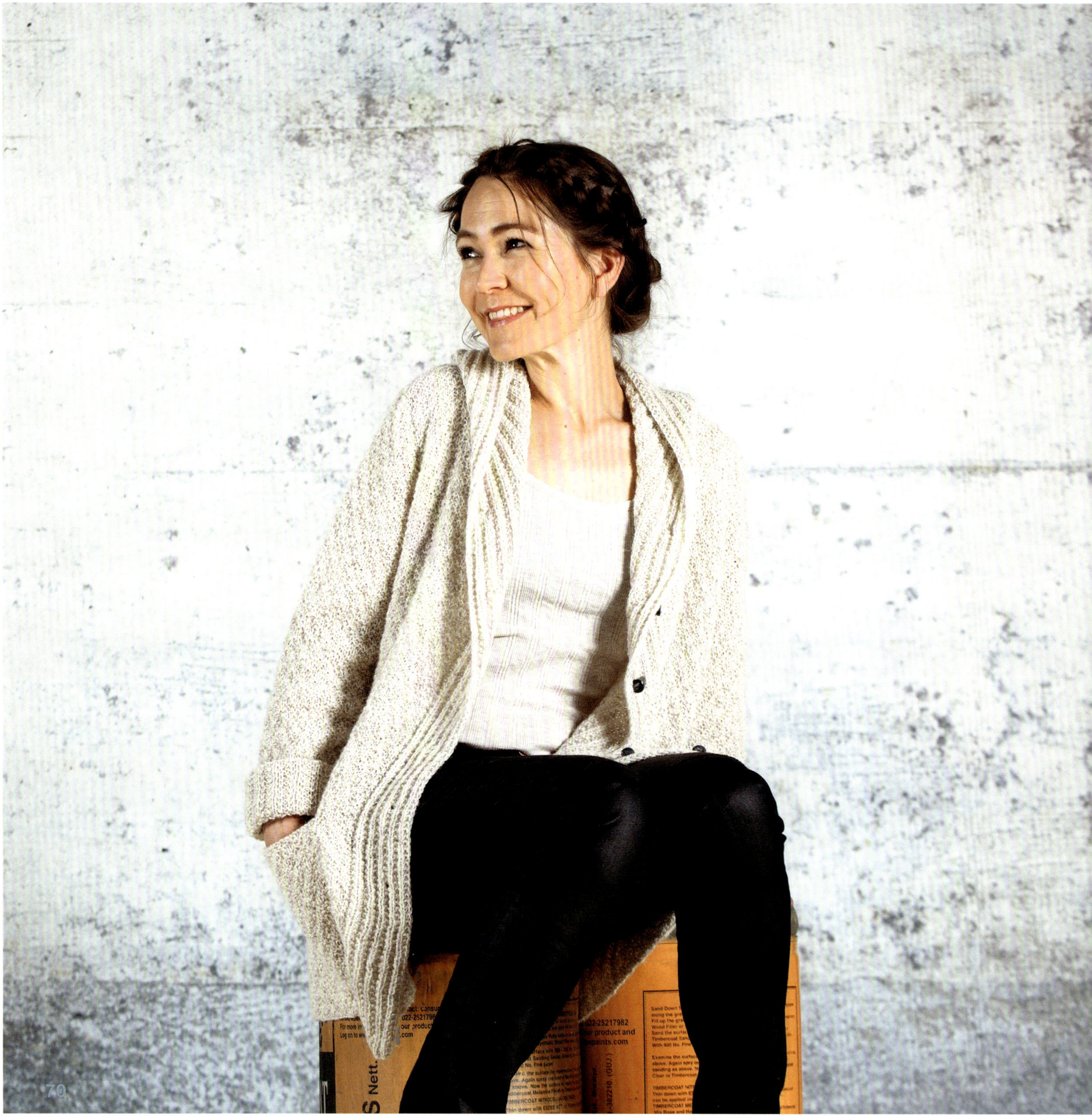

PELZ

AMEQ

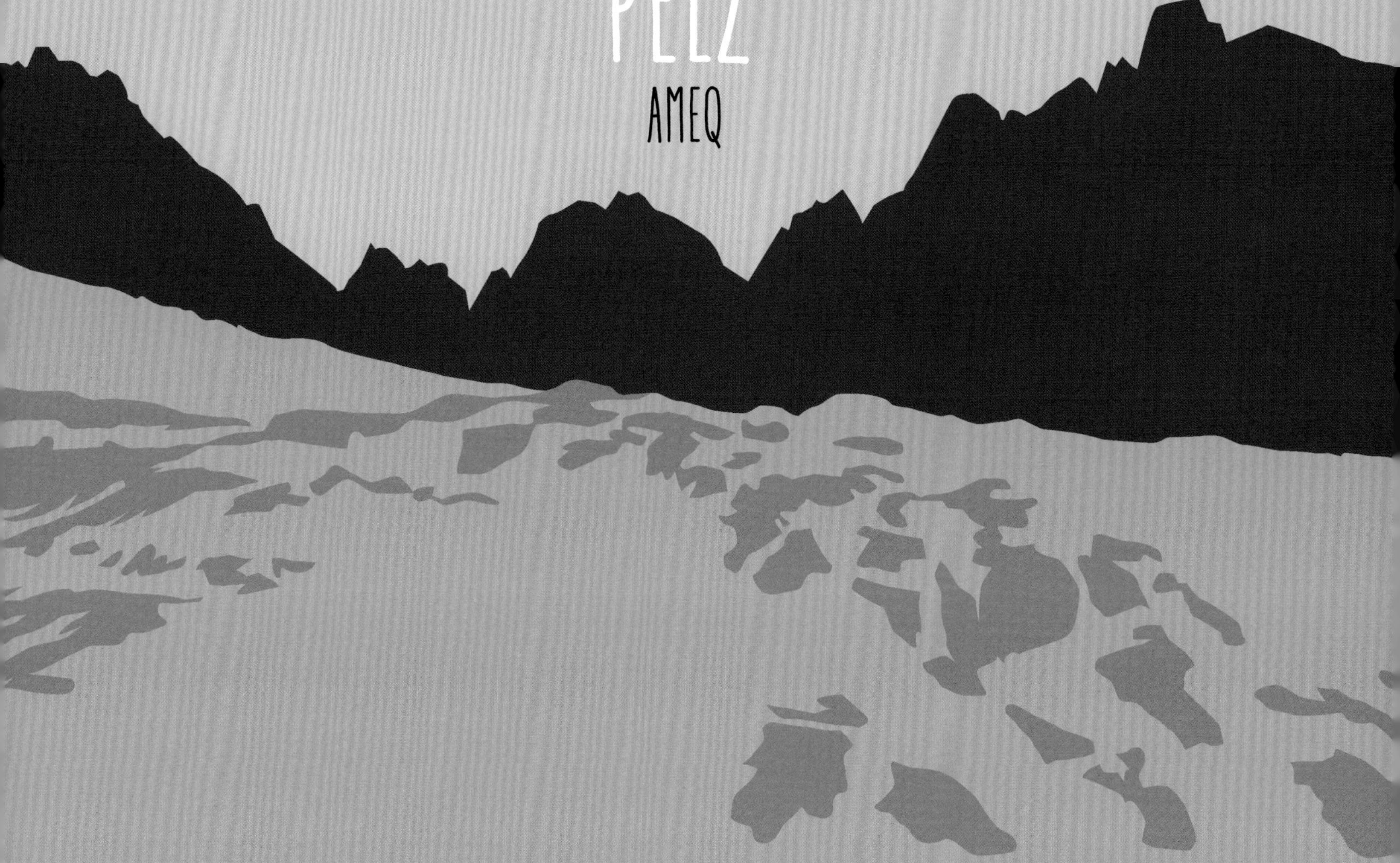

Gr: S(M)L(XL)

Halbe Rückenbreite:
49(53)57(61) cm

Länge: 63(64)65(66) cm
Innere Ärmellänge: 41 cm

Material:
250(250)250(300) g Alpaca 1
Farbe 0
300(350)350(400) g Tvinni
Farbe 6s
Die beiden Qualitäten zusammen verstricken.
8 Knöpfe

Rundnadel Nr. 4½

Maschenprobe im Muster:
10 cm = 20 M und 32 R

TASCHEN

27(27)31(31) M mit beiden Qualitäten und Nd Nr. 4½ anschl.
In Reihen hin und her str.

Reihe 1 (RückR): 1 M re – *1 M li – 3 M re*. Von * bis * wdh. Enden mit 1 M li – 1 M re.
Reihe 2: *3 M re – 1 M li*. Von * bis * wdh. Enden mit 3 M re.
Reihe 3: Wie Reihe 1.
Reihe 4: Wie Reihe 1.
Reihe 5: Wie Reihe 2.
Reihe 6: Wie Reihe 1.
Reihe 7: Wie Reihe 2.
Reihe 8: Wie Reihe 2.

Reihe 1 - Reihe 8 wdh, bis insg 73 R gestr sind. Letzte R = Reihe 1.
Die Tasche misst 13(13)15(15) cm in der Breite und 23 cm in der Höhe. Die Fäden abschneiden. Die Tasche zur Seite legen. Noch eine Tasche str.

KÖRPER

233(249)265(281) M mit beiden Qualitäten und Nd Nr. 4½ anschl.
In Reihen hin und her str.

Reihe 1 (RückR): 1 M abh, mit dem Faden vor der Arbeit = 1 FV – 1 M re – *1 M li – 3 M re*. Von * bis * wdh. Enden mit 1 M li – 2 M re.
Reihe 2: 1 FV – *3 M re – 1 M li*. Von * bis * wdh. Enden mit 4 M re.
Reihe 3: Wie Reihe 1.

Nun die vorderen Ränder und den Rücken markieren:
Reihe 4 (HinR):
VORDERRAND: 1 FV – *3 M re – 1 M li*. Von * bis * insg 5 Mal str. Markierung setzen.
VORDERTEIL: 1 M re – *1 M li – 3 M re*. Von * bis * insg 11(12)13(14) Mal str. Enden mit 1 M li – 1 M re. Markierung setzen.
RÜCKEN: 1 M li – *3 M re – 1 M li*. Von * bis * insg 24(26)28(30) Mal str. Markierung setzen.
VORDERTEIL: 1 M re str – *1 M li – 3 M re*. Von * bis * insg 11(12)13(14) Mal str. Enden mit 1 M li – 1 M re. Markierung setzen.
VORDERRAND: *1 M li – 3 M re*. Von * bis * wdh. Enden mit 1 M re.

Reihe 5:
VORDERRAND: 1 FV – 1 M re – *1 M li – 3 M re*. Von * bis * insg 4 Mal str. Enden mit 1 M li – 2 M re.
VORDERTEIL: *3 M re – 1 M li* str. Von * bis * insg 11(12)13(14) Mal str. Enden mit 3 M re.
RÜCKEN: 2 M re – *1 M li – 3 M re*.
Von * bis * insg 23(25)27(29) Mal str. Enden mit 1 M li – 2 M re.
VORDERTEIL: *3 M re – 1 M li*. Von * bis * insg 11(12)13(14) Mal str. Enden mit 3 M re.
VORDERRAND: 2 M re – *1 M li – 3 M re*. Von * bis * wdh. Enden mit 1 M li – 2 M re.
Reihe 6: Wie Reihe 4.
Reihe 7: Wie Reihe 5.

Reihe 8 mit Knopfloch: 1 FV – 3 M re – 1 M li – 2 M re – 2 M re zus – 2 neue M anschl – 2 M re zus – 1 M re – *1 M li – 3 M re*. Von * bis * wdh. Enden mit 1 M re.

Reihe 1 - Reihe 8 wdh.
Die Markierungen während der Arbeit R für R mit nach oben nehmen. Knopfloch in Reihe 8 str und in jeder 24. R wdh – sonst Reihe 8 wie Reihe 2 str.
Insg 72 R str. Letzte R = Reihe 8.
In einer Reihe 1 (RückR) für die Taschen abk, dabei im Muster weiterstr:
21 M str + 8 M – 27(27)31(31) M abk – 12(16)16(20) M str (die 1. M ist bereits auf der Nd) = Seitennaht.
97(105)113(121) Rückenmaschen str.
12(16)16(20) M str – 27(27)31(31) M abk – 8 M str (die 1. M ist bereits auf der Nd) + 21 M.

In Reihe 2 die Taschen dort einstricken, wo die M abgekettet wurden.
Mit den Taschen dort beg, wo der abgeschnittene Faden hängt.

Nun über alle M weiterstr, bis die Arbeit ca. 47 cm misst = 1 R vor dem 7. Knopfloch.

In der nächsten R (= RückR) für die Armausschnitte abk: 66(70)74(78) M str – über der Seitennaht 4 M abk – 93(101)109(117) Rückenmaschen str (die 1. M ist bereits auf der Nd) – über der Seitennaht 4 M abk – 66(70)74(78) M str (die 1. M ist bereits auf der Nd).

Vorderteile und Rücken einzeln für sich fertig str.

RECHTES VORDERTEIL

Im Muster weiterstr und in jeder 24. R ein Knopfloch str.
Für die Armausschnitte abk:
2(2)3(3) Mal 2 M abk = 62(66)68(72) M.
4(6)6(6) Mal 1 M abk = 58(60)62(66) M.
Armausschnitt = 12(16)18(18) R.

19(15)13(13) R ohne abzuketten str.
Die äußersten M am Armausschnitt in allen R re str. Es sind nun 7 R nach dem 8. Knopfloch gestr.
Armausschnitt = 10 cm.

Die 21 M vom Vorderrand auf einem Faden stilllegen. Nach diesen 21 stillgelegten M für den Halsausschnitt abk:
3 Mal 4 M abk = 25(27)29(33) M.
1 Mal 3 M abk = 22(24)26(30) M.
1 Mal 2 M abk = 20(22)24(28) M.
2(4)4(4) Mal 1 M abk = 18(18)20(24) M.

5(5)9(11) R ohne abzuketten str.
Armausschnitt = 17(18)19(20) cm.
Die Fäden abschneiden.
Die M auf einem Faden stilllegen.

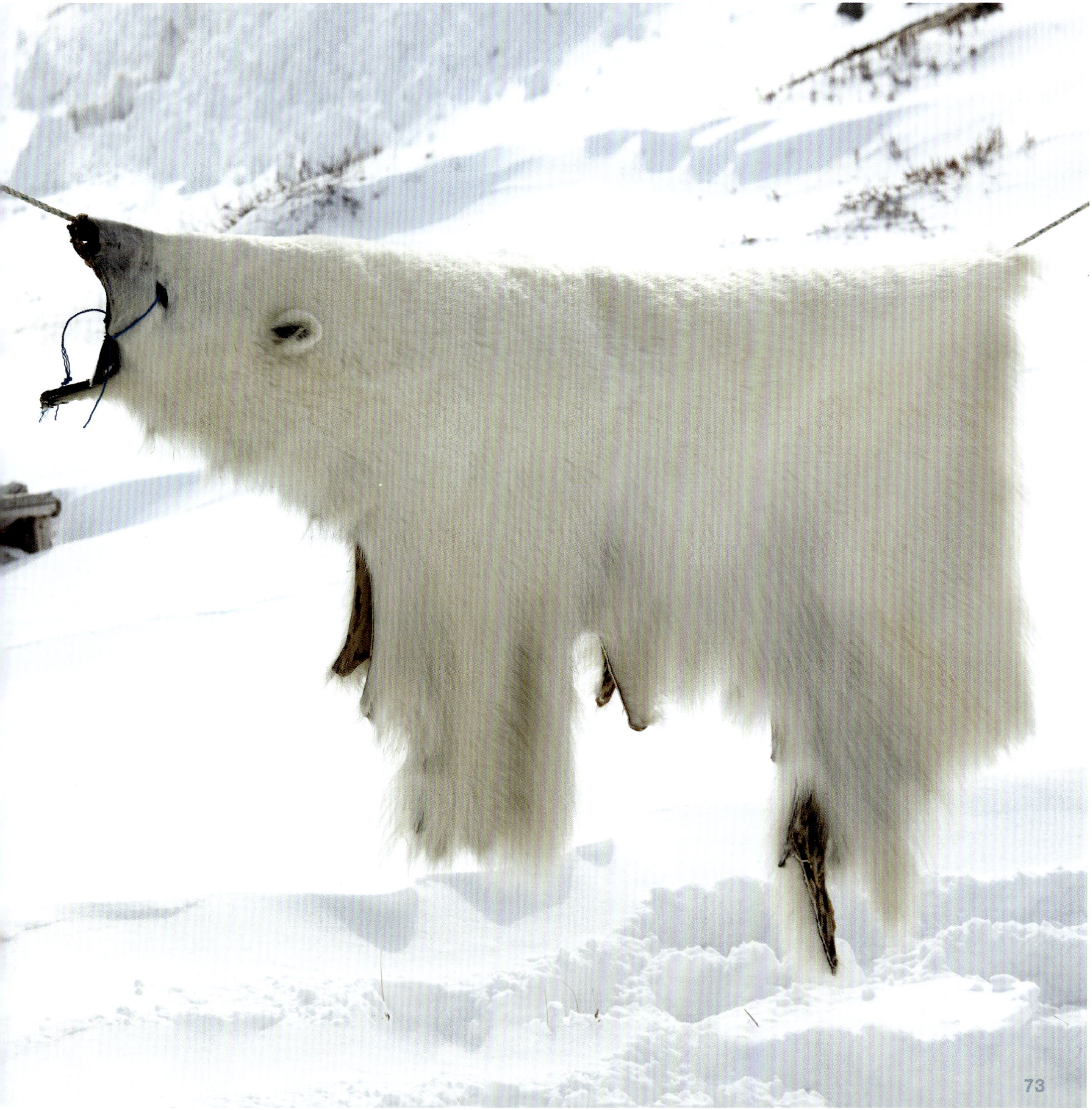

LINKES VORDERTEIL

An der Ärmelseite beg und wie beim rechten Vorderteil abk.
19(15)13(13) R nach dem letzten Abketten str. Die 21 M vom Vorderrand auf einem Faden stilllegen. Wie beim rechten Vorderteil für den Halsausschnitt abk, jedoch spiegelverkehrt.

Nach dem Halsausschnitt noch 6(6)10(12) R ohne abzuketten str. Die Fäden abschneiden. Die M auf einem Faden stilllegen.

RÜCKEN

Mit einer HinR beg und im Muster weiterstr. Für die Armausschnitte wie folgt abk:
Beidseitig 1(1)2(2) Mal 2 M abk = 89(97)101(109) M.
Beidseitig 7(9)9(9) Mal 1 M abk = 75(79)83(91) M.

36(36)38(40) R ohne abzuketten str. Die äußersten M in allen R re str.

Die Vorderteile wieder auf Nd setzen.
Die äußersten 18(18)20(24) Rückenmaschen an beiden Seiten sind die Schultermaschen.

Die Schultern zus str. Dafür ein Vorderteil und eine Seite des Rückenteils rechts auf rechts aneinander legen. Die gegenüberliegenden M mit einer dritten Nd zus str und gleichzeitig dabei abk.

An der zweiten Seite wdh.
Für den Nacken sind nun noch 39(43)43(43) M übrig.

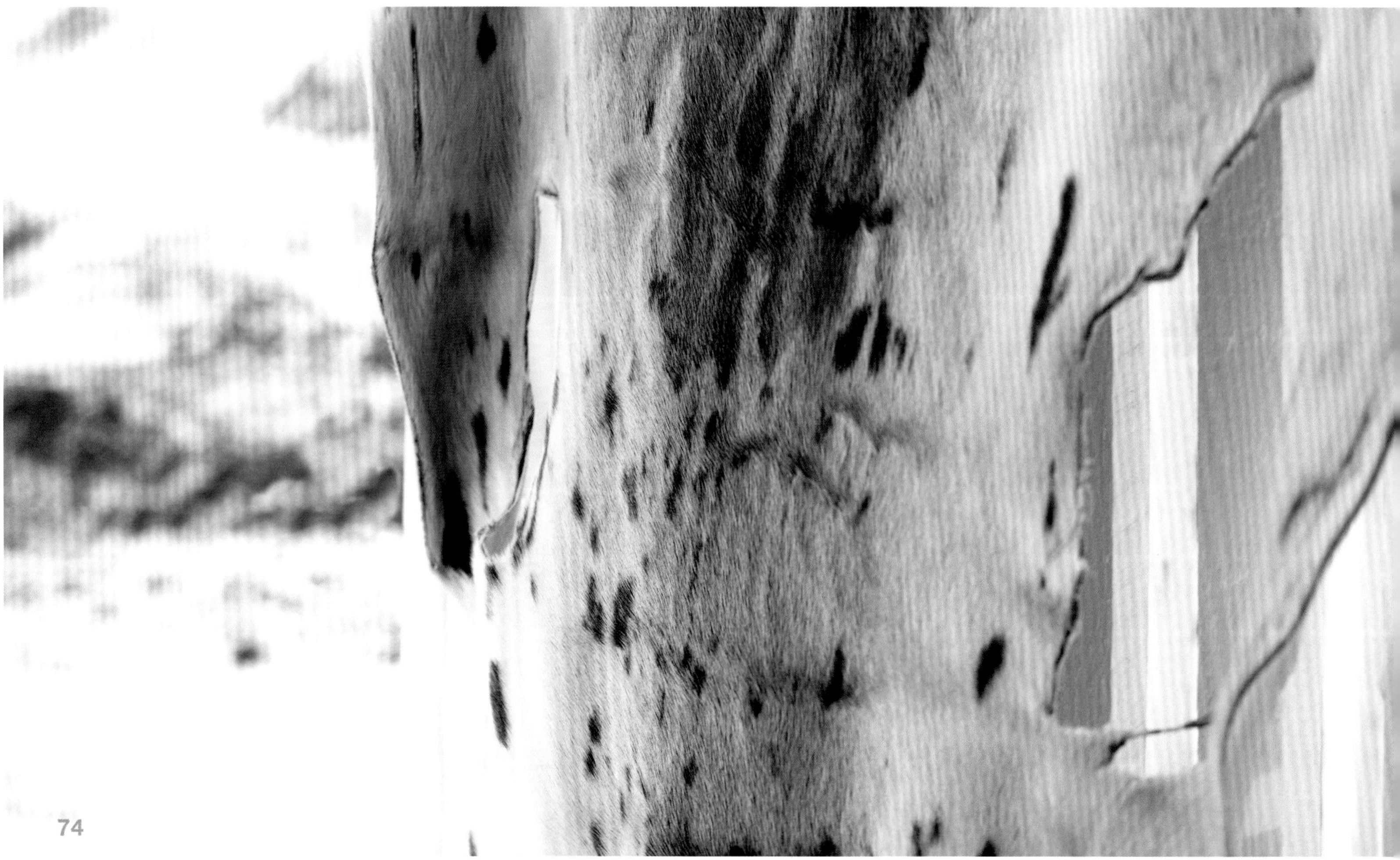

KAPUZE

Die ersten 21 M vom rechten Vorderteil = Vorderrand auf die rechte Nd heben, ohne sie zu str. 28(30)34(34) M aus dem rechten Halsausschnitt heraus str – die 39(43)43(43) Nackenmaschen im Muster str – 28(30)34(34) M aus dem linken Halsausschnitt heraus str – die 21 M vom linken Vorderrand str.
Inkl rechtem Vorderrand sind es nun rund um den Halsausschnitt 137(145)153(153) M.

Reihe 1 (RückR): 1 FV – 1 M re – *1 M li – 3 M re*. Von * bis * wdh. Enden mit 1 M li – 2 M re.
Reihe 2: 1 FV – *3 M re – 1 M li*. Von * bis * wdh. Enden mit 4 M re.
Reihe 1 und Reihe 2 wdh, bis die Kapuze 30 cm misst. Mit einer RückR enden.
Die Hälfte der M auf eine zweite Nd schieben (auf einer Nd ist 1 M mehr).
Die Nd rechts auf rechts aneinander legen und ab Vorderrand der Kapuze die M wie bei den Schultern zus str und gleichzeitig dabei abk.
Die letzte M auch abk.

ÄRMEL

49(53)53(57) M mit beiden Qualitäten und Nd Nr. 4½ anschl.
In Reihen hin und her str.

Reihe 1 (RückR): 2 M re – *1 M li – 3 M re*. Von * bis * wdh. Enden mit 1 M li – 2 M re.
Reihe 2: 4 M re – *1 M li – 3 M re*.
Von * bis * wdh. Enden mit 1 M re.

Reihe 1 und Reihe 2 wdh, bis der Ärmel 12 cm misst. Mit einer Reihe 1 enden.

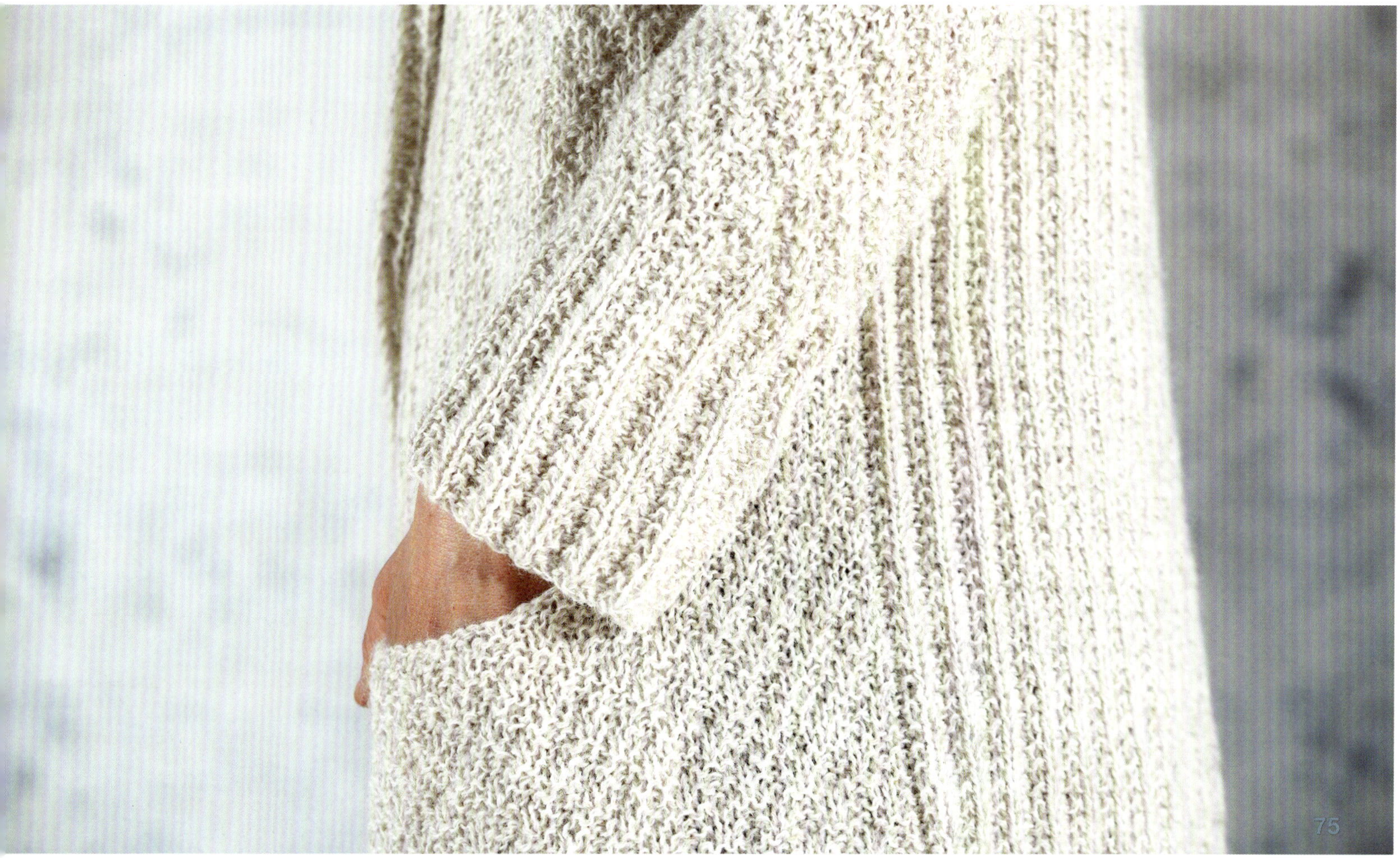

Reihe 3 mit Zun: 1 M re – 1 neue M re, dafür den Faden zw zwei M verschr str – 1 M re – *1 M li – 3 M re*. Von * bis * wdh. Enden mit 1 M li – 1 M re – 1 neue M re – 1 M re.

Reihe 4: 1 M re – *1 M li – 3 M re*.
Von * bis * wdh. Enden mit 1 M li – 1 M re.
Reihe 5: *3 M re – 1 M li*.
Von * bis * wdh. Enden mit 3 M re.
Reihe 6: Wie Reihe 4.
Reihe 7: Wie Reihe 4.
Reihe 8: Wie Reihe 5.
Reihe 9: Wie Reihe 4.
Reihe 10: Wie Reihe 5.

Im Muster str und die Zun in jeder 12.(12.)10.(10.) R wdh, bis es 65(69)73(77) M sind. Ohne Zun weiterstr, bis der Ärmel 41 cm misst.

Beidseitig 2 Mal 2 M abk = 57(61)65(69) M.
Beidseitig 17(18)19(21) Mal 1 M abk = 23(25)27(27) M.
Beidseitig 2 Mal 2 M abk = 15(17)19(19) M.
Die letzten M abk.

Den zweiten Ärmel auf die gleiche Weise str.

FERTIGSTELLUNG

Die Ärmel zusammennähen.
Vor dem Einnähen die Ärmel mit Nadeln im Armausschnitt feststecken. Von außen einnähen.
Die Taschen an der Rückseite festnähen. Die Taschen am unteren Jackenrand festnähen.
Die Fäden vernähen.
Die Knöpfe annähen.

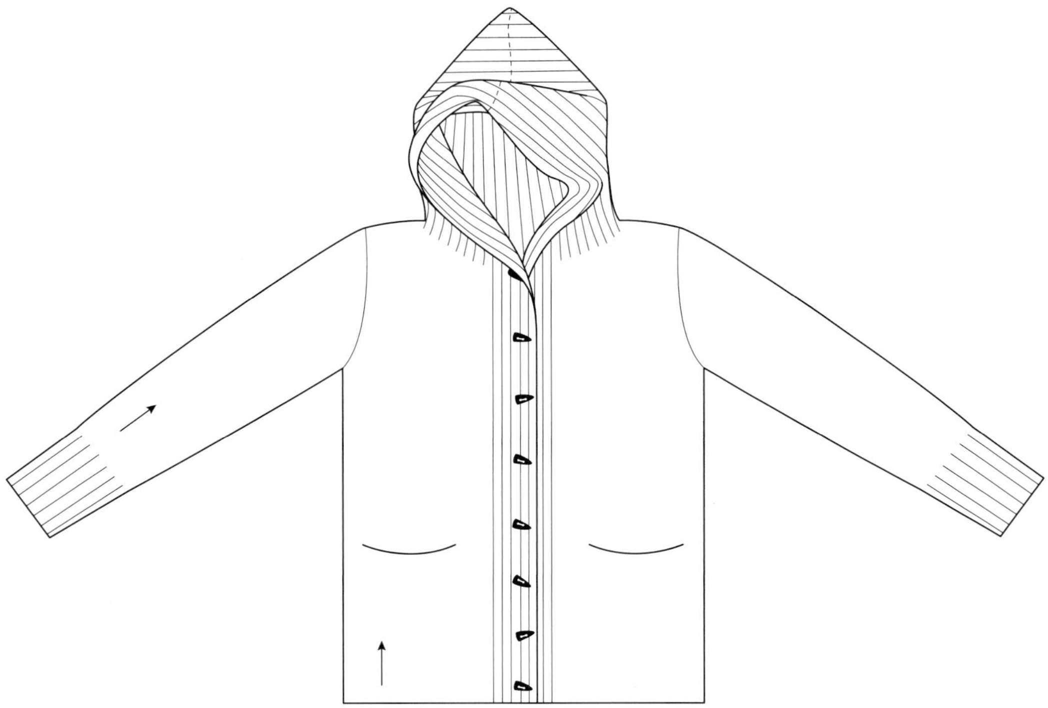

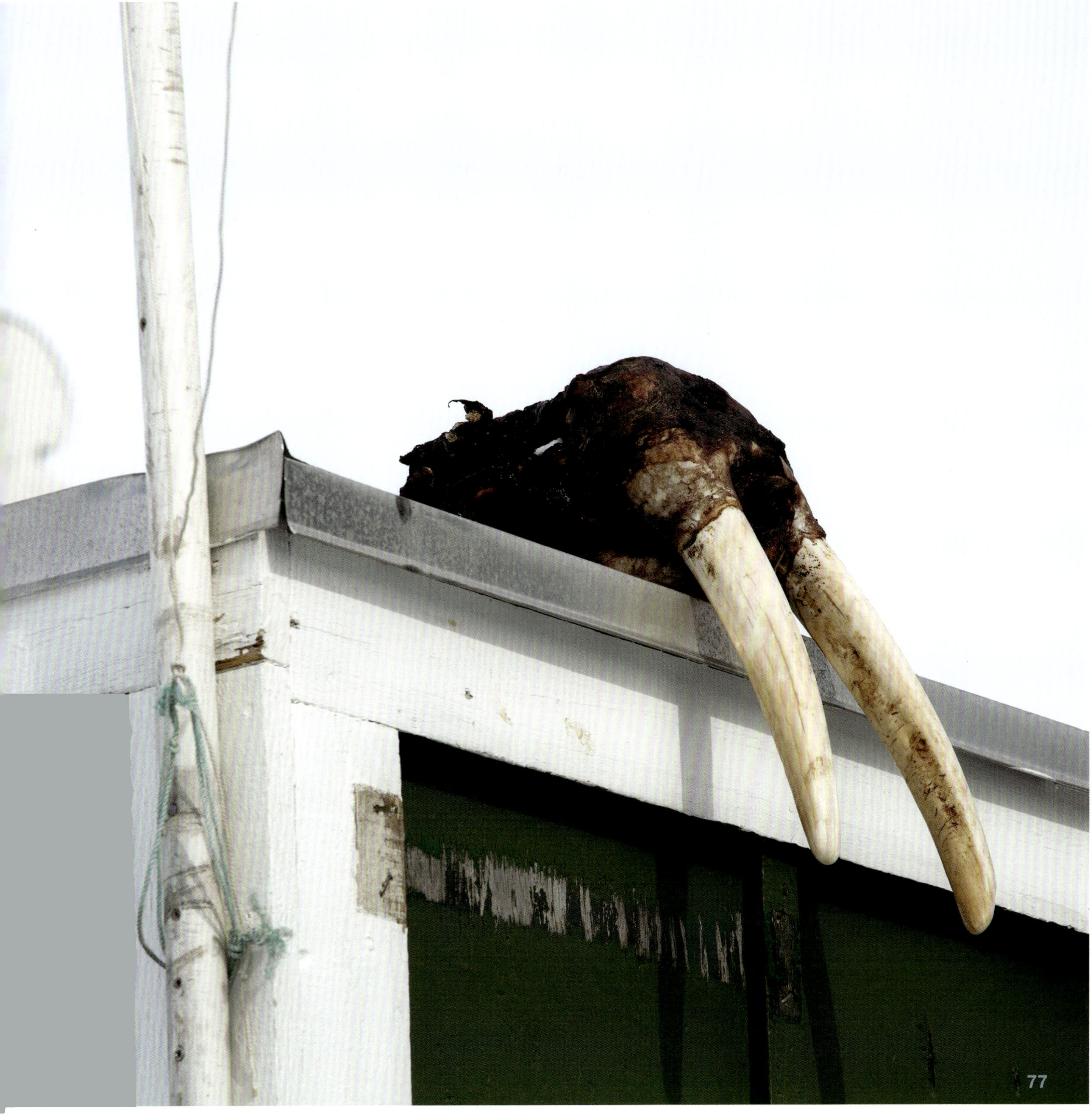

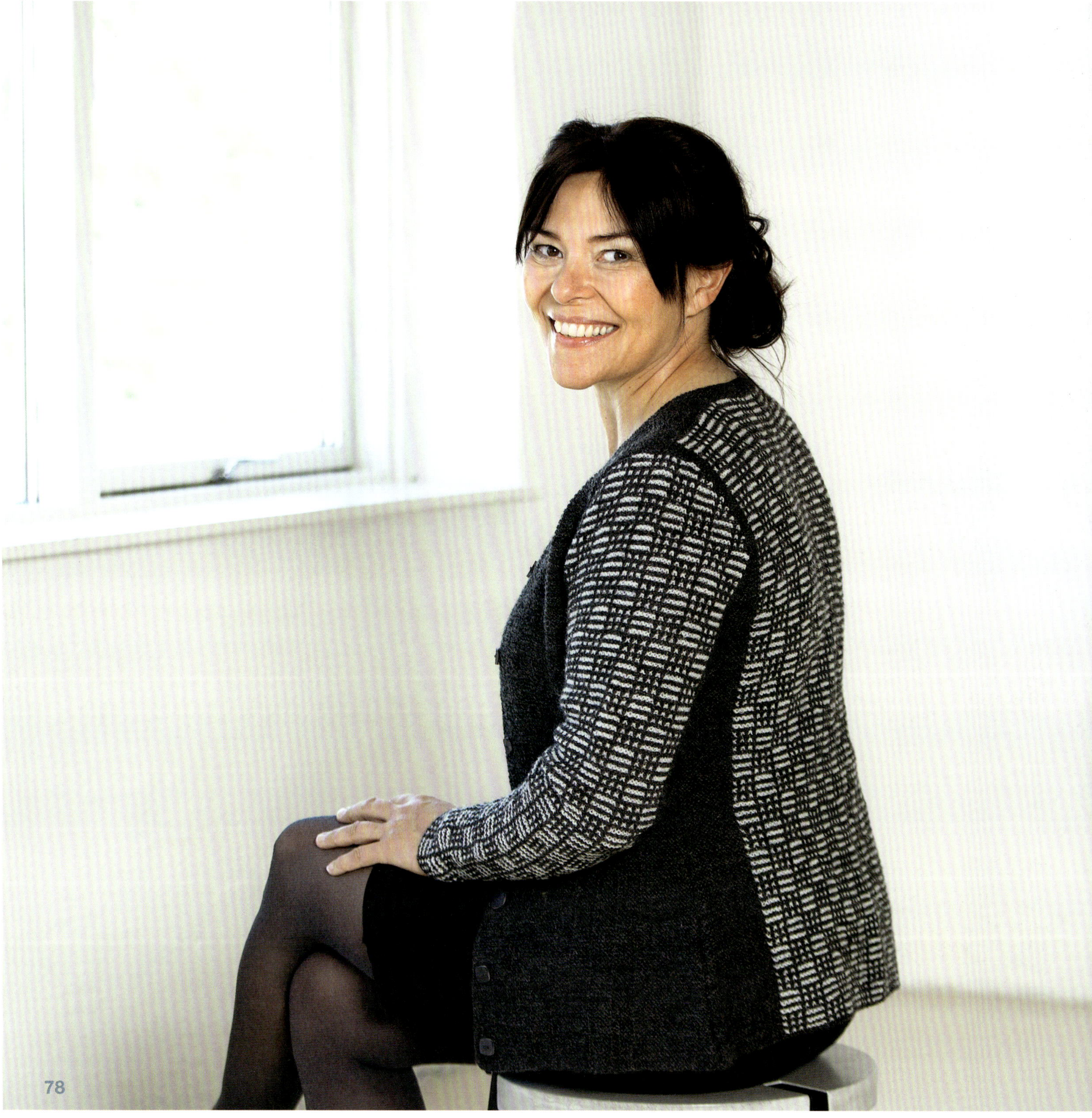

FELSEN

QAQQAT

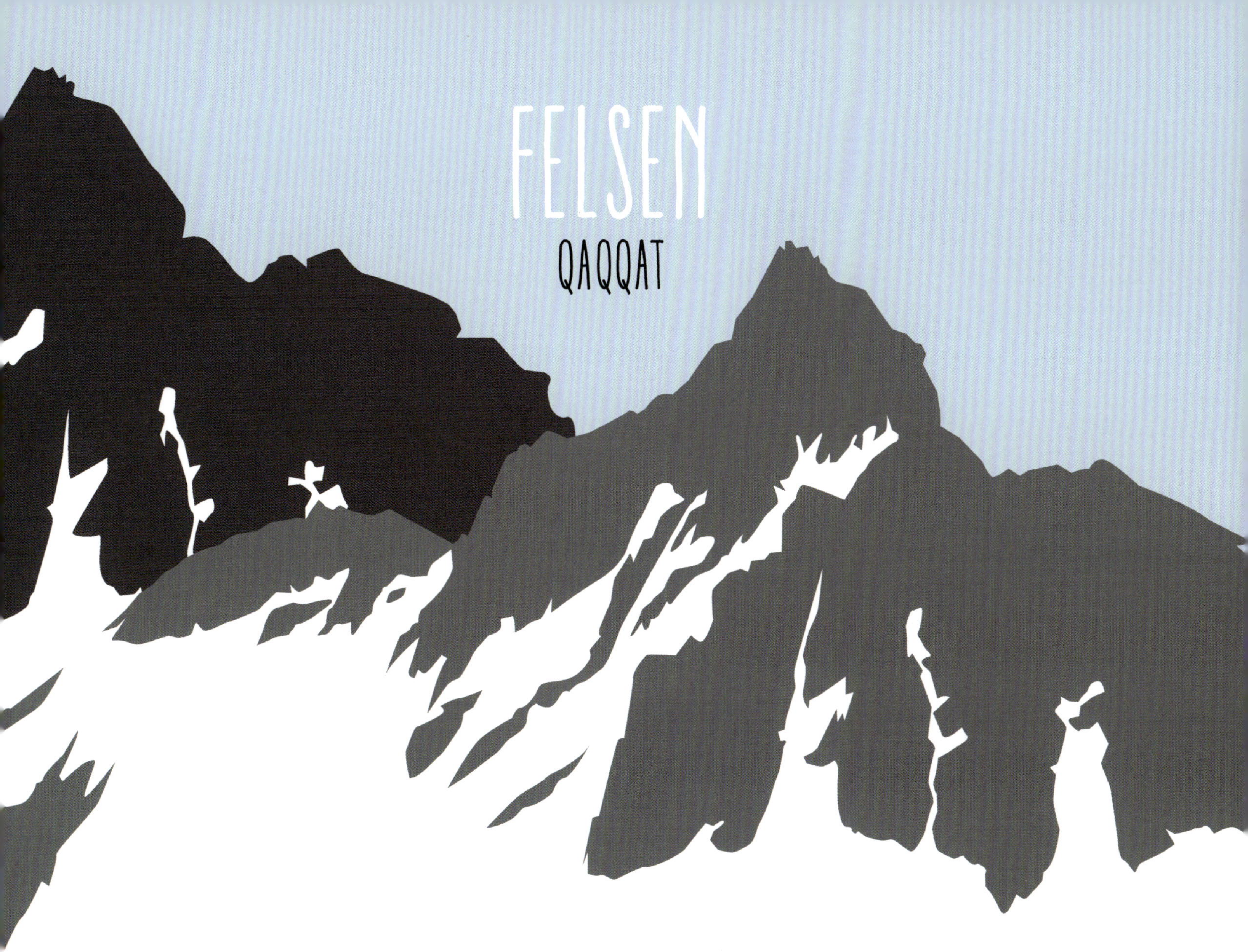

Gr: S(M)L(XL)

Halbe Oberweite: 47(50)54(57) cm
Länge: 56(57)57(58) cm
Innere Ärmellänge: 40 cm

Material:
A = 250(300)300(300) g Highland
Farbe Charcoal
B = 100 g Highland Farbe Ice Blue

8 Knöpfe

Rundnadel Nr. 2½ und 3

Maschenprobe in kraus rechts
mit Nd Nr. 3:
10 cm = 27 M und 54 R
Maschenprobe im Muster mit Nd Nr. 3:
10 cm = 28 M und 56 R

ÄRMEL

59(61)69(71) M mit A und Nd Nr. 3 anschl. In Reihen hin und her str.
1 R re str.

Für die letzten M in der R muss ein kleines Extraknäuel mit Fa A verwendet werden.

FH = 1 M abh, mit dem Faden hinter der Arbeit.
FV = 1 M abh, mit dem Faden vor der Arbeit.

MUSTER: Reihe 1:
Mit A str: 3(4)2(3) M re. Markierung setzen.
Zu B wechseln: *1 M re – FH – 1 M re – FH – 1 M re – FH – 5 M re – FH* insg 4(4)5(5) Mal str.
Enden mit: 1 M re – FH – 1 M re – FH – 1 M re.
Markierung setzen.
Zu neuem Knäuel A wechseln: 3(4)2(3) M re str.

Bei Farbwechsel die Knäuel auf der Rückseite verkreuzen.
Reihe 2: Mit A 3(4)2(3) M re str. Zu B wechseln. Die Fäden bleiben innen auf der Rückseite der Arbeit hängen:
1 M re – FV – 1 M re – FV – 1 M re – FV – 5 M re – FV insg 4(4)5(5) Mal str. Enden mit: 1 M re – FV – 1 M re – FV – 1 M re. Zu A wechseln: 3(4)2(3) M re str.

Mit A str:
Reihe 3: 59(61)69(71) M re str.
Reihe 4: Wie Reihe 3.
Reihe 1 - Reihe 4 insg 3 Mal str.
Reihe 5: Mit A 3(4)2(3) M re str.
Zu B wechseln: *5 M re – FH – 1 M re – FH – 1 M re – FH – 1 M re – FH * insg 4(4)5(5) Mal str.
Enden mit: 5 M re. Zu A wechseln: 3(4)2(3) M re str.

Reihe 6:
Mit A str: 3(4)2(3) M re. Zu B wechseln: *5 M re – FV – 1 M re – FV – 1 M re – FV – 1 M re – FV* insg 4(4)5(5) Mal str. Enden mit: 5 M re. Zu A wechseln: 3(4)2(3) M re str.

Mit A str.
Reihe 7: 59(61)69(71) M re.
Reihe 8: Wie Reihe 7.

Reihe 5 - Reihe 8 insg 3 Mal str.
Der Ärmel misst knapp 4,5 cm.

ZUNAHMEN str: 1 M re – 1 neue M re, dafür den Querfaden zw zwei M verschr str – 2(3)1(2) M re – 53(53)65(65) M im Muster wie in Reihe 1 – 2(3)1(2) M re – 1 neue M re – 1 M re = 61(63)71(73) M.
Nächste Reihe: 4(5)3(4) M re str – 53(53)65(65) M im Muster wie in Reihe 2 – 4(5)3(4) M re.
Das Muster wie bisher weiterstr.

ZUNAHMEN in jeder 12.(12.)12.(10.) R wdh, bis es außerhalb der Markierungen am Anfang und Ende der Reihe 20(22)20(24) kraus rechte M sind = 93(97)105(113) M.
Weiterstr, bis der Ärmel ca. 40 cm misst. Im Muster weiterstr.
Beidseitig am Anfang der R wie folgt abk:
1 Mal 3 M = 87(91)99(107) M.
2(2)3(3) Mal 2 M = 79(83)87(95) M. Beidseitig am Anfang der R 5(6)6(7) Mal 2 M zus str = 69(71)75(81) M.

*2 R ohne abzuketten str.
Beidseitig am Anfang der R 1 Mal 2 M zus str*.

Von * bis * insg 10(11)11(12) Mal str = 49(49)53(57) M.
Beim Abketten die äußersten M in allen R re str und nicht im Muster.

Beidseitig am Anfang der R 6(6)8(7) Mal 2 M zus str = 37(37)37(43) M.
3 Mal 2 M abk = 25(25)25(31) M. 2(2)2(3) Mal 3 M abk = 13 M.
Die restlichen M mit A abk.

Den zweiten Ärmel auf die gleiche Weise str.

RÜCKEN

137(145)157(165) M mit A und Nd Nr. 3 anschl. In Reihen hin und her str.
1 R re str.

Für die letzten M in der R muss ein kleines Extraknäuel mit Fa A verwendet werden.

MUSTER:
Reihe 1: Mit A 24(28)28(32) M re str. Markierung setzen. Zu B wechseln: *1 M re – FH – 1 M re – FH – 1 M re – FH – 5 M re – FH *. Von * bis * insg 7(7)8(8) Mal str. Enden mit: 1 M re – FH – 1 M re – FH – 1 M re. Markierung setzen.
Zu neuem Knäuel A wechseln: 24(28)28(32) M re.

Bei Farbwechsel die Knäuel auf der Rückseite verkreuzen.
Reihe 2: Mit A 24(28)28(32) M re str.
Zu B wechseln. Die Fäden bleiben auf der Innenseite der Arbeit hängen: *1 M re – FV – 1 M re – FV – 1 M re – FV – 5 M re – FV*.Von * bis * insg 7(7)8(8) Mal str. Enden mit: 1 M re – FV – 1 M re – FV – 1 M re. Zu A wechseln: 24(28)28(32) M re str.

Mit A str.
Reihe 3: 137(145)157(165) M re.
Reihe 4: Wie Reihe 3.

Wieder Reihe 1 - Reihe 4 str.
Reihe 1 – 2 str.

Reihe 3 mit Abn str: 1 M re – 2 M re zus – 131(139)151(159) M re – 2 M re zus – 1 M re.
Reihe 4: 135(143)155(163) M re.

Reihe 5: Mit A 23(27)27(31) M re str.
Mit B: *5 M re – FH – 1 M re – FH – 1 M re – FH – 1 M re – FH *. Von * bis * insg 7(7)8(8) Mal str.
Enden mit: 5 M re. Mit A: 23(27)27(31) M re str.
Reihe 6: Mit A 23(27)27(31) M re str. Mit B: *5 M re – FV – 1 M re – FV – 1 M re – FV – 1 M re – FV *. Von * bis * insg 7(7)8(8) Mal str. Enden mit: 5 M re. Mit A 23(27)27(31) M re.

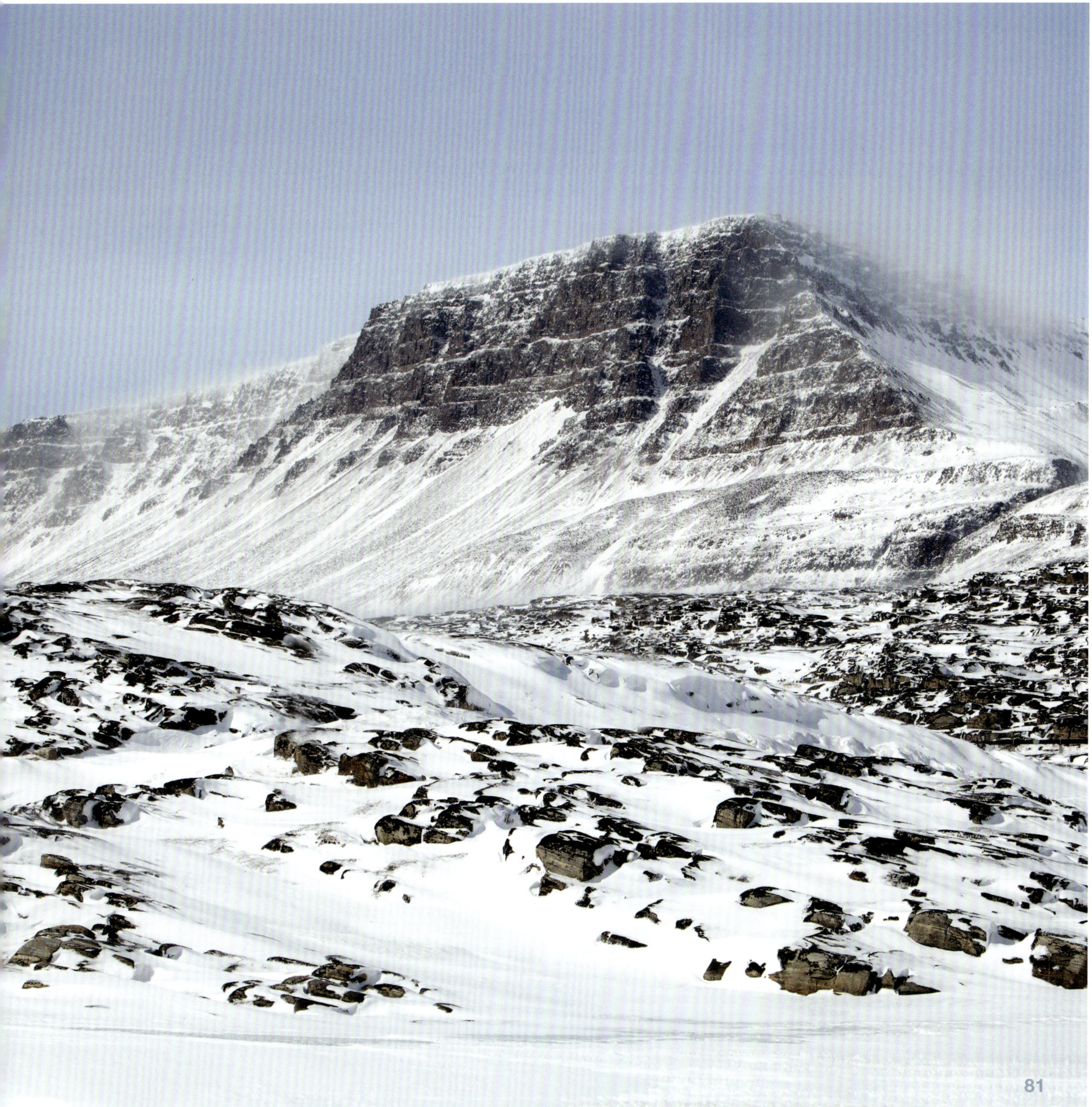

Mit A str.
Reihe 7: (143)155(163) M re str.
Reihe 8: Wie Reihe 7.

Wieder Reihe 5 - Reihe 8 str. Reihe 5 - 6 str.
Reihe 7 mit Abnahme: 1 M re – 2 M re zus – 129(137)149(157) M re – 2 M re zus – 1 M re.
Reihe 8: 133(141)153(161) M re.

Im Muster weiterstr.
Die Abn in jeder 12. R wdh, bis insg 6 Abn gestr sind = 125(133)145(153) M.
Es sind 18(22)22(26) kraus rechte M am Anfang und Ende der R. Der Rücken misst 13 cm.

Weiterhin Abn in jeder 12. R str, aber nun doppelte Abn str:
1. doppelte Abn: 1 M re – 2 M re zus – 12(16)16(20) M re – 2 M re zus – 91(91)103(103) M re – 2 M re zus – 12(16)16(20) M re – 2 M re zus – 1 M re =
121(129)141(149) M. 11 R str.

2. doppelte Abn: 1 M re – 2 M re zus – 10(14)14(18) M re – 2 M re zus – 91(91)103(103) M re – 2 M re zus – 10(14)14(18) M re – 2 M re zus – 1 M re = 117(125)137(145) M. 11 R str.

3. doppelte Abn: 1 M re – 2 M re zus – 8(12)12(16) M re – 2 M re zus – 91(91)103(103) M re – 2 M re zus – 8(12)12(16) M re – 2 M re zus – 1 M re = 113(121)133(141) M.

Es sind 12(16)16(20) kraus rechte M am Anfang und Ende der R. Der Rücken misst 19,5 cm.

23 R str.
1. doppelte Zunahme str: 1 M re – 1 neue M re – 10(14)14(18) M re – 1 neue M re – 91(91)103(103) M re – 1 neue M re – 10(14)14(18) M re – 1 neue M re – 1 M re = 117(125)137(145) M.
Es sind 14(18)18(22) kraus rechte M am Anfang und Ende der R.
11 R str.

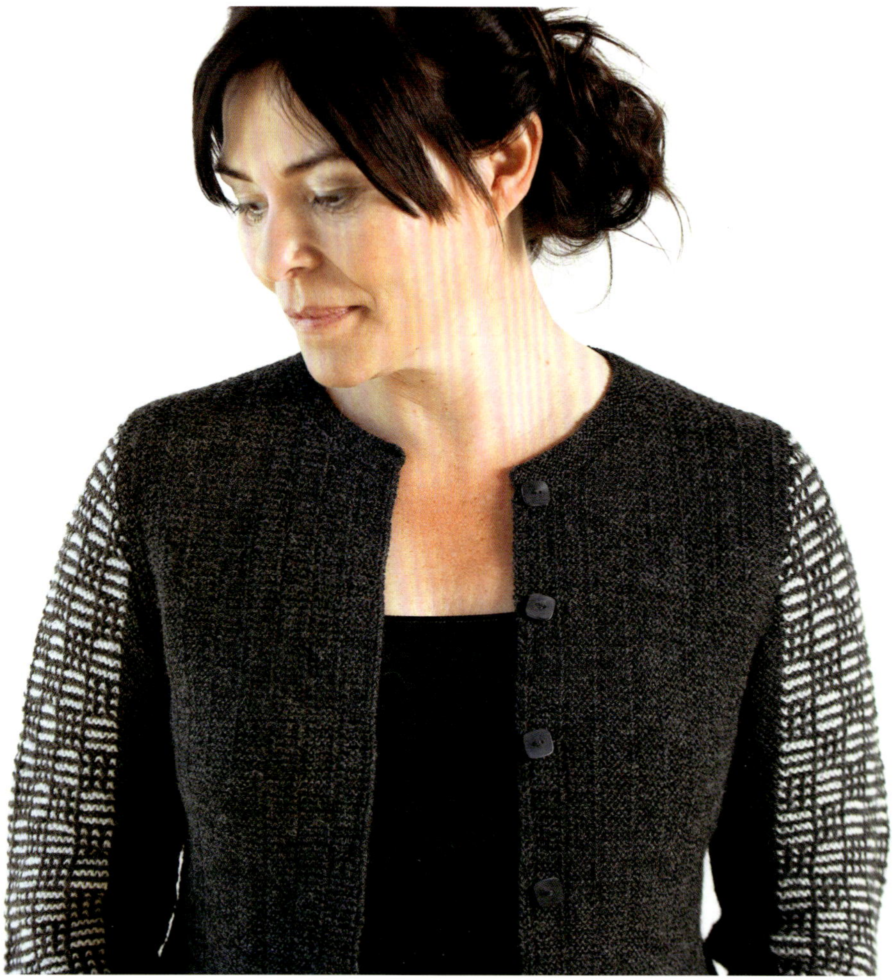

2. doppelte Zunahme: 1 M re – 1 neue M re – 12(16)16(20) M re – 1 neue M re – 91(91)103(103) M re – 1 neue M re – 12(16)16(20) M re – 1 neue M re – 1 M re = 121(129)141(149) M. 11 R str.

1. einfache Zunahme: 1 M re – 1 neue M re – 119(127)139(147) M re – 1 neue M re – 1 M re = 123(131)143(151) M.

Die einfachen Zun noch 3 Mal in jeder 12. R str = 129(137)149(157) M.
Es sind 20(24)24(28) kraus rechte M am Anfang und Ende der R. Der Rücken misst 34,5 cm.

Nach der letzten Zun 13 R str = 17 Reihen Rechtecke. Der Rücken misst 36,5 cm.

Beidseitig für die Armausschnitte am Anfang der R abk.
Beidseitig 1 Mal 3 M abk = 123(131)143(151) M.
Beidseitig 1(2)2(3) Mal 2 M abk = 119(123)135(139) M.
Beidseitig 6(7)7(9) Mal 1 M abk = 107(109)121(121) M.

2 R ohne abzuketten str. Beidseitig 1 M abk. Von * bis * insg 5(6)6(6) Mal str = 97(97)109(109) M.
Es sind nun 4 krause M am Anfang und Ende der R.

Im MUSTER weiterstr, bis der Rücken 56(56)58(58) cm misst = 26(26)27(27) Reihen Vierecke. Mit A abk – gerne etwas fester.

LINKES VORDERTEIL

K = Maschen kreuzen: die zweite M vor der ersten M str ohne sie von der linken Nd zu heben – dann die erste M str. Beide M zus abheben.

73(77)83(87) M mit A und Nd Nr. 3 anschl. In Reihen hin und her str.

Reihe 1 (RückR): 73(77)83(87) M re.
Reihe 2: 22(26)26(30) M re – Markierung setzen – *K – 4 M re*. Von * bis * insg 8(8)9(9) Mal str.
Enden mit: K – 1 M re.

Reihe 1 und Reihe 2 wdh, bis insg 11 R gestr sind.

1. Abnahme: 1 M re – 2 M re zus – 19(23)23(27) M re – *K – 4 M re*. Von * bis * insg 8(8)9(9) Mal str. Enden mit: K – 1 M re. Vor der ersten Markierung sind nun 21(25)25(29) krause M.

Im Muster weiterstr.
Die Abn in jeder 12. R insg 6 Mal str = 67(71)77(81) M.
Vor der ersten Markierung sind nun 16(20)20(24) krause M.

Weiterhin Abn in jeder 12. R str, aber nun die 1. doppelte Abn str: 1 M re – 2 M re zus – 10(14)14(18) M re – 2 M re zus – 1 M re – *K – 4 M re*. Von * bis * insg 8(8)9(9) Mal str.
Enden mit: K – 1 M re = 65(69)75(79) M.
Vor der ersten Markierung sind nun 14(18)18(22) krause M.
11 R str.

2. doppelte Abn str: 1 M re – 2 M re zus – 8(12)12(16) M re – 2 M re zus – 1 M re – *K – 4 M re*. Von * bis * insg 8(8)9(9) Mal str.
Enden mit: K – 1 M re = 63(67)73(77) M.
Vor der ersten Markierung sind nun 12(16)16(20) krause M.
11 R str.

3. doppelte Abn str: 1 M re – 2 M re zus – 6(10)10(14) M re – 2 M re zus – 1 M re – *K – 4 M re*. Von * bis * insg 8(8)9(9) Mal str.
Enden mit: K – 1 M re = 61(65)71(75) M.
Vor der ersten Markierung sind nun 10(14)14(18) krause M.
Das Vorderteil misst 19 cm.

23 R str.
1. doppelte Zun str: 1 M re – 1 neue M re – 8(12)12(16) M re – 1 neue M re – 1 M re – *K – 4 M re*. Von * bis * insg 8(8)9(9) Mal str.
Enden mit: K – 1 M re = 63(67)73(77) M.
Vor der ersten Markierung sind nun 12(16)16(20) krause M.
11 R str.

2. doppelte Zun str: 1 M re – 1 neue M re – 10(14)14(18) M re – 1 neue M re – 1 M re – *K – 4 M re*. Von * bis * insg 8(8)9(9) Mal str.
Enden mit: K – 1 M re = 65(69)75(79) M.
Vor der ersten Markierung sind nun 14(18)18(22) krause M.
11 R str.

1. einfache Zun str: 1 M re – 1 neue M re – 13(17)17(21) M re – 1 neue M – 1 M re -*K – 4 M re*. Von * bis * insg 8(8)9(9) Mal str.
Enden mit: K – 1 M re = 66(70)76(80) M.
Vor der ersten Markierung sind nun 15(19)19(23 krause M.
Die einfachen Zun in jeder 12. R noch 3 Mal str = 69(73)79(83) M.
Am Anfang der R sind 18(22)22(26) krause M.
Nach der letzten Zun noch 11 R str. Das Vorderteil misst 36 cm.

Für den Armausschnitt am Anfang der R bei den 18(22)22(26) krausen M abk:
0(1)1(1) Mal 3 M abk = 69(70)76(80) M.
4(4)4(5) Mal 2 M abk = 61(62)68(70) M.
7(8)8(10) Mal 1 M abk = 54(54)60(60) M.

40(40)40(36) R str.

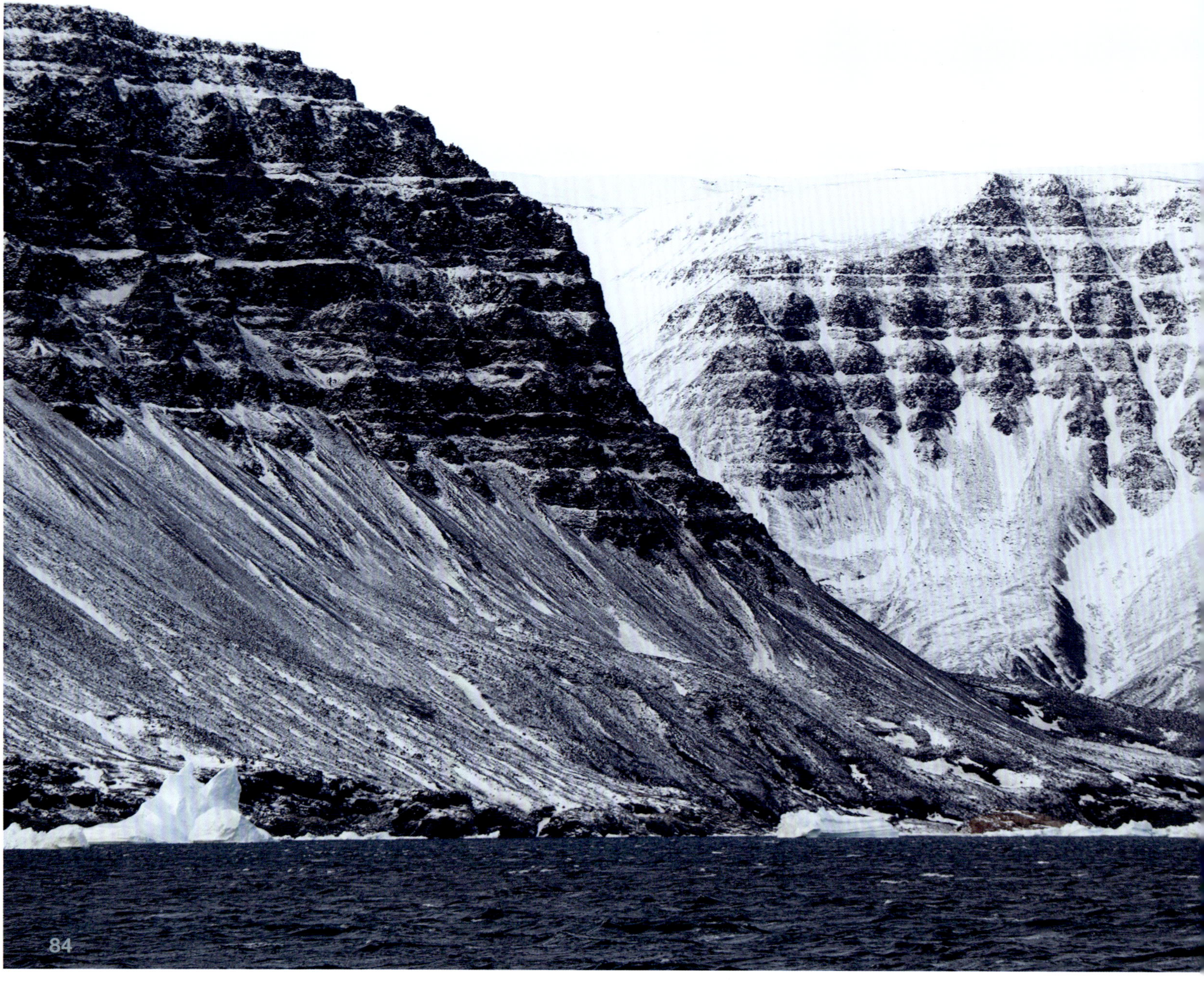

HALSAUSSCHNITT:
Für den Halsausschnitt ab Vorderrand abk.
1 Mal 7 M abk = 47(47)53(53) M.
2 Mal 3 M abk = 41(41)47(47) M.
3(3)4(4) Mal 2 M abk = 35(35)39(39) M.
7(7)8(8) Mal 1 M abk = 28(28)31(31) M.

10(10)10(14) R str.
Das Vorderteil misst 54(55)55(56) cm.
Für die Schulterschrägen ab Armseite abk.
Gr. S(M):
2 Mal 5 M abk = 18 M.
3 Mal 6 M abk.

Gr. L(XL):
4 Mal 6 M abk = 7 M.
7 M abk.

RECHTES VORDERTEIL

73(77)83(87) M mit A und Nd Nr. 3 anschl. In Reihen hin und her str.
Reihe 1 (RückR): 73(77)83(87) M re.
Reihe 2: 1 M re – *K – 4 M re*.
Von * bis * insg 8(8)9(9) Mal str.
Enden mit: K – Markierung setzen – 22(26)26(30) M re.

Reihe 1 und Reihe 2 wdh, bis insg 11 R gestr sind.

1. Abn und 1. Knopfloch: 1 M re – K – 2 M re zus – 2 neue M anschl – 2 M re verschr zus – *K – 4 M re*. Von * bis * insg 7(7)8(8) Mal str. Enden mit: K – 19(23)23(27) M re – 2 M re zus – 1 M re. Nach der letzten Markierung sind es nur noch (25)25(29) krause M.

Im Muster weiterstr.
Das Knopfloch in jeder 36. R wdh.
(2. Knopfloch gleichzeitig mit 4 Abn str). Die Abn in jeder 12. R wdh, bis 6 Abn gestr sind = 67(71)77(81) M.
Nach der letzten Markierung sind es nur noch 16(20)20(24) krause M.

11 R str.
1. doppelte Abn und 3 . Knopfloch str:
1 M re – K – 2 M re zus – 2 neue M anschl – 2 M re verschr zus – *K – 4 M re*. Von * bis * insg 7(7)8(8) Mal str. Enden mit: K – 1 M re – 2 M re zus – 10(14)14(18) M re – 2 M re zus – 1 M re = 65(69)75(79) M.
Nach der letzten Markierung sind es nur noch 14(18)18(22) krause M.
11 R str.

2. doppelte Abn str: 1 M re – *K – 4 M re*. Von * bis * insg 8(8)9(9) Mal str.
Enden mit: K – 1 M re – 2 M re zus – 8(12)12(16) M re – 2 M re zus – 1 M re = 63(67)73(77) M.
Nach der letzten Markierung sind es nur noch 12(16)16(20) krause M.
11 R str.

3. doppelte Abn str: 1 M re – *K – 4 M re*. Von * bis * insg 8(8)9(9) Mal str.
Enden mit: K – 1 M re – 2 M re zus – 6(10)10(14) M re – 2 M re zus – 1 M re = 61(65)71(75) M.
Nach der letzten Markierung sind es nur noch 10(14)14(18) krause M.

11 R str.
Das 4. Knopfloch str.

11 R str.
1. doppelte Zun str: 1 M re – *K – 4 M re*. Von * bis * insg 8(8)9(9) Mal str.
Enden mit: K – 1 M re – 1 neue M re – 8(12)12(16) M re – 1 neue M re – 1 M re = 63(67)73(77) M.
Nach der letzten Markierung sind es nun 12(16)16(20) krause M.
11 R str.

2. doppelte Zun: 1 M re – *K – 4 M re*. Von * bis * insg 8(8)9(9) Mal str.
Enden mit: K – 1 M re – 1 neue M re – 10(14)14(18) M re – 1 neue M re – 1 M re = 65(69)75(79) M.
Es sind nun 14(18)18(22) krause M.
11 R str.

1. einfache Zun und 5. Knopfloch str:
1 M re – *K – 4 M re*. Von * bis * insg 8(8)9(9) Mal str. Enden mit: K – 13(17)17(21) M re– 1 neue M re – 1 M re =
66(70)76(80) M.
Nach der letzten Markierung sind es nun 15(19)19(23) krause M.

Die einfachen Zun in jeder 12. R noch 3 Mal str = 69(73)79(83) M.
(6. Knopfloch gleichzeitig mit der letzten Zun str). Nach der letzten Markierung sind es nun 18(22)22(26) krause M. Nach der letzten Zun 12 R str.

Für den Armausschnitt am Anfang der R bei den 18(22)22(26) krausen M abk.
0(1)1(1) Mal 3 M abk = 69(70)76(80) M.
4(4)4(5) Mal 2 M abk = 61(62)68(70) M.
7(7)7(6) Mal 2 M abk = 54(55)61(64) M.

Gr. (M)L(XL): 7. Knopfloch str.
Noch (1)1(4) Mal 1 M abk =
(54)60(60) M.

Gr. S: 2 R ohne abzuketten str. 7. Knopfloch str.

Alle Gr.:
35(34)34(28) R str.
8. Knopfloch str.

1(5)5(7) R str.
Für den Halsausschnitt wie beim linken Vorderteil abk. Wie das linke Vorderteil fertigstricken.

FERTIGSTELLUNG

Die Schulternähte von außen zusammennähen. Die Streifen vom Vorderteil sollen an den Zwischenraum zwischen den Vierecken am Rücken stoßen.
Die Seitennähte von außen zusammennähen. Die Ärmel von außen zusammennähen. Vor dem Einnähen die Ärmel mit Nadeln in den Armausschnitten feststecken Von außen einnähen. Die Fäden vernähen.

HALSRAND

Von außen mit A und Nd Nr. 2½ M herausstricken. Am rechten Vorderteil beginnen:
30(30)34(34) M aus dem schrägen Stück – 10(10)10(12) M bis zur Schulternaht – 40(40)46(46) M aus den Nackenmaschen – 10(10)10(12) M von der Schulter bis zum schrägen Stück – 30(30)34(34) M aus dem linken Vorderteil herausstricken = 120(120)134(138) M.

10 R re str.
In einer RückR abk.
Die Fäden vernähen.

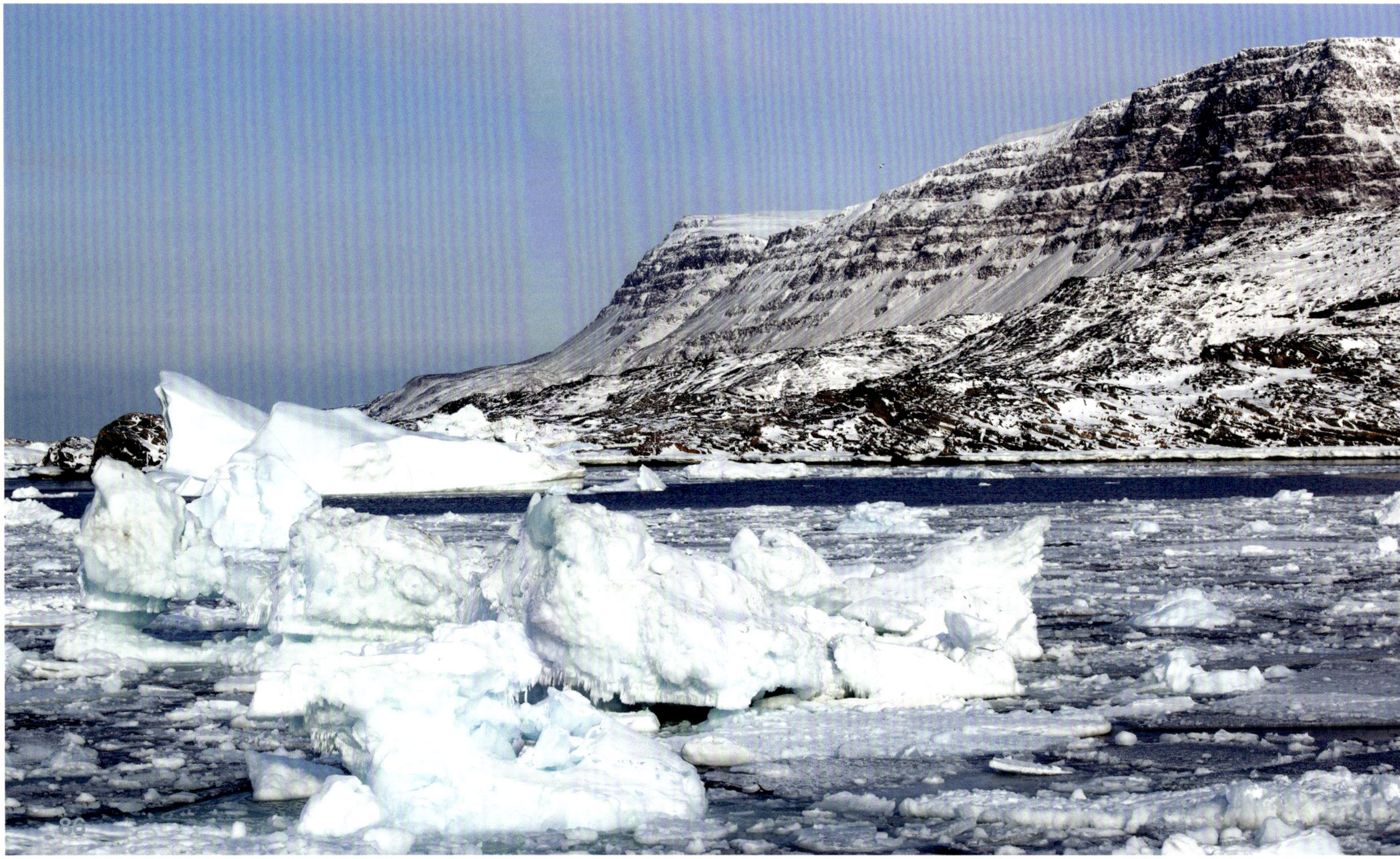

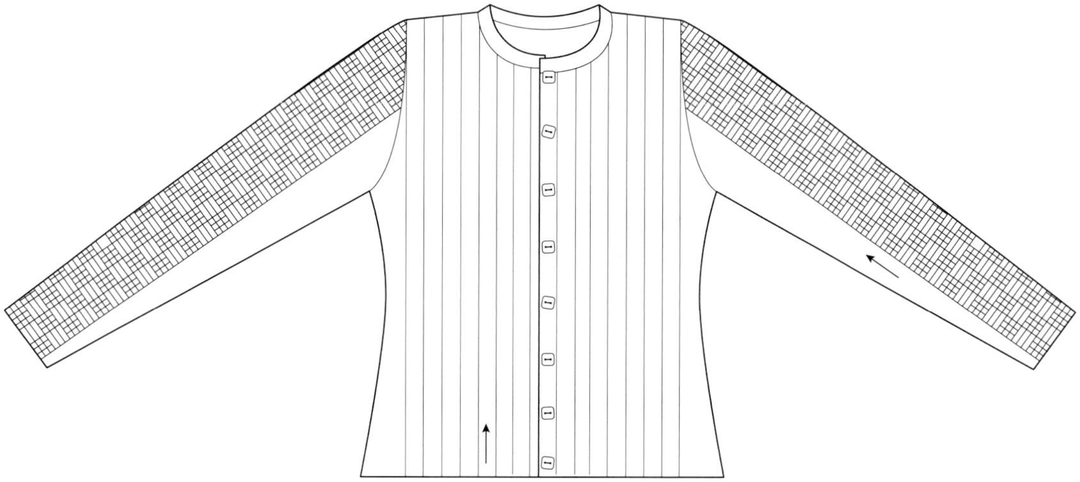

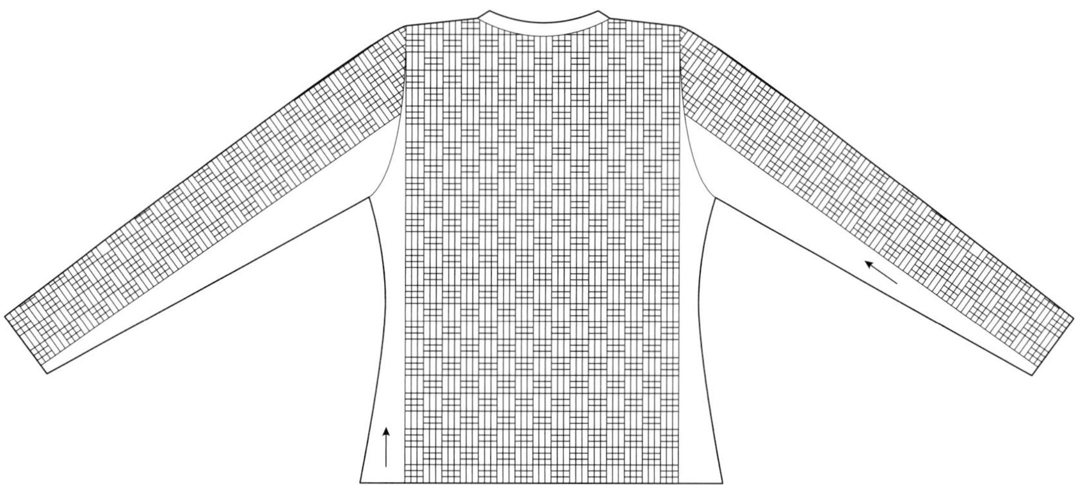

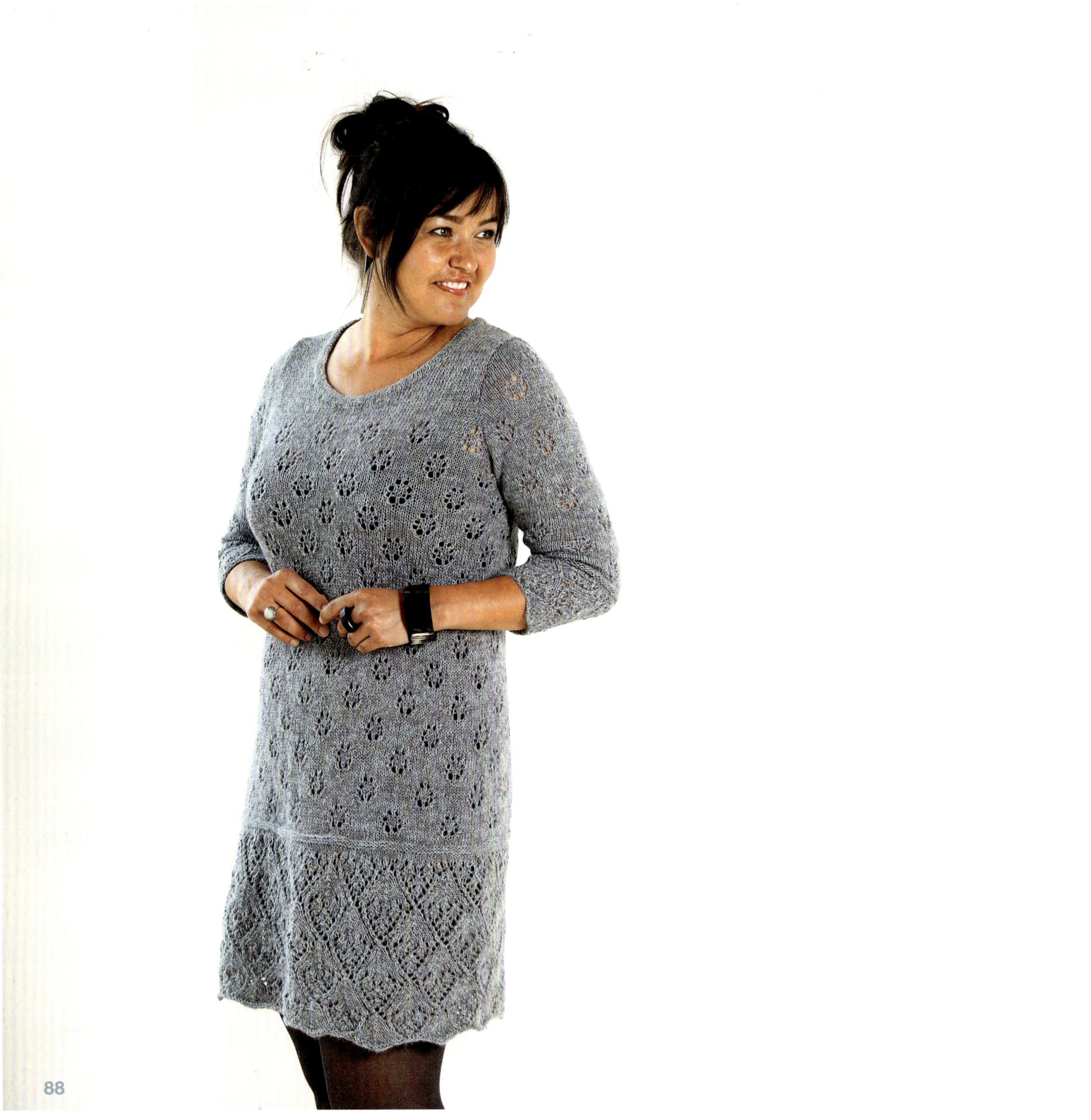

POLARMEER

ISSITTUP IMARTAA

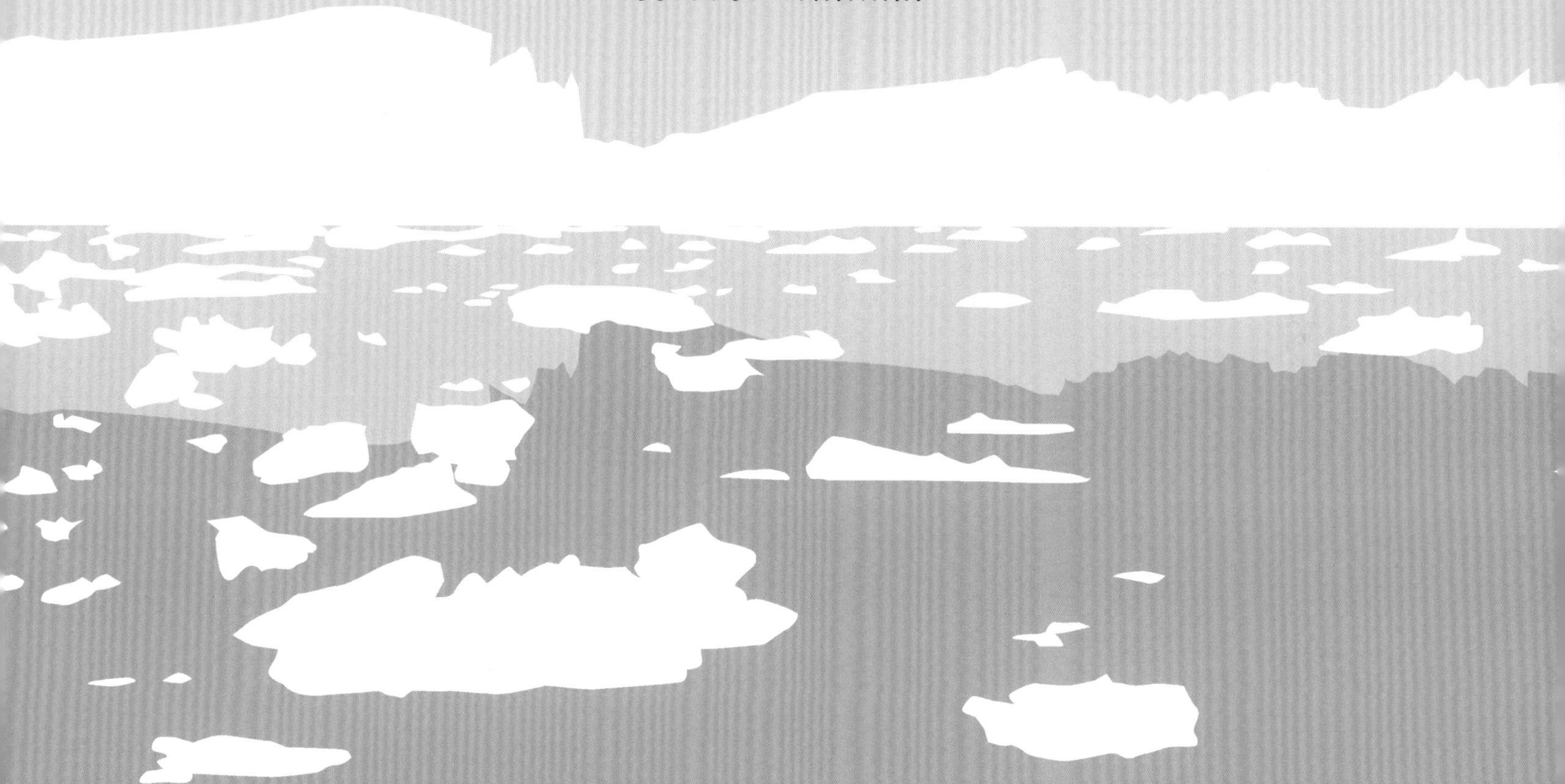

Gr: S(M)L(XL)

Halbe Oberweite: 43(47)50(53) cm
Länge: 88(88)90(90) cm
¾ Ärmel, innere Ärmellänge: 33 cm

Material:
250(250)250(300) g Highland Farbe Sky
150(200)200(200) g Isager Alpaca 1 Farbe 11
Beide Qualitäten zusammen verstricken

Ärmelnadel Nr. 3½, Rundnadel und Strumpfnadeln Nr. 4

Maschenprobe in glatt rechts und Nd Nr. 4:
10 cm = 21 M und 28 R

ÄRMEL

54 M mit Strumpfnd Nr.4 anschl. 1 R re str = RückR.

1 R re str und dabei die M auf 4 Nd verteilen. Die Nd zur Runde schließen und nach Diagramm 1 str.
Das Diagramm zeigt nur jede zweite Runde (ungerade Rd). In den geraden Runden alle M re str. Nach einer Rd re enden.

Noch einmal Rd 1 – Rd 13 str. Die Arbeit misst ca. 14 cm.

3 Rd re str.
3 Rd li str.
4 Rd re str.

Nach Diagramm 2 str und gleichzeitig zun:
Rd 1: *7 M re – 2 M re zus – U – 1 M re – U – 2 M re verschr zus – 6 M re*. Von * bis * insg 3 Mal str.
Rd 2 mit Zunahme: 1 M re – 1 neue M re, dafür den Querfaden zw zwei M verschr str – 52 M re – 1 neue M re – 1 M re = 56 M.
Rd 3: 7 M re – *2 M re zus – U – 3 M re – U – 2 M re verschr zus – 11 M re*. Von * bis * insg 2 Mal str. Enden mit 2 M re zus – U – 3 M re – U – 2 M re verschr zus – 6 M re.
Rd 4: 56 M re.
Rd 5: Wie Rd 3.
Rd 6:
Gr. S(M): 56 M re str.
Gr. L(XL): Zun am Anfang und Ende der Rd wie bei Rd 2 str = 58 M.
Rd 7: 8(8)9(9) M re – *2 M re verschr zus – U – 1 M re – U – 2 M re zus – 13 M re*. Von * bis * insg 2 Mal str. Enden mit 2 M re verschr zus – U – 1 M re – U – 2 M re zus – 7(7)8(8) M re.
Rd 8:
Gr. S: 56 M re str.
Gr. (M): Zun am Anfang und Ende der Rd wie bei Rd 2 str = 58 M.
Gr. L(XL): 58 M re str.
Rd 9: 56(58)58(58) M re str.
Rd 10:
Gr S(M): 56(58) M re str.
Gr. L(XL): Zun am Anfang und Ende der Rd str = 60 M.

Rd 11: 17(18)19(19) M re – *2 M re zus – U – 1 M re – U – 2 M re verschr zus – 13 M re*. Von * bis * insg 2 Mal str. Enden mit 3(4)5(5) M re.
Rd 12:
Gr. S: Zun am Anfang und Ende der Rd wie bei Rd 2 str = 58 M.
Gr. (M)L(XL): (58)60(60) M re str.

Im Muster weiterstr, bis das Diagramm 2 insg 5 Mal gestrickt ist.
Die Zun in jeder 10.(6.)4.(4.) Rd wdh, bis es 64(68)74(78) M sind.
Die neuen M re str.
1 Rd nach dem Lochmuster enden.
Der Ärmel misst ca. 33 cm.

Nun am Anfang der Rd 3 M abk – die Rd zu Ende str. Wenden und 2 M abk – die Rd zu Ende str = 59(63)69(73) M.
In Reihen hin und her str.
Im Muster so lange wie möglich weiterstr.

Beidseitig am Anfang der R abk:
1 Mal 2 M = 55(59)65(69) M.
14(15)16(17) Mal 1 M = 27(29)33(35) M.
2(2)3(3) Mal 2 M = 19(21)21(23) M.
1 Mal 3 M = 13(15)15(17) M. Die letzten M abk.

Den zweiten Ärmel auf die gleiche Weise str.

KÖRPER

234(252)270(288) M mit Nd Nr. 4 anschl. In Reihen hin und her str.
2 R re str. Die erste R ist eine RückR.
Die Nd zur Runde schliessen und rund weiterstr.

Nach Diagramm 1 str.
Nach einer Rd re enden.
Noch einmal Rd 1 – Rd 28 str.
Rd 1 – Rd 13 str.
Nach einer Rd mit rechten M enden.

ABNAHME: *1 M re – 2 M re zus – 13 M re – 2 M re verschr zus*. Von * bis * insg 13(14)15(16) Mal str = 208(224)240(256) M.

2 Rd re str
3 Rd li str.
4 Rd re str.

Die Arbeit misst ca. 25 cm.

Nach Diagramm 3 str (KÖRPER). 1 Rd re str.

Noch einmal Rd 1 – Rd 20 str.
Dann Rd 1 – Rd 10 str.

Rd 11 mit 1. Abnahme: *1 M re – U – 3 M re verschr zus – 10 M re – 2 M re zu – U*.
Von * bis * insg 13(14)15(16) Mal str.
Rd 12: 195(210)225(240) M re.
Rd 13: *2 M re – U – 2 M re verschr zus – 8 M re – 2 M re zus – U – 1 M re*.
Von * bis * insg 13(14)15(16) Mal str.
Rd 14: Wie Rd 12.
Rd 15: Wie Rd 13.
Rd 16: Wie Rd 12.
Rd 17: *1 M re – U – 2 M re zus – 10 M re – 2 M re verschr zus – U*.
Von * bis * insg 13(14)15(16) Mal str.
Rd 18 – 20: Wie Rd 12.

Rd 21: *5 M re – 2 M re zus – U – 1 M re – U – 2 M re verschr zus – 5 M re*.
Von * bis * insg 13(14)15(16) Mal str.
Rd 22: Wie Rd 12.
Rd 23: *4 M re – 2 M re zus – U – 3 M re – U – 2 M re verschr zus – 4 M re*.
Von * bis * insg 13(14)15(16) Mal str.

Rd 24: Wie Rd 12.
Rd 25: Wie Rd 23.
Rd 26: Wie Rd 12.
Rd 27: *5 M re – 2 M re verschr zus – U – 1 M re – U – 2 M re zus – 5 M re*.
Von * bis * insg 13(14)15(16) Mal str.
Rd 28-30: Wie Rd 12.

Rd 31 mit 2. Abn: *1 M re – U – 2 M re verschr zus – 9 M re – 3 M re zus – U*.
Von * bis * insg 13(14)15(16) Mal str.
Rd 32: 182(196)210(224)M re.
Rd 33: *2 M re – U – 2 M re verschr zus – 7 M re – 2 M re zus – U – 1 M re*.
Von * bis * insg 13(14)15(16) Mal str.

Rd 34: Wie Rd 32.
Rd 35: Wie Rd 33.
Rd 36: Wie Rd 32.
Rd 37: *1 M re – U – 2 M re zus – 9 M re – 2 M re verschr zus – U*.
Von * bis * insg 13(14)15(16) Mal str.
Rd 38-40: Wie Rd 32.

Rd 41: *5 M re – 2 M re zus – U – 1 M re – U – 2 M re verschr zus – 4 M re*.
Von * bis * insg 13(14)15(16) Mal str.
Rd 42: Wie Rd 32.
Rd 43: *4 M re – 2 M re zus – U – 3 M re – U – 2 M re verschr zus – 3 M re*.
Von * bis * insg 13(14)15(16) Mal str.

Rd 44 Wie Rd 32.
Rd 45: Wie Rd 43.
Rd 46: Wie Rd 32.
Rd 47: *5 M re – 2 M re verschr zus – U – 1 M re – U – 2 M re zus – 4 M re*.
Von * bis * insg 13(14)15(16) Mal str.
Rd 48, 49, 50: Wie Rd 32.

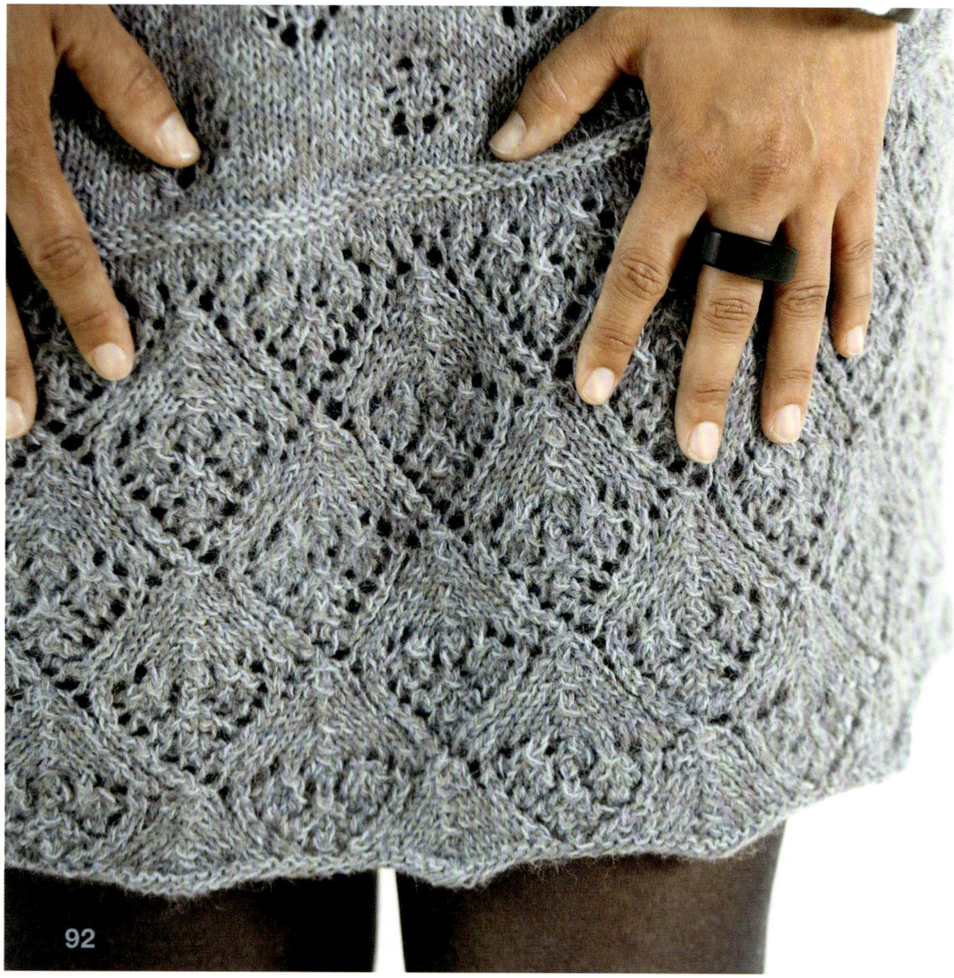

Rd 51 mit 3. Abnahme: *1 M re – U – 3 M re verschr zus – 8 M re – 2 M re zus – U*.
Von * bis * insg 13(14)15(16) Mal str.
Rd 52: 169(182)195(208) M re.
Rd 53: *2 M re – U – 2 M re verschr zus – 6 M re – 2 M re zus – U – 1 M re*.
Von * bis * insg 13(14)15(16) Mal str.
Rd 54: Wie Rd 52.
Rd 55: Wie Rd 53.
Rd 56: Wie Rd 52.
Rd 57: *1 M re – U – 2 M re zus – 8 M re – 2 M re verschr zus – U*.
Von * bis * insg 13(14)15(16) Mal str.
Rd 58, 59, 60: Wie Rd 52.

Rd 61: *4 M re – 2 M re zus – U – 1 M re – U – 2 M re verschr zus – 4 M re*.
Von * bis * insg 13(14)15(16) Mal str.
Rd 62: Wie Rd 52.
Rd 63: *3 M re – 2 M re zus – U – 3 M re – U – 2 M re verschr zus – 3 M re*.
Von * bis * insg 13(14)15(16) Mal str.
Rd 64: Wie Rd 52.
Rd 65: Wie Rd 63.
Rd 66: Wie Rd 52.
Rd 67: *4 M re – 2M re verschr zus – U – 1 M re – U – 2 M re zus – 4 M re*.
Von * bis * insg 13(14)15(16) Mal str.
Rd 68, 69, 70: Wie Rd 52.

Rd 71: *1 M re – U – 2 M re verschr zus – 8 M re – 2 M re zus – U*.
Von * bis * insg 13(14)15(16) Mal str.
Rd 72 - Rd 80: Wie Rd 52 - Rd 60 str.

Rd 81 mit 1. Zunahme: *6 M re – U – 1 M re – U – 2 M re verschr zus – 4 M re*.
Von * bis * insg 13(14)15(16) Mal str = 182(196)210(224) M.
Rd 82 – 89: Wie Rd 42 - Rd 49 str. Die Arbeit misst ca. 70 cm.

Für den Armausschnitt abk:
89(96)103(110) M re – 5 M abk – 86(93)100(107) M re (die erste M ist bereits auf der Nd) –
5 M abk. Die letzten 3 abgeketteten M gehören mit zum Vorderteil = 86(93)100(107) M für jedes Teil. Das Vorderteil weiterstr.

VORDERTEIL

Die letzte M vom Abketten ist die erste M, die in Reihe 1 beschrieben wird.
Reihe 1: *9 M re – 2 M re zus – U – 1 M re – U – 2 M re verschr zus*. Von * bis * insg 6(6)7(7) Mal str. Enden mit 2(9)2(9) M re.
Reihe 2: 2(2)3(3) M abk – 83(90)96(103) M li – 1 M re.
Reihe 3: 2(2)3(3) M abk – *6(6)5(5) M re – 2 M re zus – U – 3 M re – U – 2 M re verschr zus – 1(1)2(2) M re*. Von * bis * so lange wie möglich wdh.
Reihe 4: 2(2)3(3) M abk – 79(86)90(97) M li – 1 M re.
Reihe 5: 2(2)3(3) M abk – *4(4)2(2) M re – 2 M re zus – U – 3 M re – U – 2 M re verschr zus – 3(3)5(5) M re*. Von * bis* so lange wie möglich wdh.
Reihe 6: 2 M abk – 75(82)85(92) M li – 1 M re.
Reihe 7: 2 M abk – *3(3)1(1) M re – 2 M re verschr zus – U – 1 M re – U – 2 M re zus – 6(6)8(8) M re*. Von * bis * so lange wie möglich wdh.

Ab jetzt glatt rechts ohne Lochmuster str und dabei weiter abk. Die erste R ist eine RückR.

Beidseitig am Anfang der R 0(0)0(2) Mal 3 M abk = 74(81)84(79) M.
Beidseitig am Anfang der R 0(2)2(1) Mal 2 M abk = 74(73)76(75) M.
Beidseitig am Anfang der R 4(2)2(1) Mal 1 M abk = 66(69)72(73) M.

0(0)2(2) R glatt rechts str und dabei die erste und letzte M in allen R re str.
In der nächsten R = RückR für den Halsausschnitt abk: 1 M re str – 30(31)32(32) M li – 4(5)6(7) M abk – 30(31)32(32) M li (die erste M ist bereits auf der Nd) – 1 M re.

Der Armausschnitt misst nun 6 cm.
Jede Seite für sich fertig str. Die erste und letzte M in allen R re str.

Für den Halsausschnitt abk: 3 Mal 3 M abk = 22(23)24(24) M.
2 Mal 2 M abk = 18(19)20(20) M
6(6)5(5) Mal 1 M abk = 12(13)15(15) M.

6(8)12(14) R str.
Erste und letzte M in allen R re str.

Ab Armseite für die Schulterschräge abk.
3(2)0(0) Mal 4 M abk = 0(5)15(15) M.
0(1)3(3) Mal 5 M abk.

Die zweite Seite vom Vorderteil auf die gleiche Weise str. Mit einer RückR beg.

RÜCKEN

Reihe 1 (HinR): *2(9)2(9) M re – 2 M re zus – U – 1 M re – U – 2 M re verschr zus – 7(0)7(0) M re*. Von * bis * insg 6(6)7(7) Mal str.
Enden mit 2(9)2(9) M re.
Reihe 2: 2(2)3(3) M abk – 83(90)96(103) M li – 1 M re.
Reihe 3: 2(2)3(3) M abk. So weit wie möglich im Muster weiterstr.
Reihe 4: 2(2)3(3) M abk – 79(86)90(97) M li – 1 M re.
Reihe 5: 2(2)3(3) M abk. So weit wie möglich im Muster weiterstr.
Reihe 6: 2 M abk – 75(82)85(92) M li – 1 M re.
Reihe 7: 2 M abk. So weit wie möglich im Muster weiterstr = 74(81)84(91) M.

Ab jetzt glatt rechts ohne Lochmuster str und dabei für die Armausschnitte wie beim Vorderteil abk = 66(69)72(73) M.

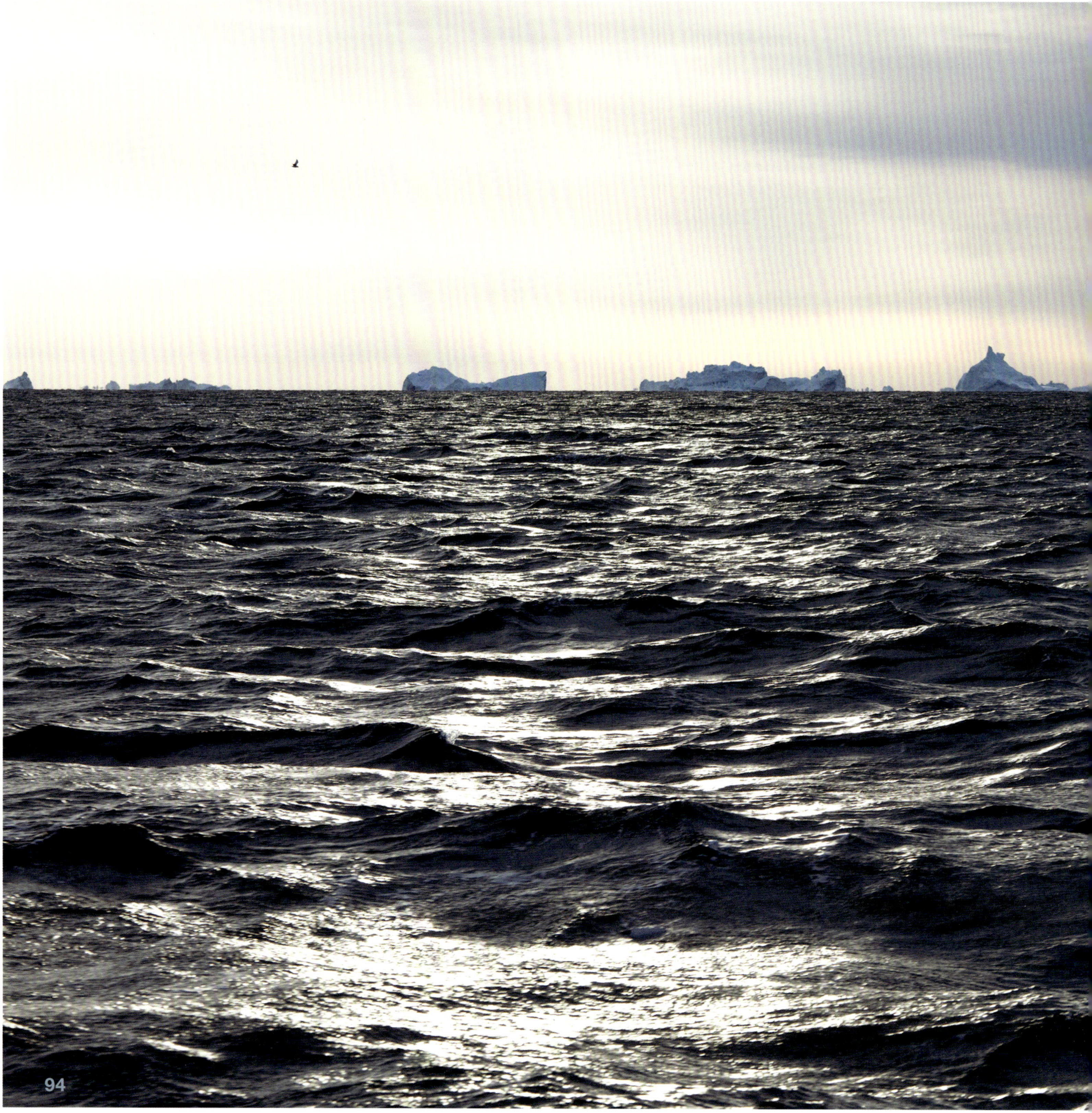

Nach dem letzten Abk noch 28(30)34(36) R str. Die erste und letzte M in allen R re str.

In der nächsten R = RückR für den Halsausschnitt abk: 1 M re – 21(22)24(24) M li – 22(23)22(23) M abk – 21(22)24(24) M li (die erste M ist bereits auf der Nd) – 1 M re. Jede Seite für sich fertig str.

Reihe 1: Ab Ärmelseite 2 M abk – 20(21)23(23) M str (die erste M ist bereits auf der Nd).
Reihe 2: Ab Nacken 5 M abk – 15(16)18(18) M str (die erste M ist bereits auf der Nd).
Reihe 3: Ab Ärmelseite 4(4)5(5) M abk – 11(12)13(13) M str (die erste M ist bereits auf der Nd).
Reihe 4: Ab Nacken 3 M abk – 8(9)10(10) M str (die erste M ist bereits auf der Nd).
Reihe 5: Ab Ärmelseite 4(4)5(5) M abk – 4(5)5(5) M str (die erste M ist bereits auf der Nd).
Reihe 6: Ab Nacken 2 M abk – 2(3)3(3) M str (die erste M ist bereits auf der Nd).
Reihe 7: Ab Ärmelseite die letzte M abk.

Die andere Seite vom Rücken auf die gleiche Weise str. Ab Ärmelseite mit dem Abk beg.

HALSRAND

Mit Nd Nr. 3½ str.
Von außen an der rechten Schulter beg.
42(43)42(43) M aus dem Nacken herausstr.
8(9)11(12) M aus dem geraden Stück am Vorderteil herausstr. 25 M aus dem schrägen Stück bis zur mittleren M herausstr.
5(6)7(8) M aus der vorderen Mitte herausstr.
25 M aus dem schrägen Stück vom Vorderteil herausstr.
8(9)11(12) M aus dem geraden Stück vom Vorderteil herausstr. Es sind rund um den Halsausschnitt 113(117)121(125) M.

4 Rd re str.
1 Rd li str.
4 Rd re str.
Alle M locker abk.

FERTIGSTELLUNG

Vor dem Einnähen die Ärmel mit Nadeln in dem Armausschnitten feststecken. Von außen einnähen.
Den Halsrand an der Linksreihe auf die Rückseite der Arbeit umlegen und festnähen.
Die Fäden vernähen.

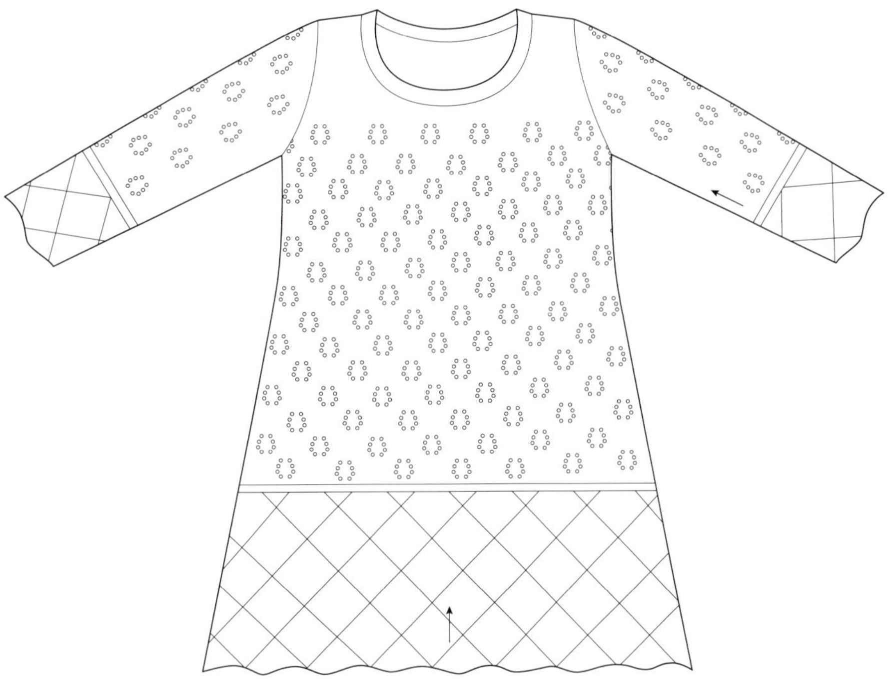

DIAGRAMM 1

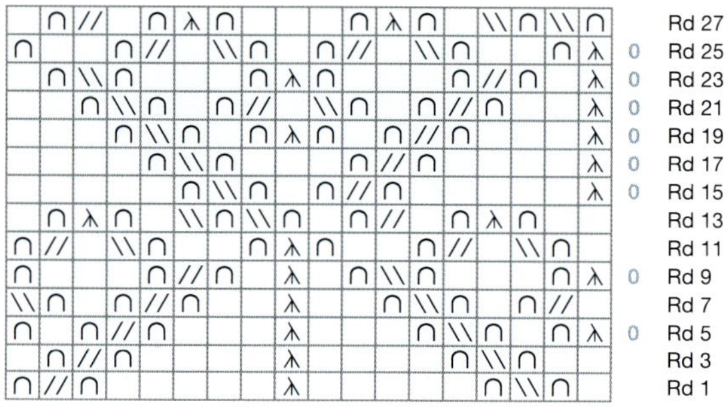

DIAGRAMM 2 – ÄRMEL

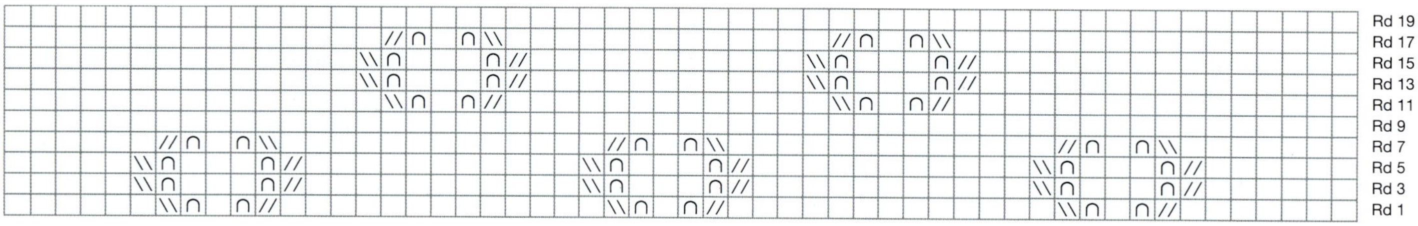

DIAGRAMM 3 – KÖRPER

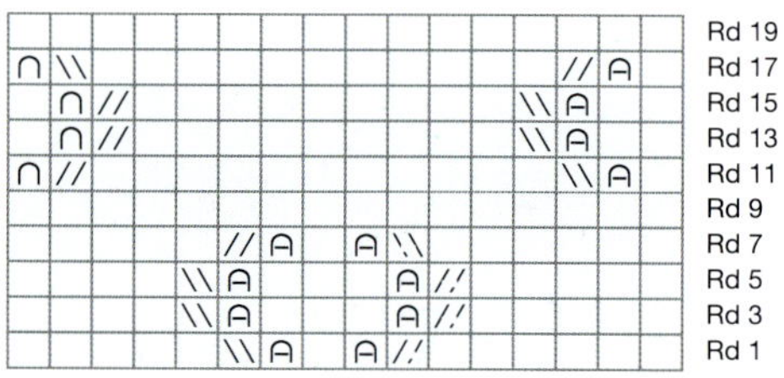

□ re M

// 2 M re zus

\\ 2 M re verschr zus

⅄ 1 M abh – 2 M re zus – die abgeh M über die 2 zus gestr M heben

∩ U

0 hier werden M aus der vorherigen Rd „ausgeliehen“

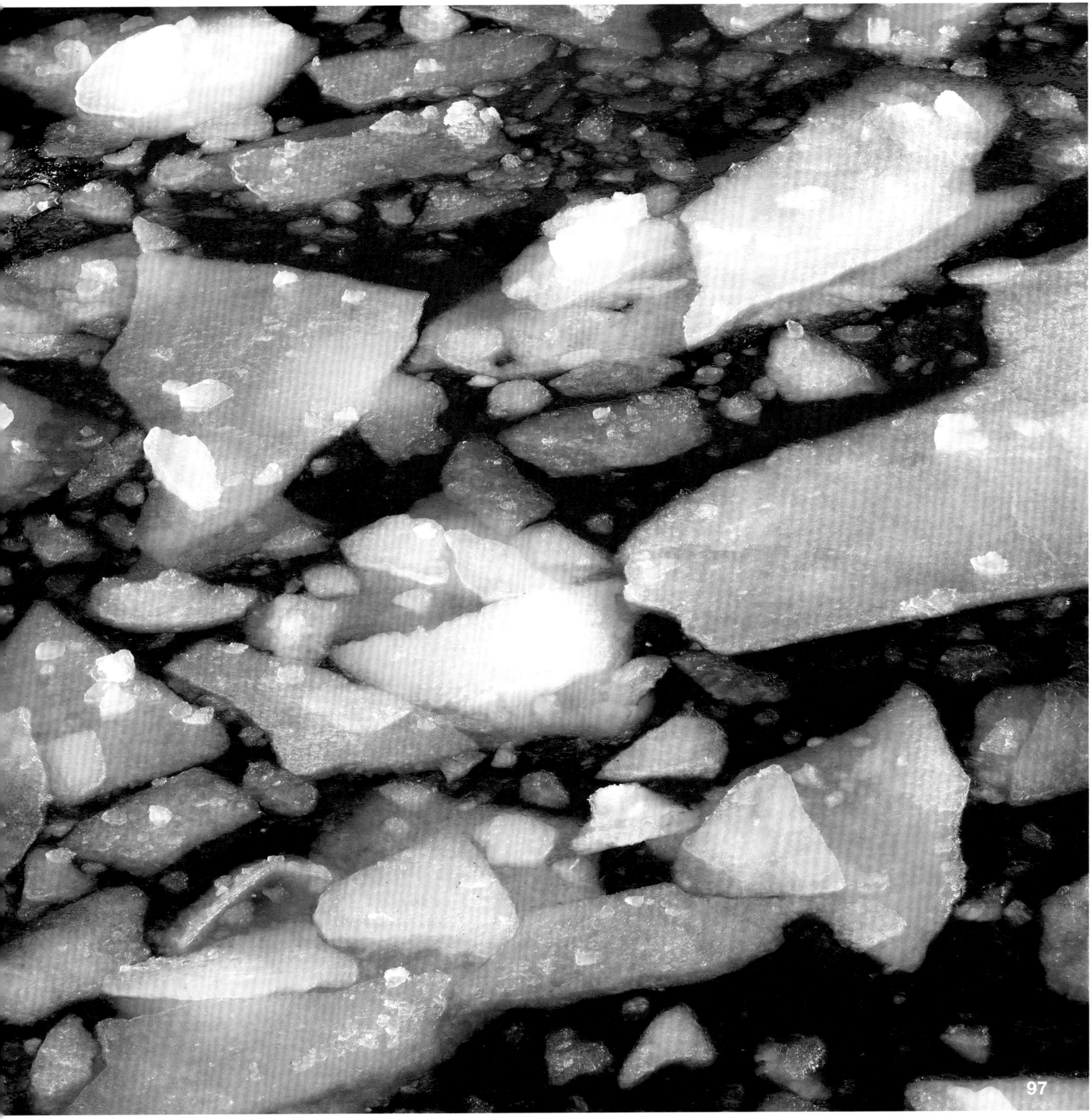

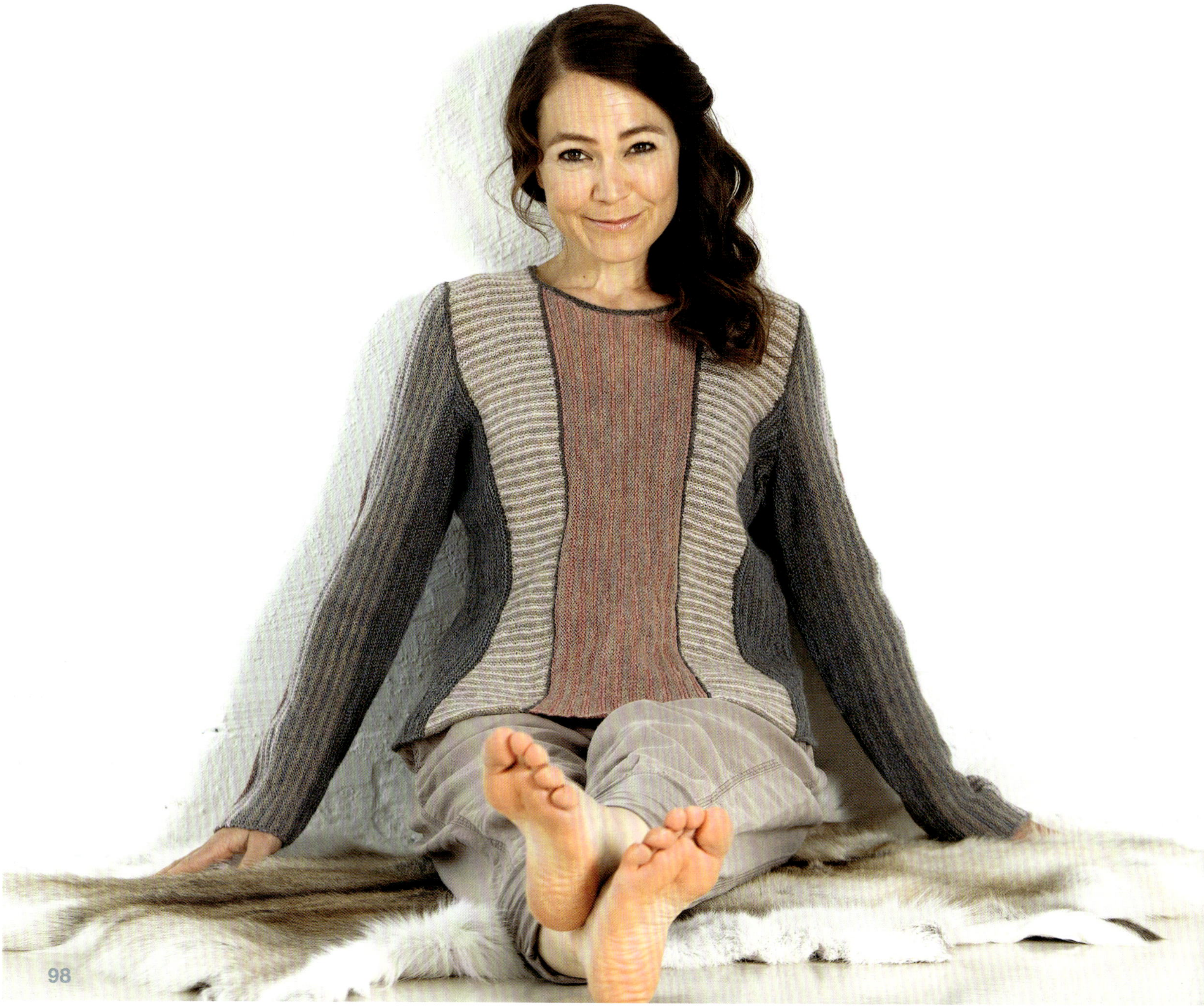

SONNENUNTERGANG

SEQERNUP TARRILERNERA

Gr: S(M)L(XL)

Halbe Oberweite: 46(49)53(56) cm
Länge: 55 cm
Innere Ärmellänge: 43 cm

Material:
A: 100 g Highland Stone
B: 50 g Tvinni Farbe 61
C: 50 g Highland Rose
D: 100(150)150(150) g Highland Sky
E: 50 g Tvinni Farbe 23s

Nadel Nr. 2½ und 3

Maschenprobe in kraus rechts, Nd Nr. 3:
10 cm = 27 M und 54 R

Außenseite des Pullovers = linke Maschen.

RÜCKEN LINKE SCHULTERBAHN

In Streifen mit A und B str.
29(32)35(35) M mit A und Nd Nr. 3 anschl.
1 R re str = RückR.
Noch 1 R re str.

Die erste und letzte M in allen R re str.
MUSTER:
*Zu B wechseln: 1 R re – 1 R li str.
Zu A wechseln: 4 R re str*.
Von * bis * insg 3 Mal str.

1. Abn in 4. Streifen mit B: 1 M re – 2 M re zus – 23(26)29(29) M re – 2 M re zus – 1 M re = 27(30)33(33) M. 17 R im Muster str.

2. Abn in 7. Streifen mit B: 1 M re – 2 M re zus – 21(24)27(27) M re – 2 M re zus – 1 M re = 25(28)31(31) M.
11 R im Muster str.

3. Abn in 9. B-Streifen = 23(26)29(29) M.
4. Abn in 11. B-Streifen = 21(24)27(27) M.
5. Abn in 13. B-Streifen = 19(22)25(25) M.
6. Abn in 15. B-Streifen = 17(20)23(23) M.
7. Abn in 17. B-Streifen = 15(18)21(21) M.

17 R im Muster str.
1. Zun in 20. B-Streifen: 1 M re – 1 neue M re, dafür den Querfaden zw zwei M verschr str – 14(17)20(20) M re = 16(19)22(22) M. 11 R im Muster str.

2. Zun in 22. B-Streifen: 1 M re – 1 neue M re – 1518)21(21) M re = 17(20)23(23) M.
11 R im Muster str.
3. Zun in 24. B-Streifen = 18(21)24(24) M.
4. Zun in 26. B-Streifen = 19(22)25(25) M.
5. Zun in 28. B-Streifen = 20(23)26(26) M.
6. Zun in 30. B-Streifen = 21(24)27(27) M.

Im Muster weiterstr, bis es 48 Streifen mit B sind. 1 R re mit A str.
Die Fäden abschneiden.
Die M auf einem Faden stilllegen.

STEG

Mit E und von der Außenseite M aus der Seite der LINKEN SCHULTERBAHN herausstr = an der Seite ohne Zun.
1 M pro Knötchen herausstr = 2 M pro A-Streifen und 1 M aus jedem B-Streifen.
Insg 140 M herausstr – enden mit dem 2. letzten ganzen Streifen mit A. 140 M re zurück str. E abschneiden.

RÜCKEN MITTELTEIL

Über den 140 STEG-Maschen weiterstr.

KEIL 1 über 40 M:
Zu C wechseln. 2 R re über alle M str.
40 M re. Wenden. Verschr U. 40 M re zurück str.
40 M re str – U mit nächster M re zus str – 99 M re str.
Zu A wechseln. 1 R re – 1 R li str.

KEIL 2 über 50 M:
Zu C wechseln. 1 R re über alle M.
50 M re. Wenden. Verschr U. 50 M re zurück str.
50 M re str – U mit nächster M re zus str – 89 M re str.
2 R re str.
Zu A wechseln. 1 R re – 1 R li str.

KEIL 3 über 40 M:
Zu C wechseln. 1 R re über alle M str.
40 M re str. Wenden. Verschr U. 40 M re zurück str.
40 M re str – U mit nächster M re zus str – 99 M re str.
2 R re str.
Zu A wechseln. 1 R re – 1 R li str.

KEIL 4 über 30 M str:
Zu C wechseln. 1 R re str.
30 M re str. Wenden. Verschr U. 30 M re zurück str.
30 M re str – U mit nächster M re zus str – 109 M re str. 2 R re str.
Zu A wechseln. 1 R re – 1 R li str.

Weiterstr mit:
KEIL 5: Wie KEIL 3 über 40 M.

Gr. (M)L(XL):
KEIL 6: Wie KEIL 2 über 50 M.

Gr. (XL):
KEIL 7: Wieder KEIL 2 über 50 M str.

Alle Gr.:
KEIL 6(7)7(8): Wie KEIL 3 über 40 M.
KEIL 7(8)8(9): Wie KEIL 4 über 30 M.
KEIL 8(9)9(10): Wie KEIL 3 über 40 M.
KEIL 9(10)10(11): Wie KEIL 2 über 50 M.

KEIL 10(11)11(12):
Zu C wechseln. 1 R re str.
40 M re str. Wenden. Verschr U. 40 M re zurück str.
40 M re str – U mit nächster M re zus str – 99 M re str.
1 R re str.
A abschneiden, aber C nicht.
Die M auf der Nd ruhen lassen. Die Arbeit zur Seite legen.

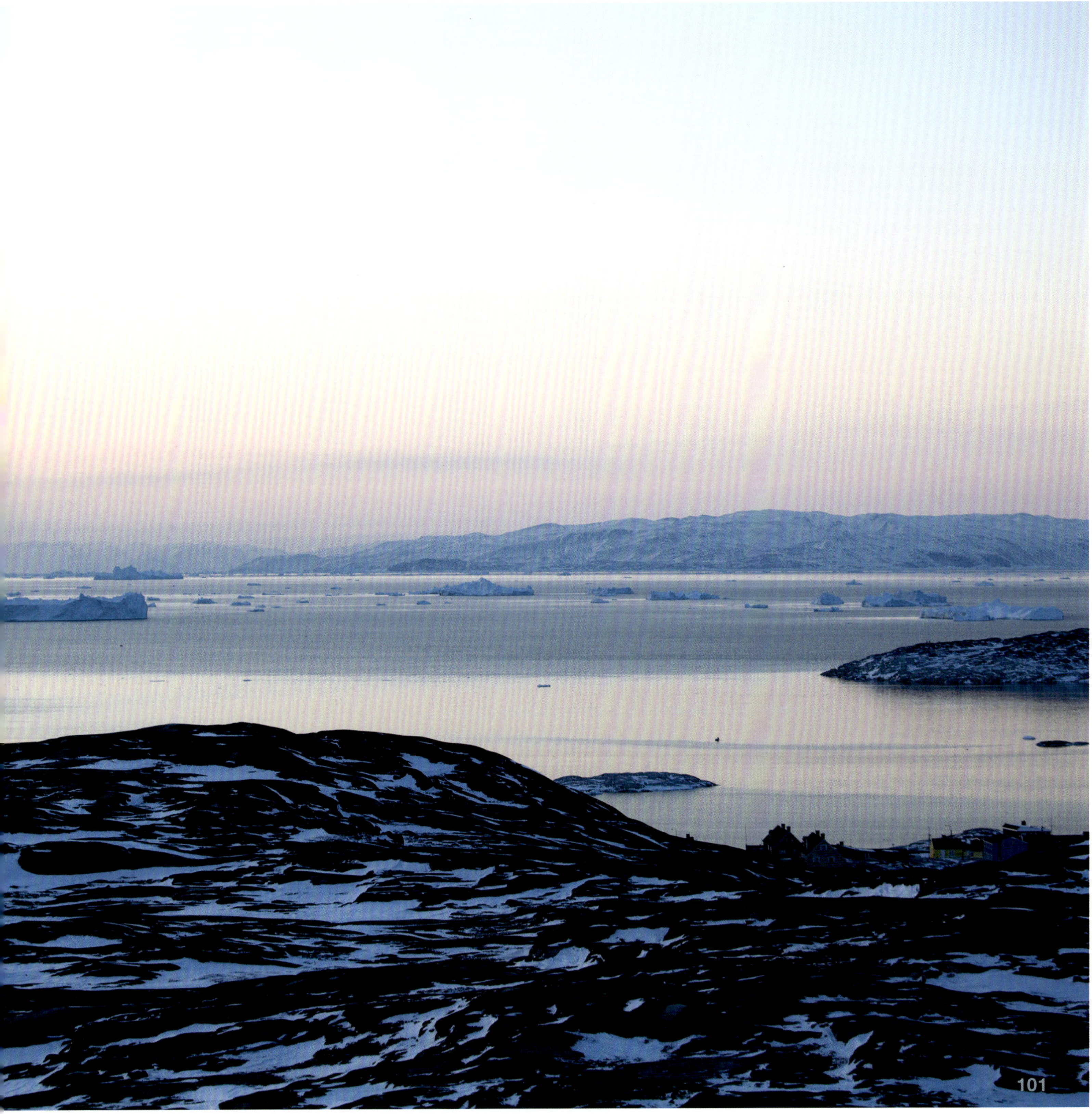

RÜCKEN RECHTE SCHULTERBAHN

Bis zu den Zun wie bei LINKER SCHULTERBAHN str.
Die Zun an der gegenüber liegenden Seite str:
1. Zun im 20. B-Streifen: 14(17)20(20) M re – 1 neue M re – 1 M re = 16(19)22(22) M.
Die Zun in jedem 2. B-Streifen wdh, bis es 21(24)27(27) M sind.

Weiterstr, bis es 48 B-Streifen sind. 1 R re mit A str.
Die Fäden abschneiden.
Die M auf einem Faden stilllegen.

STEG

Mit E und von der Außenseite 140 M aus der linken Seite der RECHTEN SCHULTERBAHN herausstr = aus der Seite ohne Zun.
An dem 2. ganzen A-Streifen von oben beg. An der gleichen Stelle, wo der Steg an der linken Schulterbahn endet.

140 M re zurück str. E abschneiden.

Mit dem MITTELTEIL zus str: Dafür die Teile rechts auf rechts aneinanderlegen.
Mit dem nicht abgeschnittenen C-Faden und einer dritten Nd die gegenüberliegenden M (1 M von der einen Nd und eine M von der zweiten Nd) zus str und gleichzeitig dabei abk.

VORDERTEIL RECHTE SCHULTERBAHN

Wie bei RÜCKEN LINKE SCHULTERBAHN str, bis es 48 B-Streifen sind.

3 R re mit A str.
Die Fäden abschneiden.
Die M auf einem Faden stilllegen.

STEG

Mit E und von der Außenseite 131 M aus der Seite der RECHTEN VORDERTEIL SCHULTERBAHN heraus str. An der rechten Seite am unteren Rand beg = Seite ohne Zun, und vor dem 5. B-Streifen von oben enden.

131 M re zurück str. E abschneiden.

VORDERES MITTELTEIL

Über die 131 STEG Maschen weiterstr.

KEIL 1 über 40 M:
Zu C wechseln. 1 R re str.
1 M abk – R re zu Ende str = 130 M.
40 M re. Wenden. Verschr U.
40 M re zurück str.
40 M re – U mit nächster M re zus str – 89 M re.
Zu A wechseln.
1 M abk – R re zu Ende str = 129 M. 1 R li str.

KEIL 2 über 50 M: Zu C wechseln.
1 M abk – R re zu Ende str = 128 M. 50 M re str. Wenden. Verschr U. 50 M re zurück str.
50 M re str – U mit nächster M re zus str – 77 M re str.
1 M abk – R re zu Ende str = 127 M. 1 R re str.
Zu A wechseln.
1 M abk – R re zu Ende str = 126 M. 1 R li str.

KEIL 3 über 40 M: Zu C wechseln.
1 M abk – R re zu Ende str = 125 M. 40 M re str. Wenden. Verschr U. 40 M re zurück str.
40 M re str – U mit nächster M re zus str – 84 M re str.
1 M abk – R re zu Ende str = 124 M. 1 R re str.
Zu A wechseln.
1 M abk – R re zu Ende str = 123 M. 1 R li str.

KEIL 4 über 30 M: Zu C wechseln.
1 M abk – R re zu Ende str = 122 M. 30 M re str. Wenden. Verschr U. 30 M re zurück str.
30 M re str – U mit nächster M re zus str – 91 M re str.
Letztes Abketten: 1 M abk – R re zu Ende str = 121 M.
1 R re str.
Zu A wechseln. 1 R re – 1 R li str.

KEIL 5 über 40 M str.
Dann mit A str: 1 R re – 1 R li str.

Gr. (M)L(XL):
KEIL 6 über 50 M str.
Dann mit A str: 1 R re – 1 R li str.

Gr. L(XL):
KEIL 7 über 50 M str.
Dann mit A str: 1 R re – 1 R li str.

Alle Gr.:
KEIL 6(7)8(8) über 40 M str.
Dann mit A str: 1 R re – 1 R li str.

KEIL 7(8)9(9) über 30 M str:
Zu C wechseln.
1 R re str.
30 M re str. Wenden. Verschr U.
30 M re zurück str.
30 M re str – U mit nächster M re zus str – 89 M re str – aus letzter M 2 M str = 122 M.
1 R re str.
121 M re str – aus letzter M 2 M str = 123 M.
Zu A wechseln. 1 R re str.
1 M re – 121 M li – aus letzter M 2 M str = 124 M.

KEIL 8(9)10(10) über 40 M: Zu C wechseln.
1 R re str.
40 M re str. Wenden. Verschr U.
40 M re zurück str.
40 M re str – U mit nächster M re zus str – 82 M re str – aus letzter M 2 M str = 125 M.
1 R re str.
124 M re str – aus letzter M 2 M str = 126 M.
Zu A wechseln. 1 R re str.
1 M re – 124 M li – aus letzter M 2 M str = 127 M.

KEIL 9(10)11(11) über 50 M: Zu C wechseln.
1 R re str.
50 M re str. Wenden. Verschr U. 50 M re zurück str.
50 M re str – U mit nächster M re zus str –
75 M re str – aus letzter M 2 M str = 128 M.
1 R re str.
127 M re str – aus letzter M 2 M str = 129 M.
Zu A wechseln. 1 R re str.
1 M re str – 127 M li – aus letzter M 2 M str = 130 M. A abschneiden.

KEIL 10(11)12(12) über 40 M:
Zu C wechseln. 1 R re str.
40 M re str. Wenden. Verschr U.
40 M re zurück str.
40 M re str – U mit nächster M re zus str –
88 M re str – aus letzter M 2 M str = 131 M.
1 R re str.
C nicht abschneiden.
Die M ruhen lassen und die Arbeit beiseite legen.

VORDERTEIL LINKE SCHULTERBAHN

Wie bei RÜCKEN RECHTE SCHULTERBAHN str, bis es 48 B-Streifen sind.
3 R mit A str.
Die Fäden abschneiden.
Die M auf einem Faden stilllegen.

STEG

Mit E und von der Außenseite 131 M aus der linken Seite der LINKEN VORDERTEIL SCHULTERBAHN heraus str = Seite ohne Zun.
Nach dem 5. B-Streifen von oben aus beg.
An der gleichen Stelle, wo der Steg an der rechten Schulterbahn endet.

131 M re zurück str. E abschneiden.

Wie beim Rücken mit dem MITTELTEIL zus str.

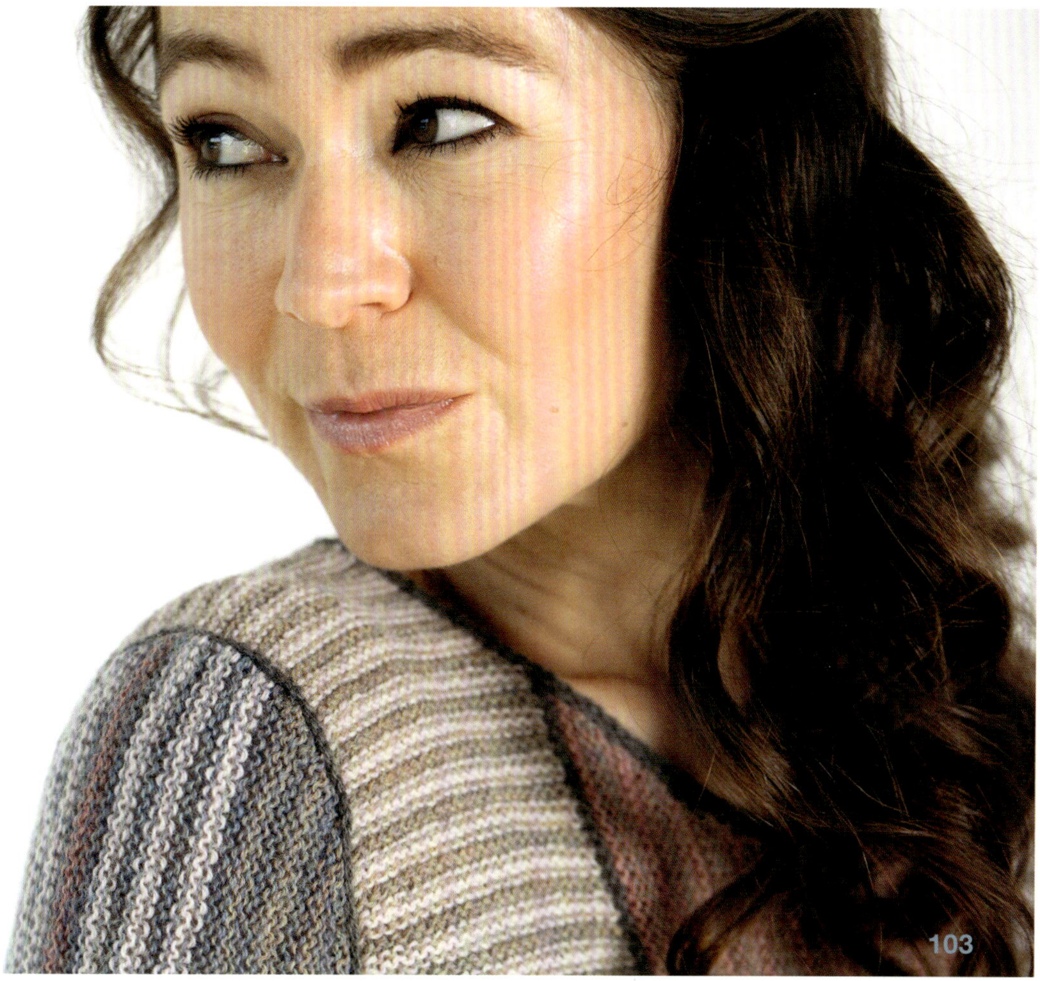

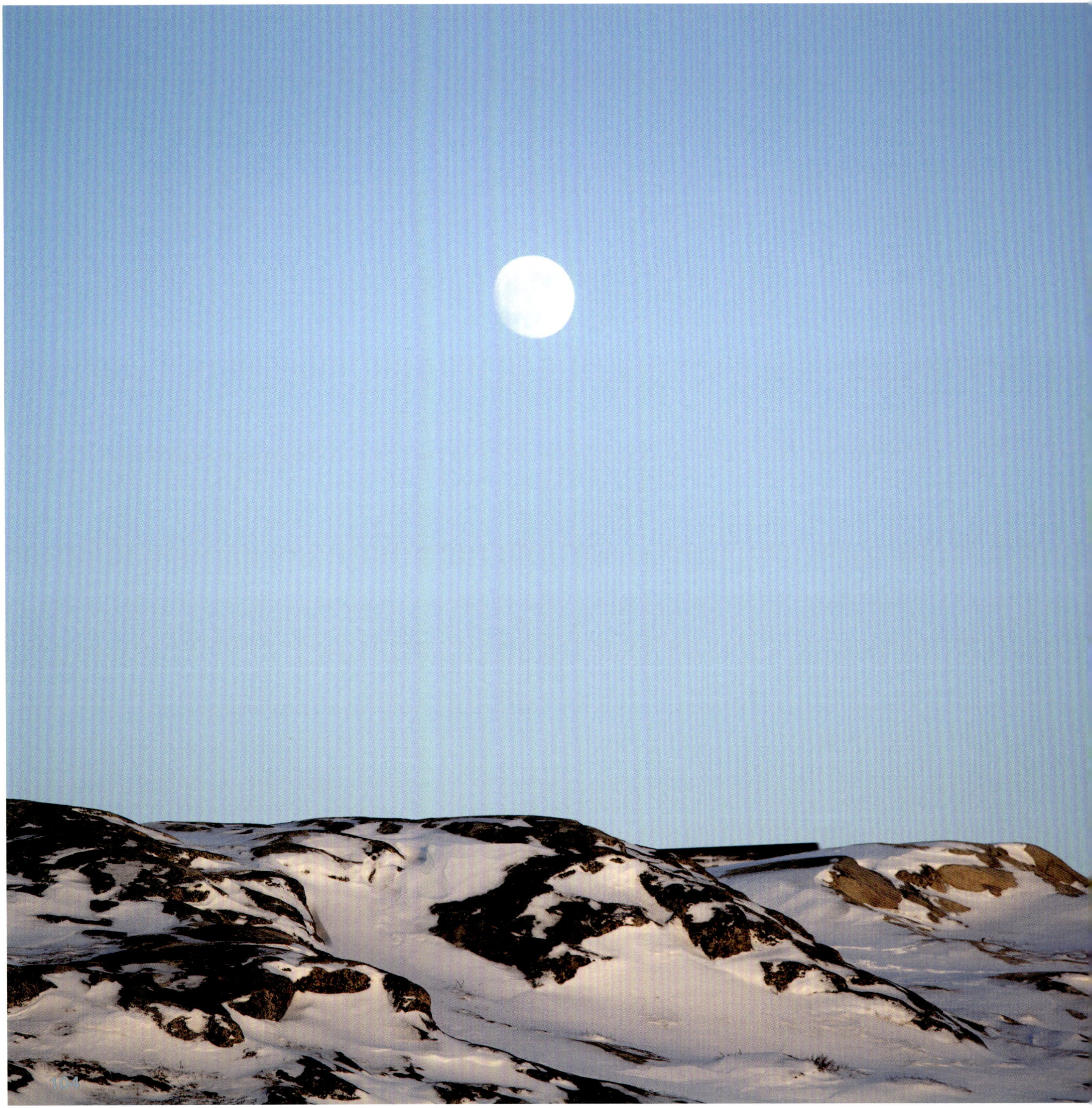

SCHULTER

Die M wieder auf eine Nd setzen und von der Innenseite zusammennähen.

SEITENTEIL STEG

Mit E 290 M aus der rechten Seite des Körpers, über RÜCKEN und VORDERTEIL, herausstr. An der Außenseite am unteren Rand der rechten Seite vom RÜCKEN beg.

Dann 116(114)114(112) M re str – 58(62)62(66) M abk – 116(114)114(112) M re str (die erste M ist bereits auf der Nd). E abschneiden.

SEITENTEIL

Jede Seite für sich str.
Über die 116(114)114(112) zuletzt gestr M weiterstr.
Zu D wechseln. 1 R re str.
2 M abk – R re zu Ende str = 114(112)112(110) M.
1 R re str.
Zu E wechseln.
2 M abk – R re zu Ende str = 112(110)110(108) M. 1 R re str.

Zu D wechseln.
2 M abk – R re zu Ende str = 110(108)108(106) M.
1 R re str.
1(1)2(2) M abk – R re zu Ende str = 109(107)106(104) M. 1 R re str.
Zu E wechseln.
1 M abk – R re zu Ende str = 108(106)105(103) M.
1 R li str.

Weiter im Muster str. Weiterhin für den Armausschnitt am Anfang der R 1 M abk, bis noch 102(100)96(94) M übrig sind.
Es sind nun 4(4)5(5) D-Streifen + je 1 E-Streifen gestr.

Ohne Abn 5(6)7(7) weitere D-Streifen str = 9(10)12(12) D-Streifen.

Nun für den Armausschnitt aus der letzten M 2 M str. Bei dem E-Streifen beg.
Wdh, bis es 110(108)106(104) M sind.
Dann für den Armausschnitt in Verlängerung der R 3(3)4(4) Mal 2 M anschl = 116(114)114(112) M.

13.(14.)17.(17.) D-Streifen = nur 3 R re.
E abschneiden, aber nicht D.
Mit SEITENTEIL STEG zus str.
Die andere Seite auf die gleiche Weise str.
Mit dem Herausstricken der M am Vorderteil beg.

ÄRMEL

Die Ärmel quer str.
118 M mit D und Nd Nr. 3 anschl.
1 R re str = RückR.
Noch 1 R re str.

Zu E wechseln:
Reihe 1 (RückR): 8 M re str. Wenden – verschr U.
Reihe 2: 7 M li str – 1 M re.
Zu D wechseln:
Reihe 3: 8 M re str. U mit nächster M re verschr zus str – 7 M re str. Wenden – verschr U.
Reihe 4: 16 M re str.
Reihe 5: 16 M re str. U mit nächster M re verschr zus str – 7 M re str. Wenden – verschr U.
Reihe 6: 24 M re str.

Zu E wechseln:
Reihe 7: 24 M re str. U mit nächster M re verschr zus str – 7(7)5(5) M re str. Wenden – verschr U.
Reihe 8: 31(31)29(29) M li – 1 M re.
Zu D wechseln:
Reihe 9: 32(32)30(30) M re str. U mit nächster M re verschr zus str – 7(7)5(5) M re str. Wenden – verschr U.
Reihe 10: 40(40)36(36) M re.
Reihe 11: 40(40)36(36) M re str. U mit nächster M re verschr zus str – 7(7)5(5) M re str. Wenden – verschr U.
Reihe 12: 48(48)42(42) M re.
Es gitbt nun 3 D-Streifen und 2 E-Streifen.
In der RückR mit dem Zusammenstricken der U mit der nächsten M fortsetzen– weitere 7(7)5(5) M vor der nächsten Wende str. In den HinR aus der letzten M 2 M str.

Nach 4 D-Streifen sind es in der RückR 75(75)63(63) M re (inkl. der 2 M in der letzten M). Die U zählen nicht mit.

Nach 5 D-Streifen sind es in der RückR 102(102)84(84) M re (inkl. der 2 M in der letzten M). Die U zählen nicht mit.

Gr. S(M):
4 R wie bisher str, mit 7 M nach dem Zusammenstricken und 2 M aus der letzten M.
In der nächsten R 5 M re nach dem Zusammenstricken der U str = restliche Ärmelmaschen.
Danach über alle Ärmelmaschen str.

Alle Gr.:
Nach 6 D-Streifen sind es in der RückR 127(127)105(105) M re (inkl. der 2 M in der letzten M).
Gr. L(XL): Die U zählen nicht mit.

Gr. L(XL):
4 R wie bisher str, mit 5 M nach dem Zusammenstricken und 2 M aus der letzten M.

In der nächsten R 9 M re nach dem Zusammenstricken der U str = restliche Ärmelmaschen.
Danach über alle Ärmelmaschen str.

Es sind nun insg 6(6)7(7) D-Streifen = 127(127)130(130) M.

Im Muster weiterstr.
In Verlängerung der HinR 3 Mal 2 M anschl = 133(133)136(136) M. Es sind nun 7(7)8(8) D-Streifen und 6(6)7(7) E-Streifen.
E abschneiden.

E mit A auswechseln.
In Verlängerung der HinR 9 Mal 2 M anschl = 151(151)154(154) M. Es sind nun 10(10)11(11) D-Streifen und 3 A-Streifen.

In den HinR insg 3(6)6(9) Mal 2 M aus der letzten M str = 154(157)160(163) M. Es sind nun 11(12)13(14) D-Streifen und 4(5)5(6) A-Streifen. A abschneiden.

A mit B auswechseln.
Zun nur in B-Streifen str, dafür in den HinR aus der letzten M 2 M str. 4 R mit D ohne Zun str.
Von * bis * insg 3 Mal str = 157(160)163(166) M.
Es sind nun 14(15)16(17) D-Streifen und 3 B-Streifen. B nicht abschneiden.

ÄRMELMITTE:
1 C-Streifen str. C abschneiden.

4 R mit D str.
Es sind nun 15(16)17(18) D-Streifen.

*Mit B:
Reihe 1: 2 M re zus – 155(158)161(164) M re.
Reihe 2: 156(159)162(165) M li.
Mit D:
4 R re ohne Abn str*.

Von * bis * insg 3 Mal str = 154(157)160(163) M.
Es sind nun 18(19)20(21) D-Streifen.
B abschneiden.

B mit A auswechseln.
Nun am Anfang aller RückR insg 3(6)6(9) Mal 2 M zus str = 151(151)154(154) M.
Es sind nun 19(21)22(24) D-Streifen und 1(2)2(3) A-Streifen.

Am Anfang aller RückR insg 9 Mal 2 M abk = 133(133)136(136) M.
Es sind nun 22(24)25(27) D-Streifen und 4(5)5(6) A-Streifen.

A mit E auswechseln.
Am Anfang aller RückR insg 2 Mal 2 M abk = 129(129)132(132) M.
In der nächsten RückR mit D die Wenden beg: 2 M abk – 121(121)120(120) M re (es bleiben 6(6)10(10) ungestrickte M).
Wenden – verschr U. 121(121)120(120) M re str.
Es sind nun 23(25)26(28) D-Streifen und 1 E-Streifen.

Mit E:
Reihe 1: 2 M re zus – 111(111)112(112) M re (es sind noch 8(8)6(6) M bis zum letzten U).
Wenden – verschr U.
Reihe 2: 111(111)112(112) M li – 1 M re. Mit D:
Reihe 3: 2 M re zus – 102(102)105(105) M re.
Wenden – verschr U.
Reihe 4: 103(103)106(106) M re.
Reihe 5: 2 M re zus – 93(93)98(98) M re.
Wenden – verschr U.
Reihe 6: 94(94)99(99) M re.

Mit E:
Reihe 7: 2 M re zus – 84(84)91(91) M re.
Wenden – verschr U.
Reihe 8: 84(84)91(91) M li – 1 M re.
Mit D:
Reihe 9: 2 M re zus – 75(75)84(84) M re.
Wenden – verschr U.
Reihe 10: 76(76)85(85) M re.
Reihe 11: 2 M re zus – 66(66)78(78) M re.
Wenden – verschr U.
Reihe 12: 67(67)79(79) M re.

Weiterhin 8(8)6(6) M vor dem letzten U wenden und am Anfang der RückR 2 M re zus str, bis es insg 26(28)30(32) D-Streifen und 4(4)5(5) E-Streifen sind.
Es sind nun 40(40)38(38) M.

Keine weiteren Abn str. Mit E:
Reihe 1: 32 M re. Wenden – verschr U.
Reihe 2: 31 M li – 1 M re.
Mit D:
Reihe 3: 24 M re. Wenden – verschr U.
Reihe 4: 24 M re.
Reihe 5: 16 M re. Wenden – verschr U.
Reihe 6: 16 M re.

Mit E:
Reihe 7: 8 M re. Wenden – verschr U.
Reihe 8: 7 M li – 1 M re.
E abschneiden.

Mit D:
8 M re str. U mit nächster M re verschr zus str – 7 M re str. Weiterhin die U mit nächster M re verschr zus str, bis keine weiteren U mehr vorhanden sind.
Enden mit 5(5)9(9) M re = 118 M re.

2 R re str.

Mit einer dünnen Nd 118 M aus der Anschlagreihe des Ärmels aufnehmen.
Den Ärmel rechts auf rechts zusammenlegen.
Mit einer 3. Nd die gegenüberliegenden M zus str und gleichzeitig dabei abk.

Den zweiten Ärmel auf die gleiche Weise str.

HALSRAND

Mit E und Nd Nr. 2½ von der Außenseite M aus dem Halsausschnitt herausstr. Am Rücken beg.
Mittelteil:
1 M aus dem Steg, 2 M aus jedem C-Streifen, 1 M aus jedem B-Streifen und 1 M aus dem Steg herausstr = 31(34)34(37) M.

Seitenteil:
1 M aus jedem B-Streifen und 2 M aus jedem A-Streifen herausstr = 19 M.

Mittelteil:
1 M aus dem Steg, bis nach dem 4. C-Streifen 2 M aus jedem C-Streifen und 2 M aus jedem B-Streifen herausstr = 15 M.
Danach bis nach dem 6.(7.)8.(8.) B-Streifen 1 M aus jedem B-Streifen und 2 M aus jedem C-Streifen herausstr = 7(10)10(13) M.
Nun wieder 2 M aus jedem C-Streifen und 2 M aus jedem B-Streifen und 1 M aus dem Steg herausstr = 15 M.

Seitenteil:
1 M aus jedem B-Streifen, 2 M aus jedem A-Streifen und 1 M aus dem Steg herausstr = 20 M.
Es sind insg 107(113)113(119) M. (Es sind 2 M in dem Steg).

Wenden. 107(113)113(119) M re in der RückR.
Wenden. 107(113)113(119) M re in der HinR.
Wenden. In der RückR abk.

FERTIGSTELLUNG

Die Fäden vernähen.
Vor dem Einnähen die Ärmel mit Nadeln so in dem Armausschnitt feststecken, dass E rund um den Armausschnitt sichtbar ist.

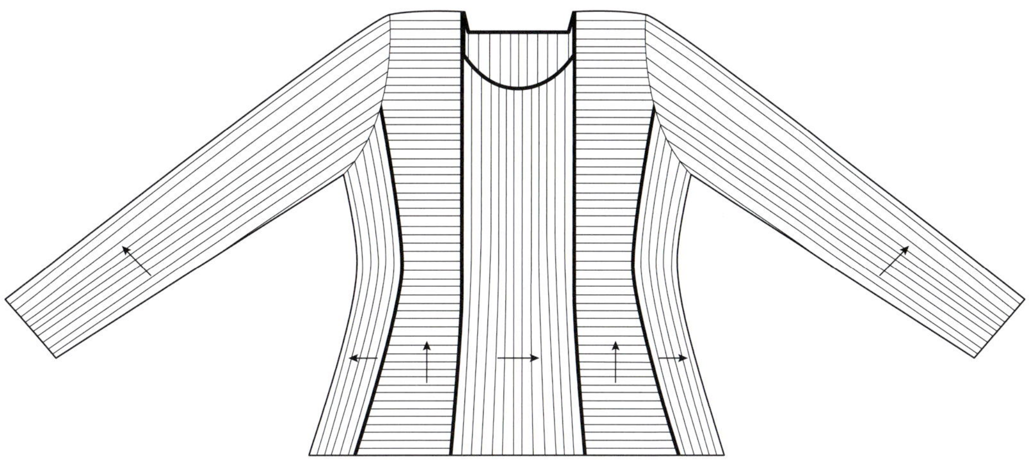

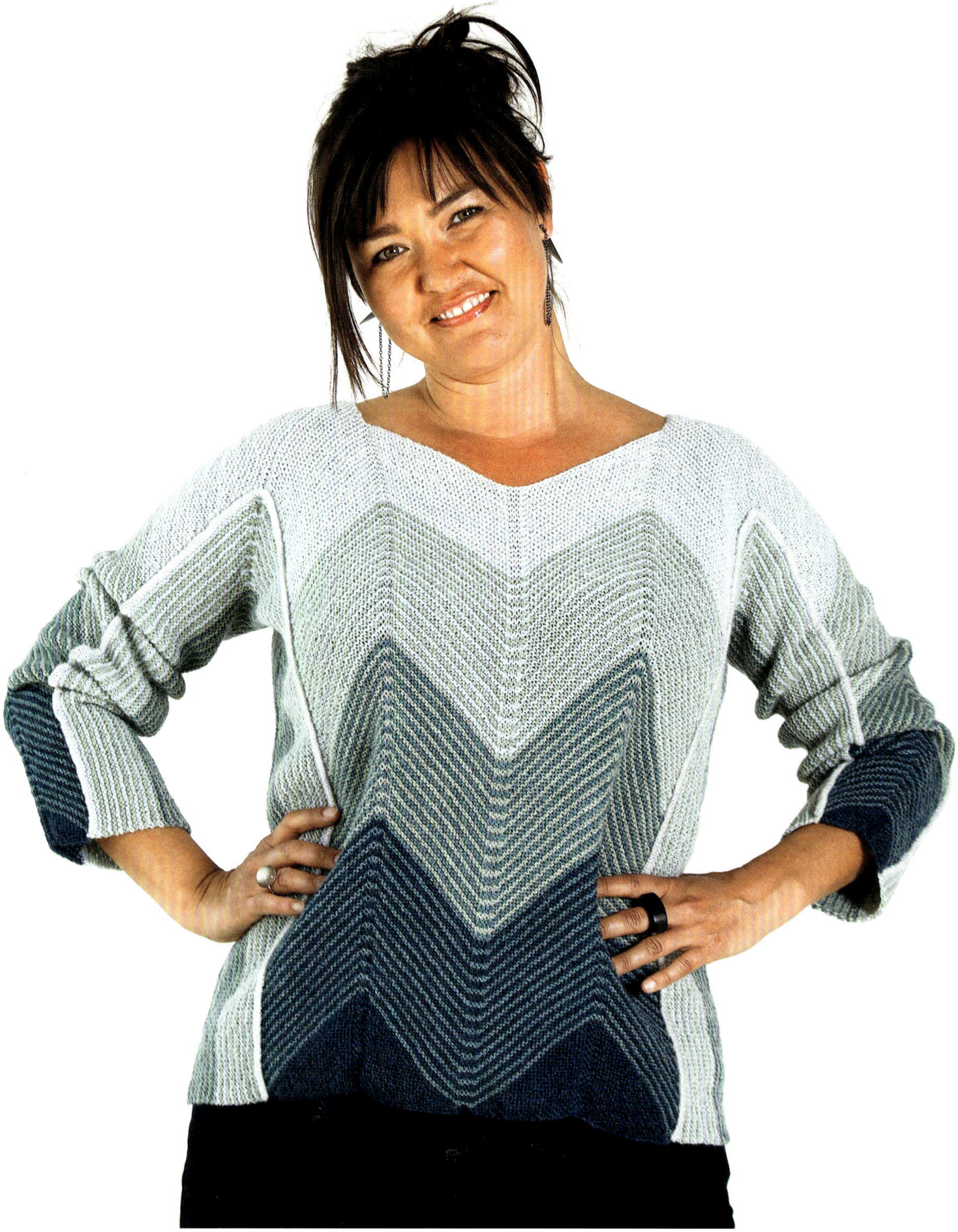

EISBERG

ILULIAQ

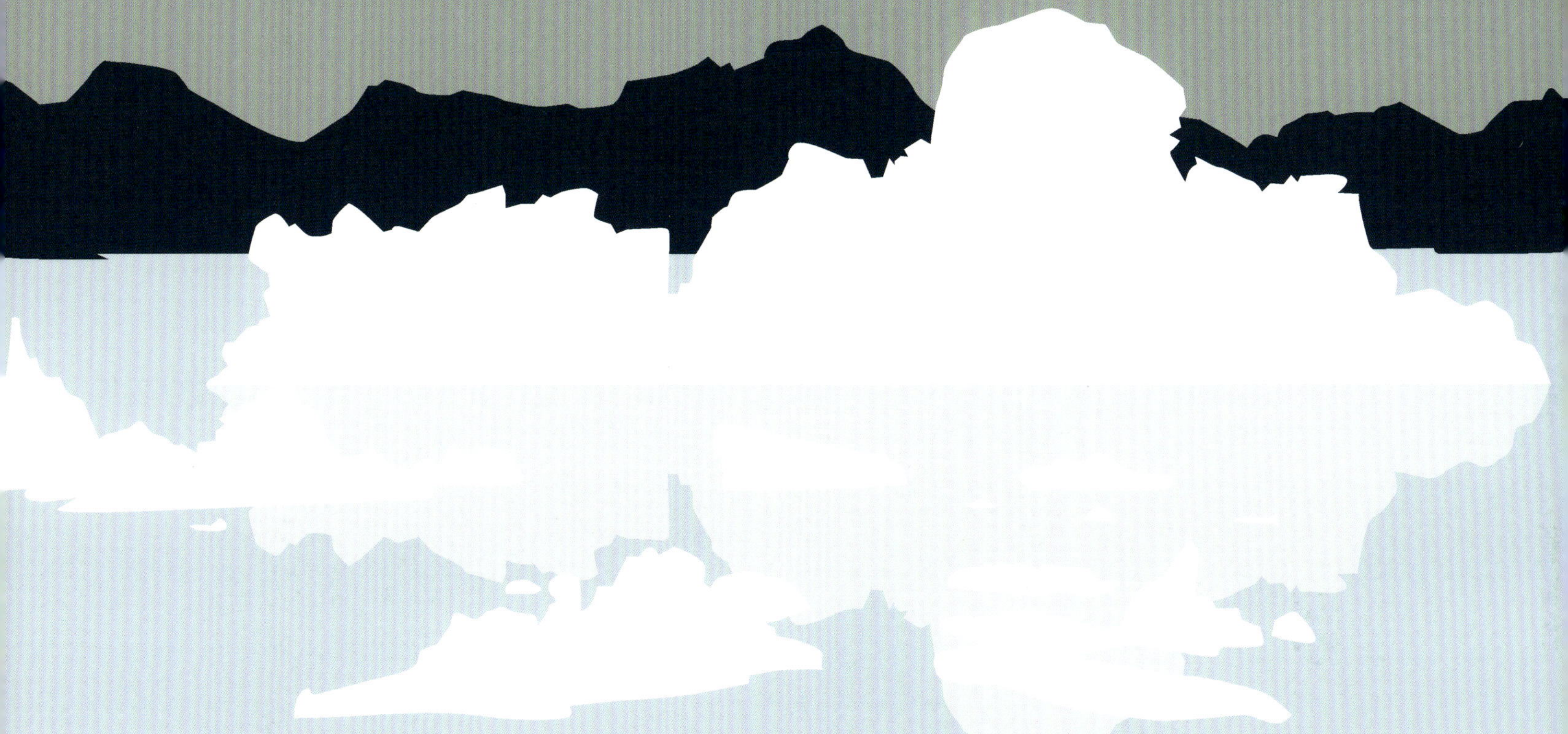

Gr: S(M)L(XL)

Halbe Oberweite: 48(53)58(62) cm
Länge: 60(61)62(63) cm
Innere Ärmellänge: 40 cm

Material:
A: 50 g Highland Farbe Greece
B: 100 g Highland Farbe Turquise
C: 100 g Isager Alpaca 2
Farbe 46
D: 100 g Tvinni Farbe 10
E: 50 g Highland
Farbe Ice Blue

Rundnadel Nr. 3

Maschenprobe in kraus rechts:
10 cm = 27 M und 54 R

MITTE RÜCKEN

DREIECK:
2 M mit A anschl.
Reihe 1: Aus jeder M 2 M str = 4 M.
Reihe 2 (RückR): 4 M re.
Reihe 3: Aus jeder M 2 M str = 8 M.
Reihe 4: 8 M re.
Reihe 5: 1 M re – 1 neue M, dafür den Querfaden zw zwei M verschr str – 2 M re – 1 neue M re – 1 M re – Markierung setzen – 1 M re – 1 neue M re – 2 M re – 1 neue M re – 1 M re = 12 M.
Reihe 6: 12 M re.
Reihe 7: 1 M re – 1 neue M – 4 M re – 1 neue M re – 1 M re – Markierung – 1 M re – 1 neue M re – 4 M re – 1 neue M re – 1 M re = 16 M. Die Markierungen Reihe für Reihe mitführen.
Reihe 8: 16 M re.
Reihe 9: 1 M re – 1 neue M re – 6 M re – 1 neue M re – 2 M re – 1 neue M re – 6 M re – 1 neue M re – 1 M re = 20 M.
Reihe 10: 20 M re.
Reihe 11: 1 M re – 1 neue M re – 8 M re – 1 neue M re – 2 M re – 1 neue M re – 8 M re – 1 neue M re – 1 M re = 24 M.
Reihe 12: 24 M re.
Reihe 13: 1 M re – 1 neue M re – 10 M re – 1 neue M re – 2 M re – 1 neue M re – 10 M re – 1 neue M re – 1 M re = 28 M.
Reihe 14: 28 M re.
Reihe 15: 1 M re – 1 neue M re – 12 M re – 1 neue M re – 2 M re – 1 neue M re – 12 M re – 1 neue M re – 1 M re = 32 M.
Reihe 16: 32 M re.

Weiterhin 4 neue M in jeder HinR str, bis es in der RückR 64(68)72(76) M re sind.
Den Faden abschneiden.

Noch ein Dreieck str, den Faden NICHT abschn.

Nun über beide Dreiecke str. Wo die Dreiecke aneinandertreffen, am Anfang und Ende der R Abn str. An den Spitzen der Dreiecke Zun str:
Zu B wechseln.
Reihe 1: *1 M re – 2 M re zus – 28(30)32(34) M re – 1 neue M re – 2 M re – 1 neue M re – 28(30)32(34) M re – 2 M re verschr zus – 1 M re*. Über das 2. Dreieck von * bis * wdh.
Reihe 2: 128(136)144(152) M re.

Zurück zu A wechseln. Reihe 1 - Reihe 2 wdh.
Im Wechsel 2 R B – 2 R A str, bis es insg 26 Streifen sind.

Im Wechsel 2 R B – 2 R C str, bis es insg 26 Streifen sind.

Im Wechsel 2 R D – 2 R C str, bis es insg 26 Streifen sind.

Im Wechsel 2 R D – 2 R E str, bis es insg 26 Streifen sind.

Nach einem Streifen mit E enden. Die Fäden abschneiden.

Die äußeren 32(34)36(38) M an jeder Seite auf einem Faden stilllegen.
Nur über die mittleren 64(68)72(76) M str. In Streifen weiterstr.
Am Anfang jeder R 2 M abk. Weiterhin die Abn in der Mitte in jeder 2. R so lange wie möglich str.
Die letzte M abk.

MITTE VORDERTEIL:

Wie den Rücken str, bis 17 Streifen mit D – E gestr sind.
1 R mit E str.
Für den Halsausschnitt in den RückR abk: 32(34)36(38) M str – die mittleren 64(68)72(76) M abk – 32(34)36(38) M str (die erste M ist bereits auf der Nd).

Über die linke Schulter str und mit Streifen fortsetzen. In den HinR, innerhalb der äußersten RM, am Anfang der R Abn str und am Ende der R Zun str.
Weiterstr, bis es insg 26 Streifen mit D – E sind.
Die M auf einem Faden stilllegen.

Die rechte Schulter str. In den HinR am Anfang der R Zun str und am Ende der R Abn str, bis es insg 26 Streifen mit D – E sind.
Die M auf einem Faden stilllegen.

MITTE ÄRMEL

2 M mit A anschl.
Reihe 1: Aus jeder M 2 M str = 4 M.
Reihe 2 (RückR): 4 M re.
Reihe 3: Aus jeder M 2 M str = 8 M.
Reihe 4: 8 M re.
Reihe 5: 1 M re – 1 neue M re – 2 M re – 1 neue M re – 2 M re – 1 neue M re – 2 M re – 1 neue M re – 1 M re = 12 M
Reihe 6: 12 M re.

Weiterhin in jeder 2. R 4 neue M str, bis es in der RückR 32(32)28(28) M re sind.

Zu B wechseln.
Reihe 1: 1 M re – 2 M re zus – 12(12)10(10) M re – 1 neue M re – 2 M re – 1 neue M re – 12(12)10(10) M re – 2 M re verschr zus – 1 M re.
Reihe 2: 32(32)28(28) M re.

Zurück zu A wechseln. Reihe 1 - Reihe 2 wdh.
Streifen mit B – A str.
Nach insg 6(5)4(4) Streifen die Abn an den Seiten weglassen. Dadurch wird der Ärmel breiter.
In der nächsten Reihe 1: 15(15)13(13) M re – 1 neue M re – 2 M re – 1 neue M re – 15(15)13(13) M re.
Reihe 2: 34(34)30(30) M re.

Die Streifen mit Abn und Zun in jeder HinR weiterstr.

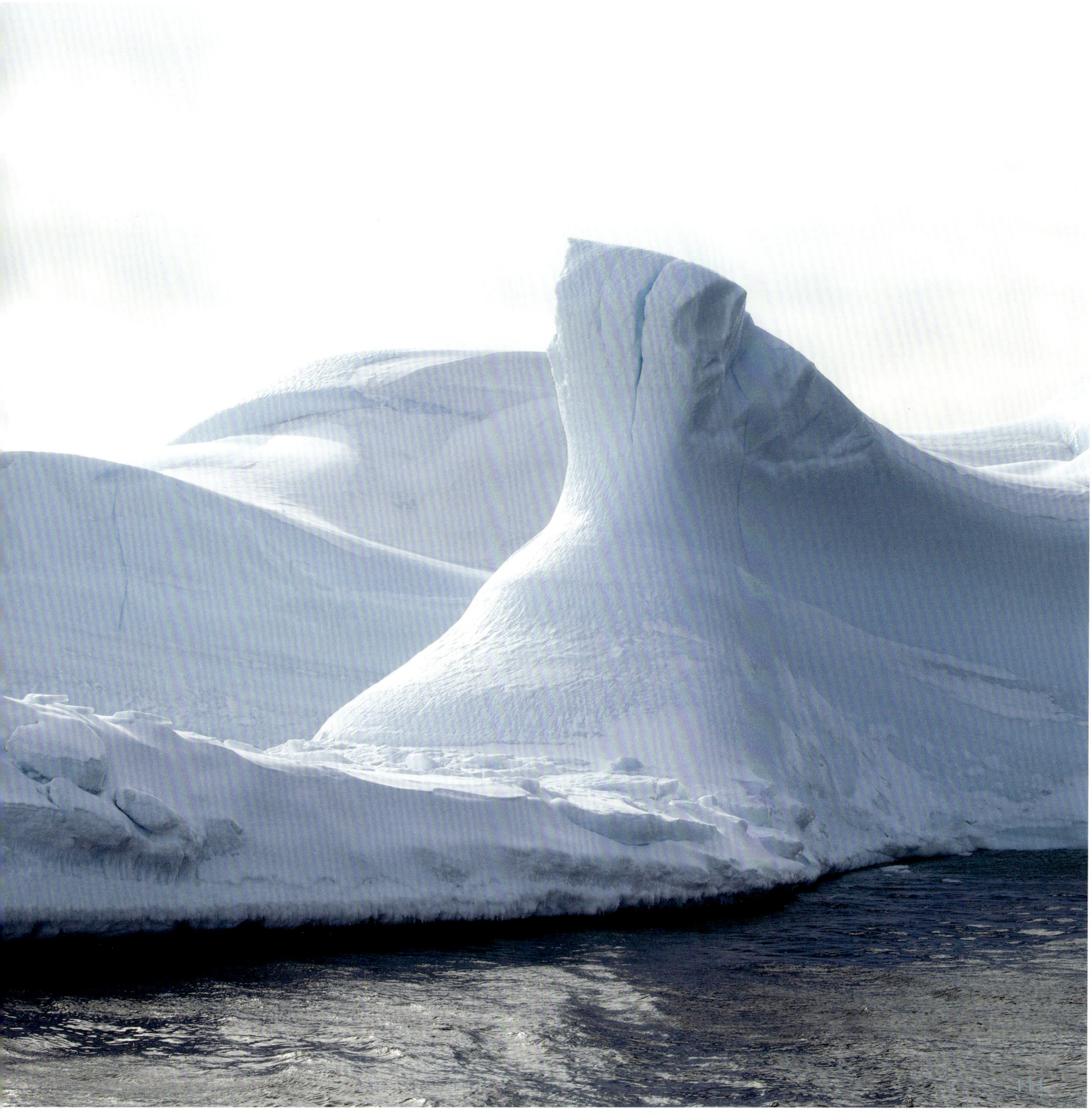

Die Abn in jedem 6.(5.)4.(4.) Streifen weglassen.

Wenn derÄrmel 64(68)72(76) M hat, keine weiteren Abn weglassen.
Insg 26 Streifen mit B – A str.

Insg 26 Streifen mit B – C str.

Insg 26 Streifen mit D – C str.

Insg 21 Streifen mit D – E str. Nach einem Streifen D enden.

Mit RÜCKEN und VORDERTEIL zus str. Die M vom Rücken und Vorderteil wieder auf Nd setzen. Die erste Hälfte vom Ärmel mit dem Rücken zus str. Dafür die Teile rechts auf rechts aneinander legen. Die Spitze vom Ärmel zeigt in Richtung Hals. Die gegenüberliegenden M nacheinander zus str und gleichzeitig dabei abk. Danach die zweite Hälfte vom Ärmel auf die gleiche Weise mit dem Vorderteil zus str.

Den zweiten Ärmel auf die gleiche Weise str.

SEITENTEIL

Eine BIESE mit E und Nd Nr. 3 str.
140 M aus der linken Seitennaht vom Vorderteil herausstr. Aus 3 Streifen immer 4 M str.
Weitere 133 M aus der Ärmelseite herausstr.
Wieder aus 3 Streifen 4 M herausstr. Die letzte M aus der letzten Rippe mit A herausstr = 273 M.
5 R glatt re str. Erste R = li M.

Von der Innenseite der Arbeit und mit einer dünnen Nd 273 Maschenbögen aus der Aufstrickreihe aufnehmen.
Zu D wechseln. Um die Biese zu schließen, die 5 glatten R so falten, dass die re M außen liegen und beide Nd parallel aneinanderliegen.

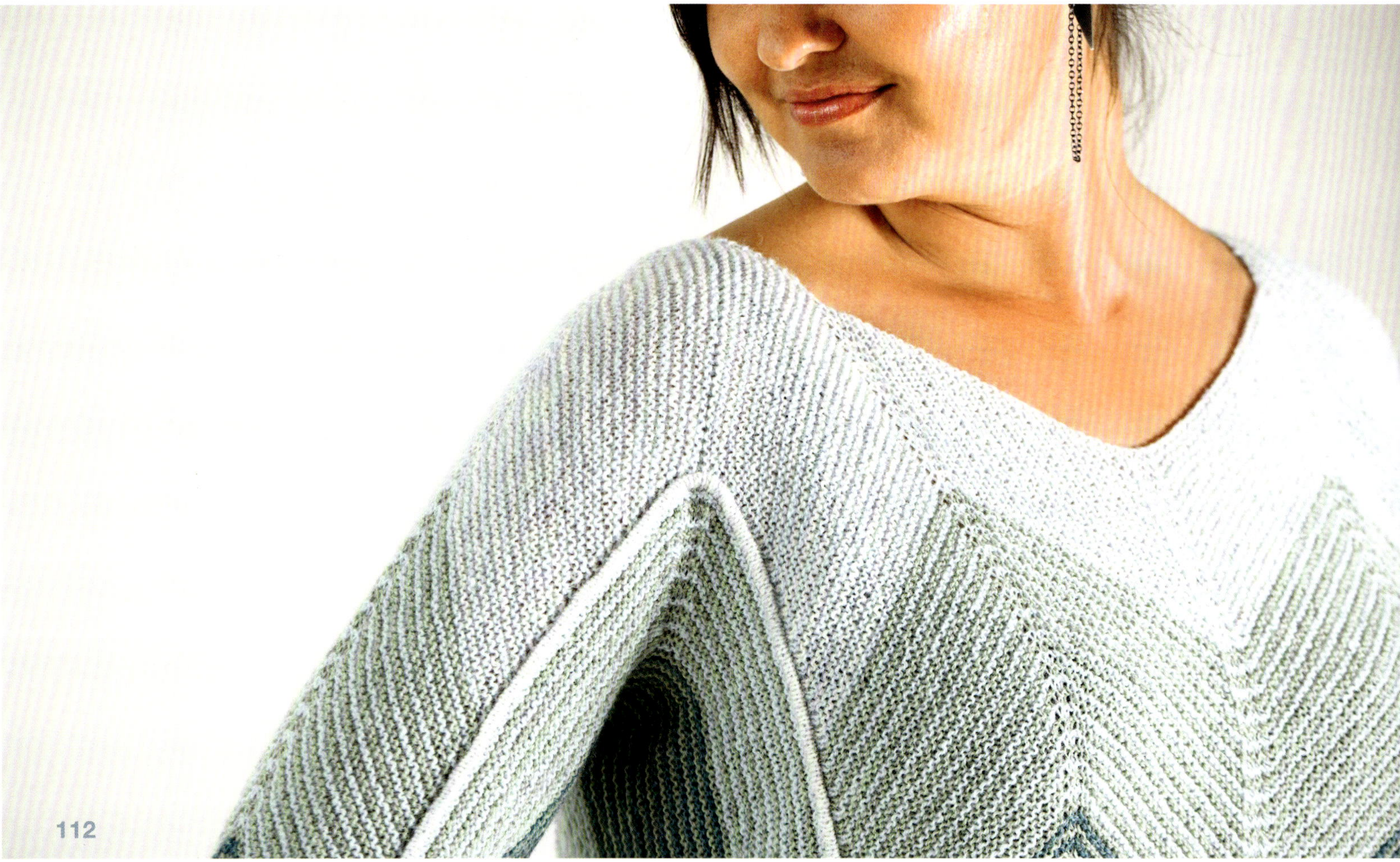

Die gegenüberliegenden M beider Nd nacheinander zus str.

Darauf achten, dass die genau gegenüberliegenden M zus gestrickt werden, sonst „verzieht“ sich die Biese.
273 M re zurück str. Zu C wechseln.
Reihe 1: 137 M re – 2 M re verschr zus – 2 M re – 2 M re zus – 130 M re.
Reihe 2: 271 M re.

Zu D wechseln.
Reihe 3: 135 M re – 3 M re verschr zus – 2 M re – 3 M re zus – 128 M re.
Reihe 4: 267 M re.

Zu C wechseln.
Reihe 5: 134 M re – 2 M re verschr zus – 2 M re – 2 M re zus – 127 M re.
Reihe 6: 265 M re.

Weiter Abn in den HinR str.
Bei jeder 3. Abn 3 M zus str.
Insg 12(14)18(18) Streifen mit D – C str = 243(239)227(227) M.
D abschneiden.

Die Abn weglassen.
Insg 8(10)10(12) Streifen mit B – C str.
C abschneiden.
2 R mit B str. B abschneiden.
Mit E aus der anderen Ärmelseite 133 M und aus dem Körper 140 M herausstr. Eine Biese wie am Vorderteil str.
Die Biese mit D zus str. 1 R zurück str.

Zu C wechseln.
Reihe 1: 130 M re – 2 M re verschr zus – 2 M re – 2 M re zus – 137 M re.
Reihe 2: 271 M re.

Wie beim Vorderteil weiterstr.
Nach 8(10)10(12) Streifen mit B – C enden. B abschneiden.
Die beiden Seiten mit C zus str. Dafür die Teile rechts auf rechts aneinanderlegen, die gegenüberliegenden M nacheinander zus str und gleichzeitig dabei abketten.

Die rechte Körperseite auf die gleiche Weise str.

FERTIGSTELLUNG

Die schmalen Ränder an den Ärmnel von außen zusammennähen. Die abgeketteten M an die Seitenteile nähen.
Den kleinen Schlitz am unteren Rand zunähen.
Die Fäden vernähen.

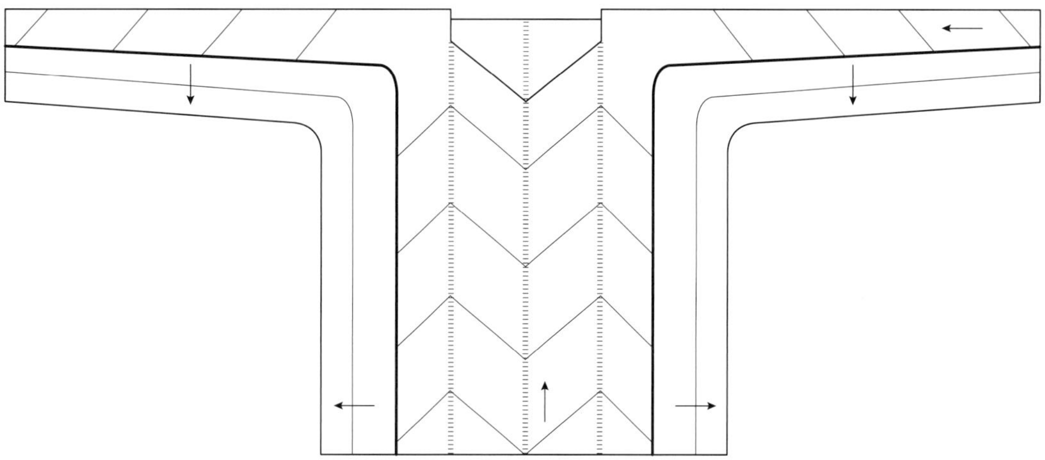

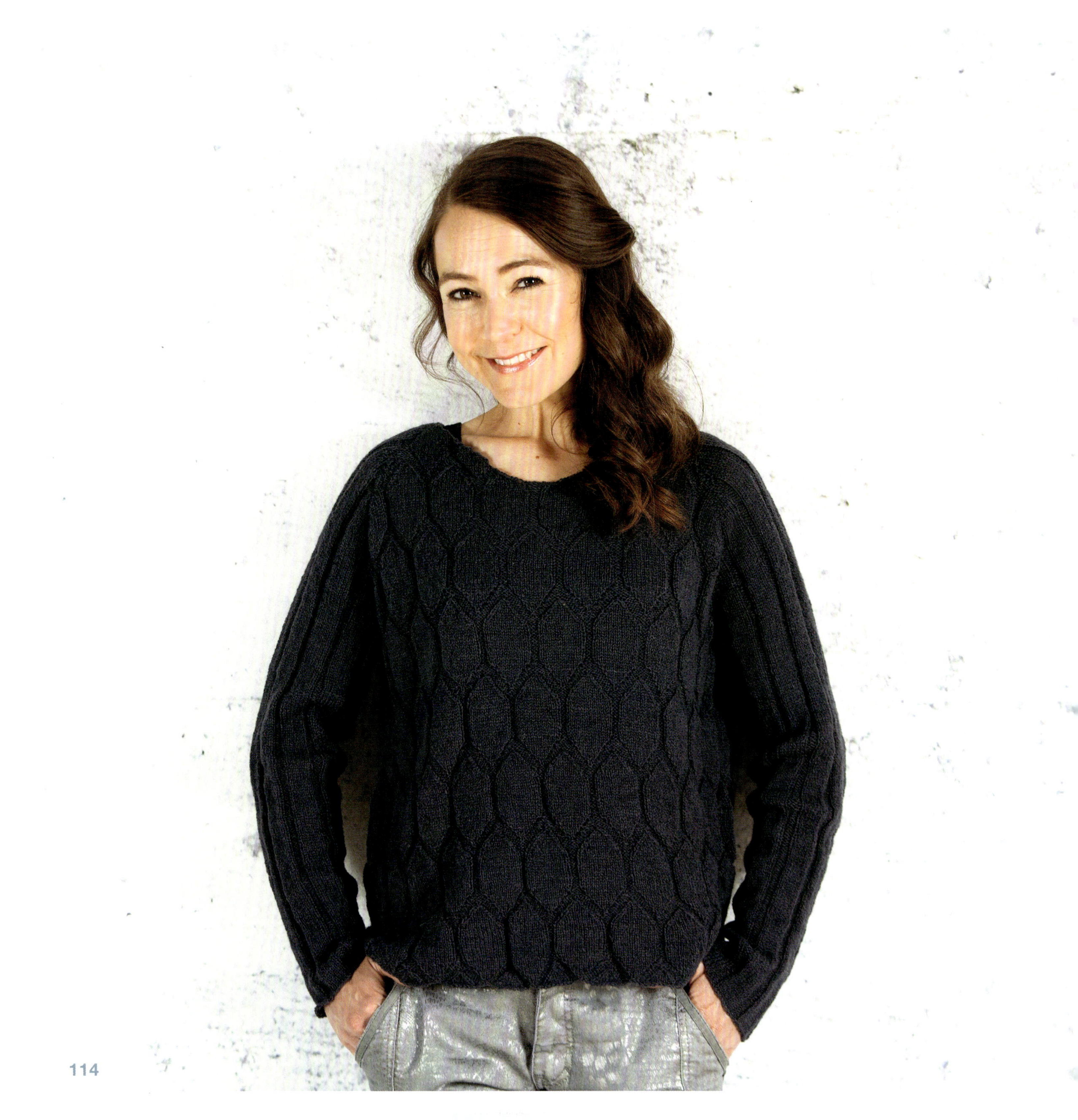

SCHWARZES EIS

SIKU "QERNERTOQ"

Gr: S(M)L(XL)

Halbe Oberweite: 47(51)56(61) cm
Länge: 54(56)58(59) cm
Innere Ärmellänge: 41 cm

Material:
250(250)250(300) g Tvinni Farbe 47

Rund- und Strumpfnadeln Nr. 3

Maschenprobe in glatt rechts:
10 cm = 28 M und 36 R
Maschenprobe im Muster:
10 cm = 30 M und 36 R

ÄRMEL

59(59)63(63) M mit Strumpfnd Nr. 3 anschl. Rund str: 1(1)3(3) M li – *7 M re – 3 M li*. Von * bis * wdh. Enden mit 7 M re – 1(1)3(3) M li. Insg 8(8)6(6) Rd Rippen str.

Neue M str: den Querfaden zw zwei M auf die li Nd heben und diesen, entsprechend dem Muster, re oder li verschr str.

1. Zunahme:
Gr S(M): 1 M li – 1 neue M li – *7 M re – 3 M li*. Von * bis * wdh. Enden mit 7 M re – 1 neue M li – 1 M li = 61(61) M.
Gr. L(XL): 1 M re – 1 neue M li – 2 M li – *7 M re – 3 M li*. Von * bis * wdh. Enden mit 7 M re – 2 M li – 1 neue M li – 1 M re = 65(65) M.

5(5)5(4) Rd Rippen str.

2. Zunahme:
Gr. S(M): 1 M li – 1 neue M li – 1 M li – *7 M re – 3 M li*. Von * bis * wdh. Enden mit 7 M re – 1 M li – 1 neue M li – 1 M li = 63(63) M.
Gr. L(XL): 1 M re – 1 neue M re – 3 M li – *7 M re – 3 M li*. Von * bis * wdh. Enden mit 7 M re – 3 M li – 1 neue M re – 1 M re = 67(67) M.

5(5)4(4) Rd Rippen str.

3. Zunahme: 1 M re – 1 neue M li (1 neue M li) 1 neue M re (1 neue M re) – 0(0)1(1) M re – 2(2)3(3) M li – *7 M re – 3 M li*. Von * bis * wdh. Enden mit 7 M re – 2(2)3(3) M li – 0(0)1(1) M re – 1 neue M li (1 neue M li) 1 neue M re (1 neue M re) – 1 M re = 65(65)69(69) M.

7(5)4(4) Rd Rippen str.

4. Zunahme: 1 M re – 1 neue M re – 0(0)2(2) M re – 3 M li – *7 M re – 3 M li*. Von * bis * wdh. Enden mit 7 M re – 3 M li – 0(0)2(2) M re – 1 neue M re – 1 M re = 67(67)71(71) M.
Die Zun in jeder 8.(6.)5.(4.) Rd wdh.
Die nächsten 5(5)3(3) Zun re str = 77 M. Die 6.(6.)4.(4.) Zun auch re str, aber GLEICHZEITIG die erste und letzte M in li M ändern = 79 M. Danach die nächsten 3 Zun li str. Bei der dritten Zun die erste und letzte M in re M ändern = 85 M.

Gr. S: Die nächsten 5 Zun re str = 95 M.
Weiterstr, bis der Ärmel 41 cm misst.

Gr. (M)L(XL): Die nächsten 7 Zun re str. Bei der siebten Zun die erste und letzte M in li M ändern = 99 M.
Die nächsten 3 Zun li str. Bei der dritten Zun die erste und letzte M in re M ändern = 105 M.

Gr. (M)L: Die nächsten (1)6 Zun re str = (107)117 M.
Weiterstr, bis der Ärmel 41 cm misst.

Gr. (XL Die nächsten 7 Zun re str. Bei der siebten Zun die erste und letzte M in li M ändern = 119 M.
Die nächsten 3 Zun li str. Bei der dritten Zun die erste und letzte M in re M ändern = 125 M.
Die nächsten 2 Zun re str = 129 M.
Weiterstr, bis der Ärmel 41 cm misst.

Für den Armausschnitt abk:
Die ersten 9(11)14(17) M abk – 77(85)89(95) M in Rippen str (die erste M ist bereits auf der Nd) – die letzten 9(11)14(17) M abk. Den Faden abschneiden.
Den Ärmel zu Seite legen.

Den zweiten Ärmel auf die gleiche Weise str.

KÖRPER

280(308)336(364) M mit Nd Nr. 3 anschl.
In Runden nach Diagramm str, bis die Arbeit 37 cm misst. Nach einer „geraden“ Rd enden”

Für den Armausschnitt in einer „ungeraden“ Rd abk. Ungerade Rd = dort wo links über li M und rechts über re M gestr werden.
10(12)15(18) M abk – 121(131)139(147) M im Muster str = Vorderteil – 19(23)29(35) M abk – 121(131)139(147) M str (die erste M ist bereits auf der Nd) – die letzten 9(11)14(17) M abk.
Den Faden abschneiden.
Die M vom Vorderteil str – Markierung setzen – die 77(85)89(95) Ärmelmaschen str – Markierung setzen – Die M vom Rücken str – Markierung setzen – die zweiten 77(85)89(95) Ärmelmaschen str – Markierung setzen.

2 R im Muster str. An jeder Seite der Markierungen 1 M li str.

RAGLAN

Im Muster weiterstr.
Bei den Raglanabnahmen kann das Muster nicht eingehalten werden. Die Linksmaschen vor und nach den Markierungen sind außerhalb des Musters.
Das Muster sollte am Vorderteil und Rücken gleich sein, an den Seiten ist es spiegelverkehrt.

Rd 1 (ungerade Rd): Am Anfang der Rd 2 M li zus str – über das Vorderteil bis 2 M vor die Markierung str – 2 M li zus str – Markierung – 2 M li zus – 73(81)85(91) M über Ärmel str – 2 M li zus – Markierung – 2 M li zus – über den Rücken bis 2 M vor die Markierung str – 2 M li zus str – Markierung – 2 M li zus – 73(81)85(91) M über den Ärmel str – 2 M li zus str.
Rd 2: Im Muster str. Auf jeder Seite der Markierung 1 M li str.

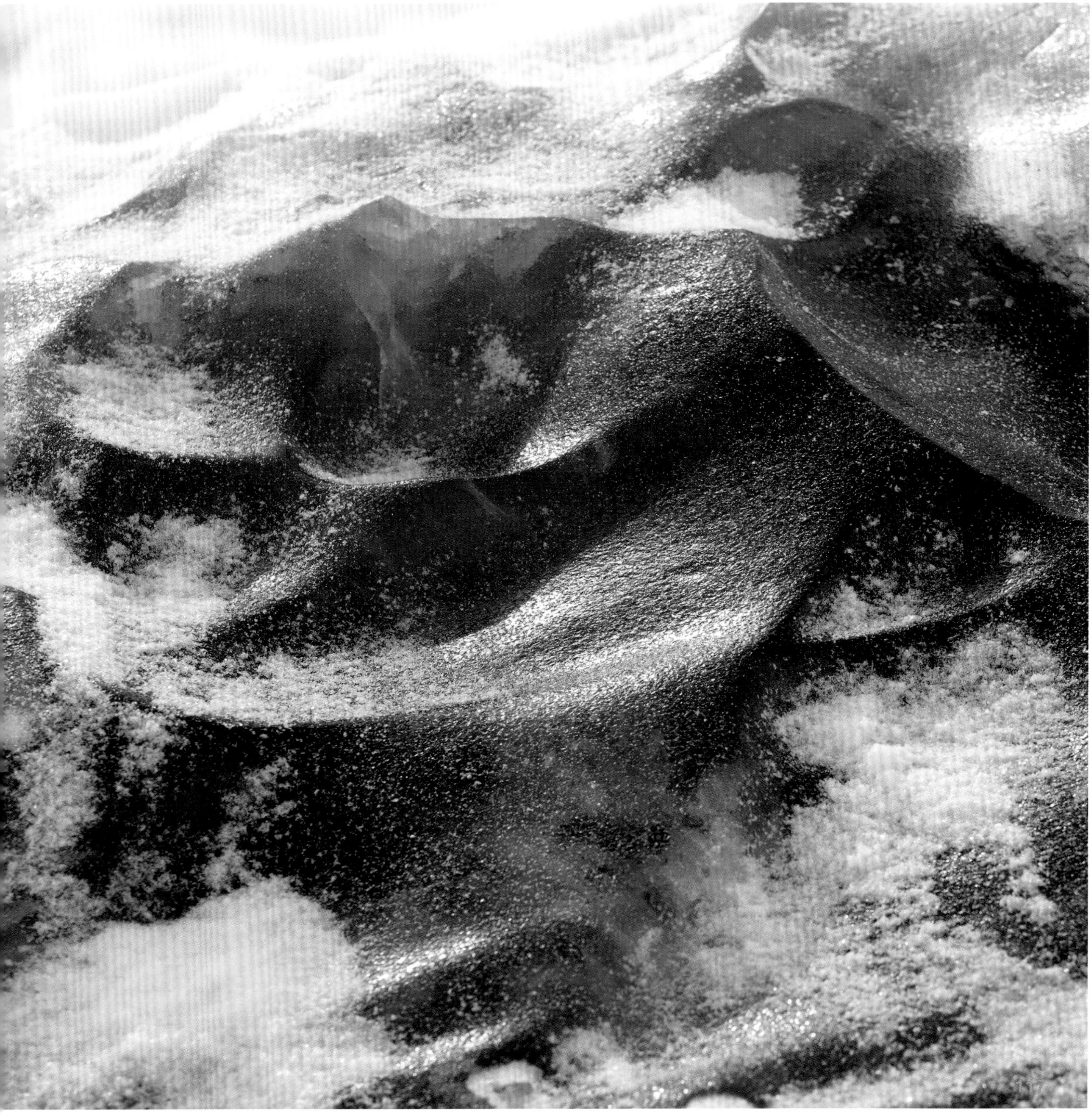

Rd 3: Wie Rd 1 str = 71(79)83(89) Ärmelmaschen zwischen den Abnahmen.
Rd 4: Wie Rd 2.

Die Abn insg 14 Mal in jeder 2. Rd str = 28 R.
Nach einer „geraden“ Rd enden.
Der Ärmel hat dann 49(57)61(67) M.

Rd 1: Am Anfang der Rd 3 M li zus str – das Vordertei bis 3 M vor die Markierung str – 3 M li zus – 3 M li zus - 43(51)55(61) M über den Ärmel str – 3 M li zus – 3 M li zus – den Rücken bis 3 M vor die Markierung str – 3 M li zus – 3 M li zus – 43(51)55(61) M über den Ärmel str – 3 M li zus.

Rd 2: Im Muster str.
Rd 3: Vor und nach der Markierung 2 M li zus.
Rd 4: Im Muster str.
Rd 5: Vor und nach der Markierung 2 M li zus.
Rd 6: Im Muster str.

Rd 1 - Rd 5 noch ein Mal str.
Ärmel = 33(41)45(51) M.

Für den HALSAUSSCHNITT in Rd 6 abk.
Bis zu den 5 mittleren Vorderteilmaschen str – diese M abk – Rd wie bisher zu Ende str. Den Faden abschneiden.
Die M bis zur vorderen Mitte auf die rechte Nd heben, ohne sie zu str. In der Mitte vom Vorderteil, bei den abgeketteten M, mit einer RückR beg.

Beim Abketten die 1. M nicht zu fest und mit dem Faden vor der Arbeit li abh.
Für die Raglanabnahmen nun in den RückR 2 M oder 3 M re zus str.

Reihe 1 (RückR): Am Anfang der R 2 M abk und die R mit Abn zu Ende str:
Vor und nach den Markierungen 3 M re zus.
Wenden.
Reihe 2: 2 M abk – R zu Ende str.
Reihe 3: 2 M abk – weiterstr und vor und nach den Markierungen 2 M re zus str.
Reihe 4: Wie Reihe 2.
Reihe 5: Wie Reihe 3.
Reihe 6: Wie Reihe 2.
Ärmel = 25(33)37(43) M.

Reihe 1 – 6 insg 3(3)4(4) Mal str.
Ärmel = 9(17)13(19) M.
Wie bisher mit Abk und Abn so lange weiterstr wie es für die Raglanabnahmen möglich ist.
Nach einer HinR enden. Alle M abk.

FERTIGSTELLUNG

Die Fäden vernähen.
Die Löcher unter den Ärmeln zusammen nähen.

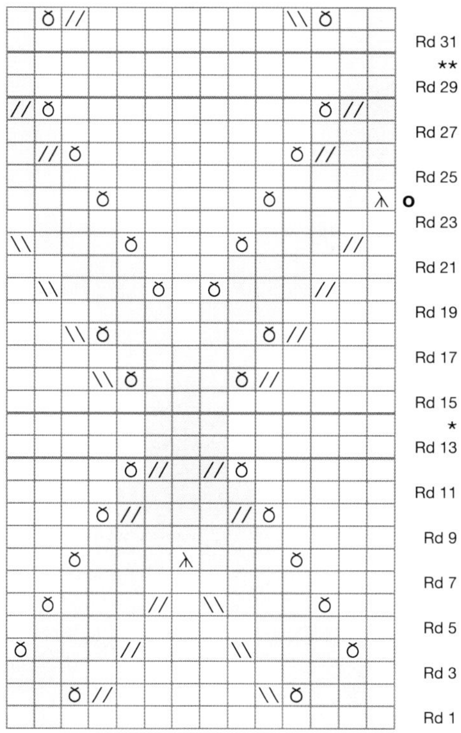

□ = re M

□ = li M

// = 2 M li zus

// = 2 M re zus

\\ = 2 M re verschr zus

ŏ = 1 neue M re, den Faden zw zwei M re verschr strr

ŏ = 1 neue M li, den Faden zw zwei M li verschr str

⅄ = 1 M abh – 2 M re zus – die abgeh M über die zus gestr M heben

o = Am Anfang der Rd wird hier die letzte M aus der letzten Rd „ausgeliehen“

* = Rd 13 und Rd 14 insg 6 Mal str = 12 R

** = Rd 29 und Rd 30 insg 6 Mal str = 12 R

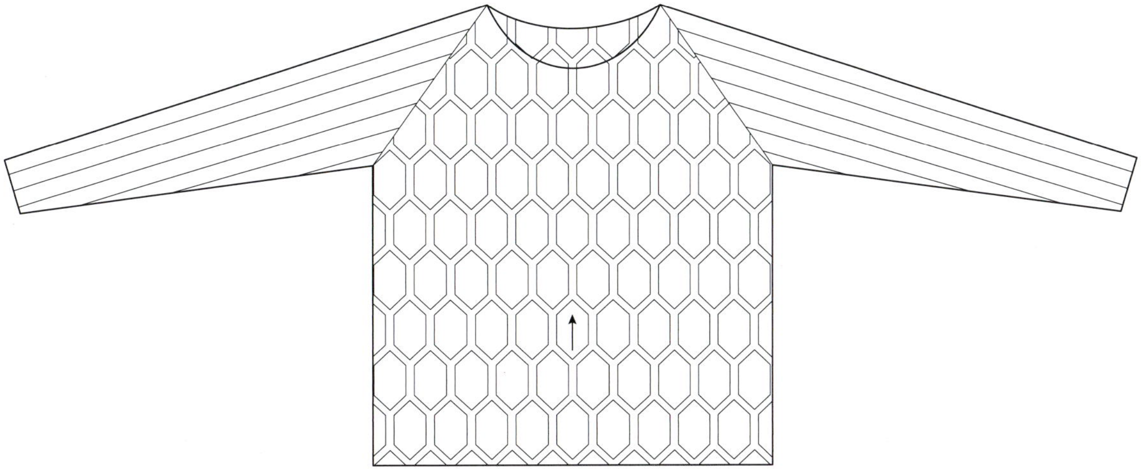

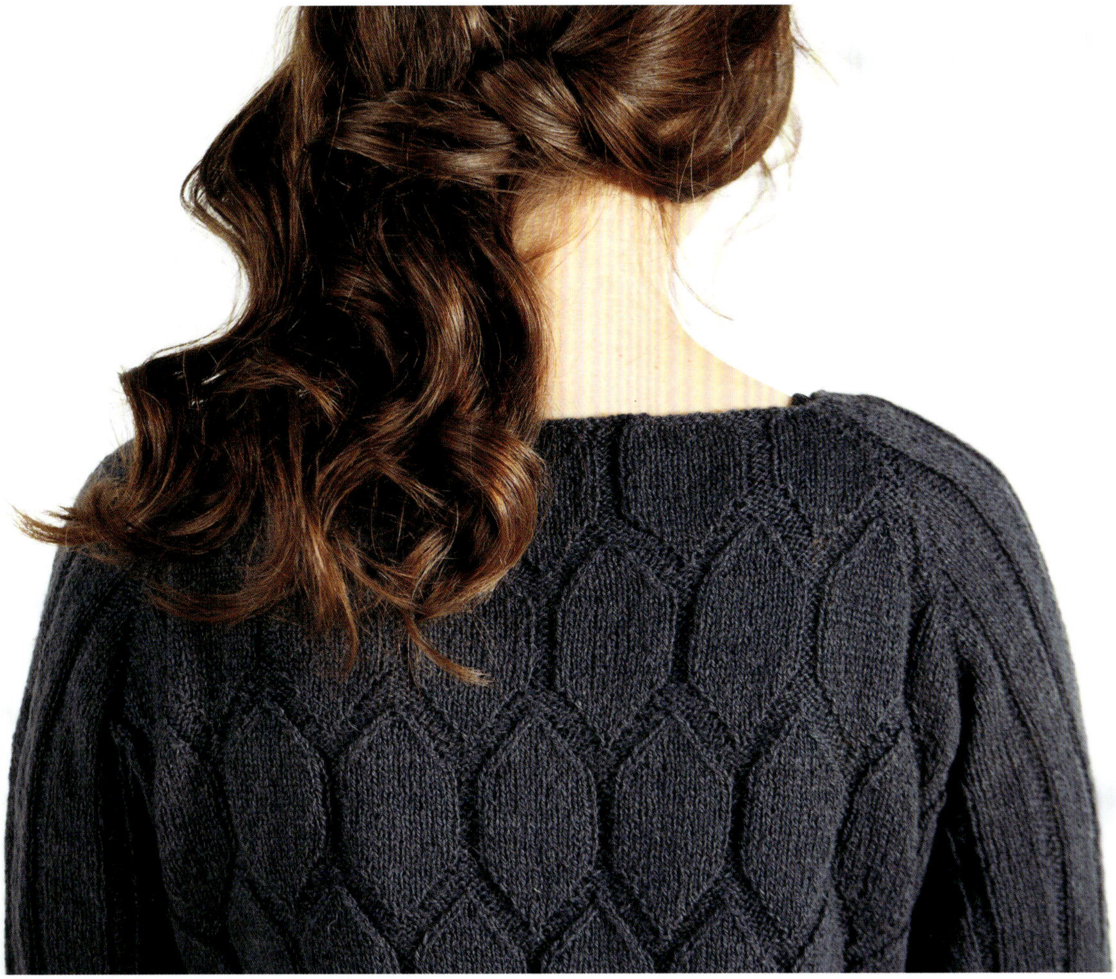

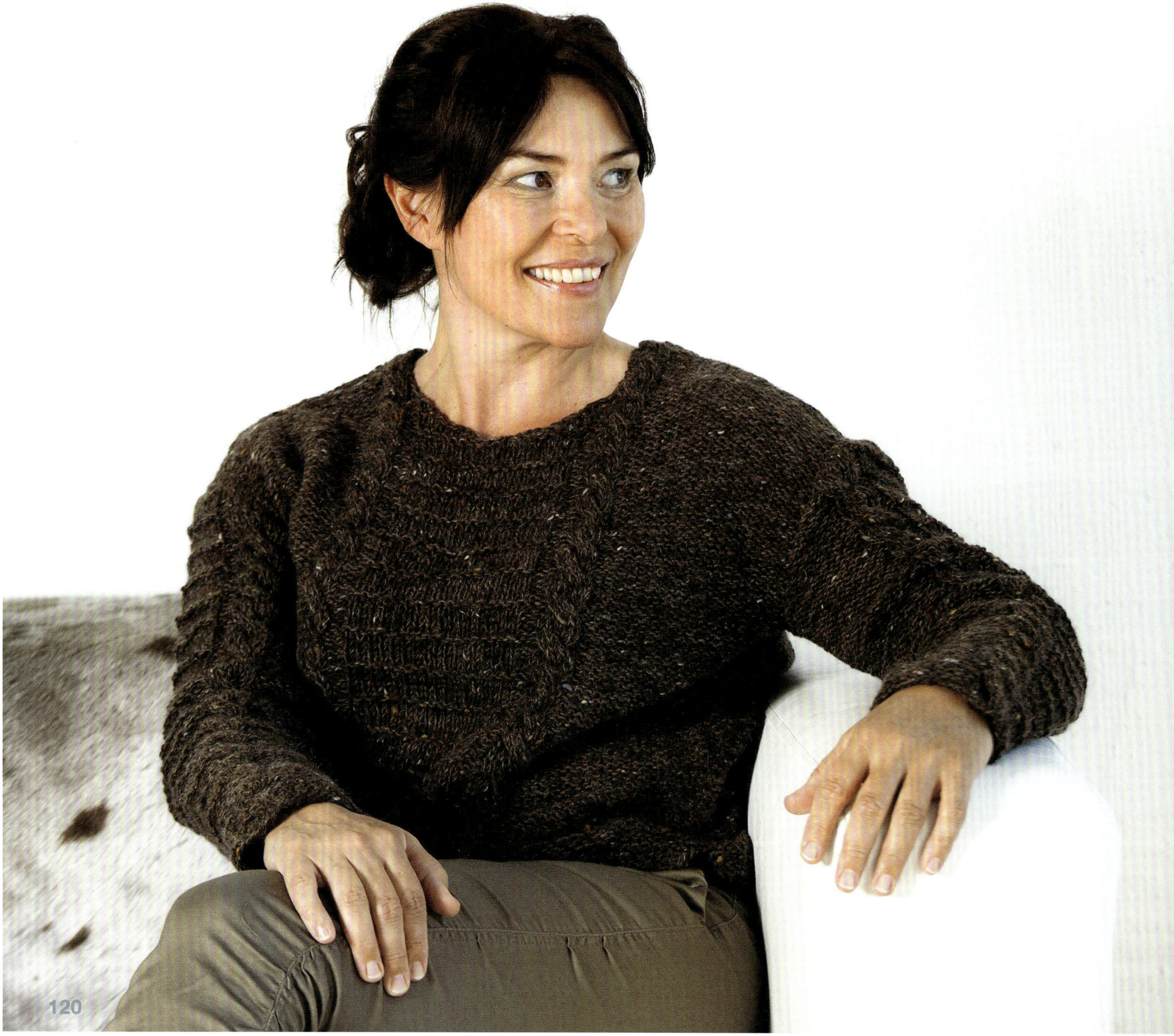

STEINHAUFEN

INUSSUK

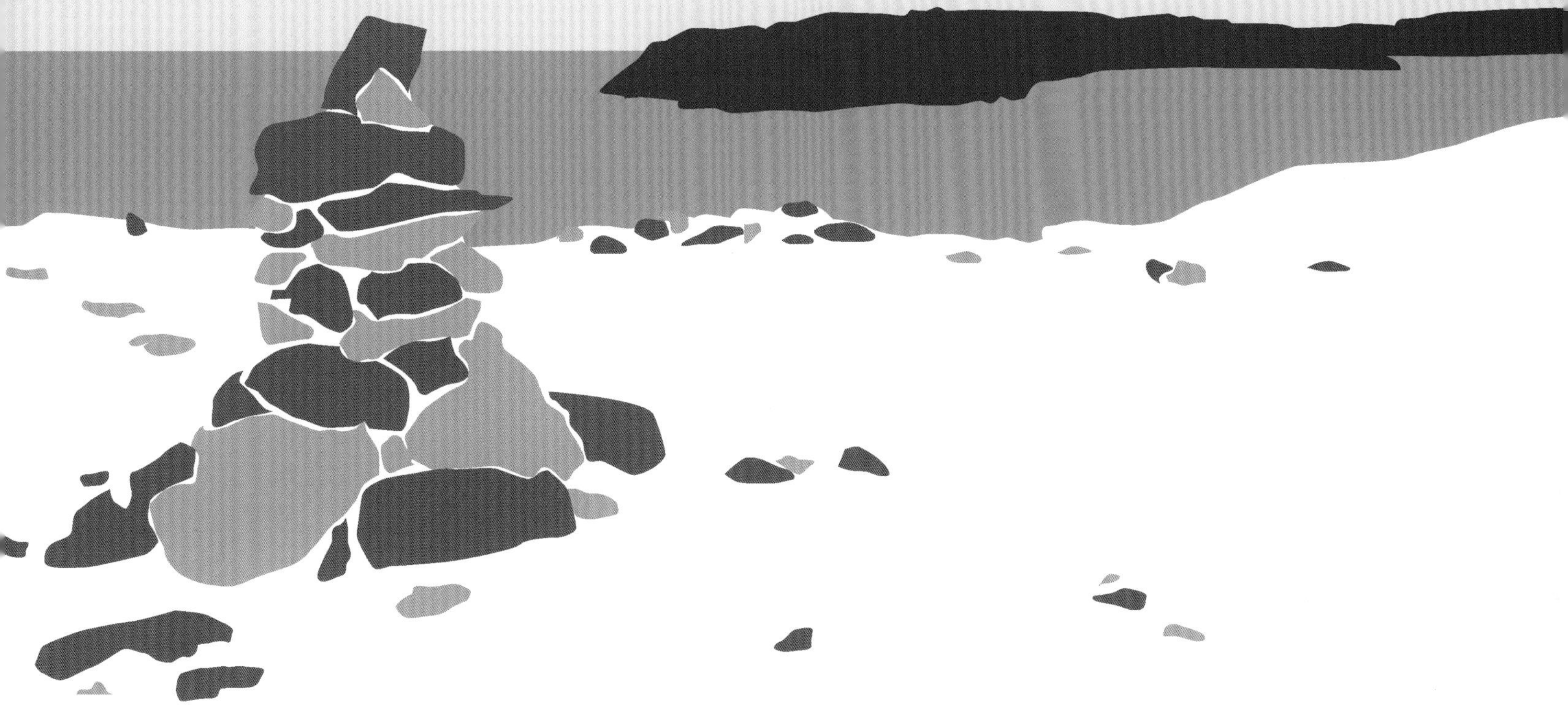

Gr: S(M)L(XL)

Halbe Oberweite: 48(52)56(60) cm
Länge: 54 cm
Innere Ärmellänge: 41 cm

Material:
200(250)250(300) g Irish Tweed 2703
200(250)250(300) g Irish Tweed 2707
Beide Farben zusammen verstricken

Rundnadel Nr. 5½

Maschenprobe in glatt rechts:
10 cm = 15 M und 21 R

RÜCKEN

77(83)89(95) M mit Nd Nr. 5½ anschl.
In Reihen hin und her str.

A: 3 M auf eine Hilfsnd hinter die Arbeit legen – 3 M re str – die 3 M von der Hilfsnd re str.

RAND:
Reihe 1 (RückR): 1 M mit dem Faden vor der M abh = FV – 21(24)26(29) M re – 6 M li – 21(21)23(23) M re – 6 M li – 22(25)27(30) M re.
Reihe 2: FV – 76(82)88(94) M re.
Reihe 3: Wie Reihe 1.
Reihe 4: Wie Reihe 2.
Reihe 5: Wie Reihe 1.
Reihe 6: FV – 21(24)26(29) M re – A – 21(21)23(23) M re – A – 22(25)27(30) M re.

MUSTER:
Reihe 1 (RückR): 22(25)27(30) M re – 6 M li – 2 M re – 17(17)19(19) M li – 2 M re – 6 M li – 22(25)27(30) M re.
Reihe 2: 1 M re – 21(24)26(29) M li – 6 M re – 2 M li – 17(17)19(19) M re – 2 M li – 6 M re – 21(24)26(29) M li – 1 M re.
Reihe 3: Wie Reihe 1.
Reihe 4: Wie Reihe 2.
Reihe 5: Wie Reihe 1.
Reihe 6: 1 M re – 21(24)26(29) M li – A – 21(21)23(23) M li – A – 21(24)26(29) M li – 1 M re.
Im Muster weiterstr, bis der RÜCKEN ca 50 cm misst.
Im Muster weiterstr.
Für die Schulterschrägen am Anfang jeder R abk:

Gr. S(M)L:
Beidseitig 2(0)0 Mal 3 M abk = 65(83)89 M.
Beidseitig 1(3)3 Mal 4 M abk = 57(59)65 M.

Gr. (XL):
Beidseitig 3 Mal 5 M abk = 65 M.

Nun die mittleren 19(19)21(21) M für den Nacken abk:
4(4)5(5) M am Anfang der R abk – 15(16)17(17) M im Muster str (die erste M ist bereits auf der Nd) – 19(19)21(21) M abk – 19(20)22(22) M im Muster str (die erste M ist bereits auf der Nd).
Jede Seite für sich fertig str.

Am Anfang der R ab Ärmelseite 2 Mal 4(4)5(5) M abk = 11(12)12(12) M. Die letzten M ab Halsseite abk.

Die zweite Seite str.
Am Nacken beg: 15(16)17(17) M str. Am Anfang der R ab Ärmelseite 4(4)5(5) M abk = 11(12)12(12) M.
Die letzten M ab Halsseite abk.

VORDERTEIL

Wie den RÜCKEN str, bis die Arbeit ca. 45 cm misst.

In einer RückR die 3 mittleren M für den Halsausschnitt abk: 37(40)43(46) M im Muster str – 3 M abk – 37(40)43(46) M im Muster str (die erste M ist bereits auf der Nd).
Jede Seite für sich fertig str.

Beim Abketten die erste M mit dem Faden vor der Arbeit abk = Kettmaschen. Auf diese Weise wird die Abkettrundung gleichmäßiger und nicht so „stufig".

Ab Halsseite 1(1)2(2) Mal 3 M abk = 34(37)37(40) M.
Ab Halsseite 2(2)1(1) Mal 2 M abk = 30(33)35(38) M.
Ab Halsseite 1 Mal 1 M abk = 29(32)34(37) M.

Für die Schulterschrägen ab Ärmelseite wie beim Rücken abk.
2(0)0(0) Mal 3 M abk = 23(32)34(37) M.
3(5)3(0) Mal 4 M abk = 11(12)22(37) M.
0(0)2(5) Mal 5 M abk = 11(12)12(12) M.
Die letzten M abk.
Die zweite Seite str.
Am Halsausschnitt mit dem Abk beg.

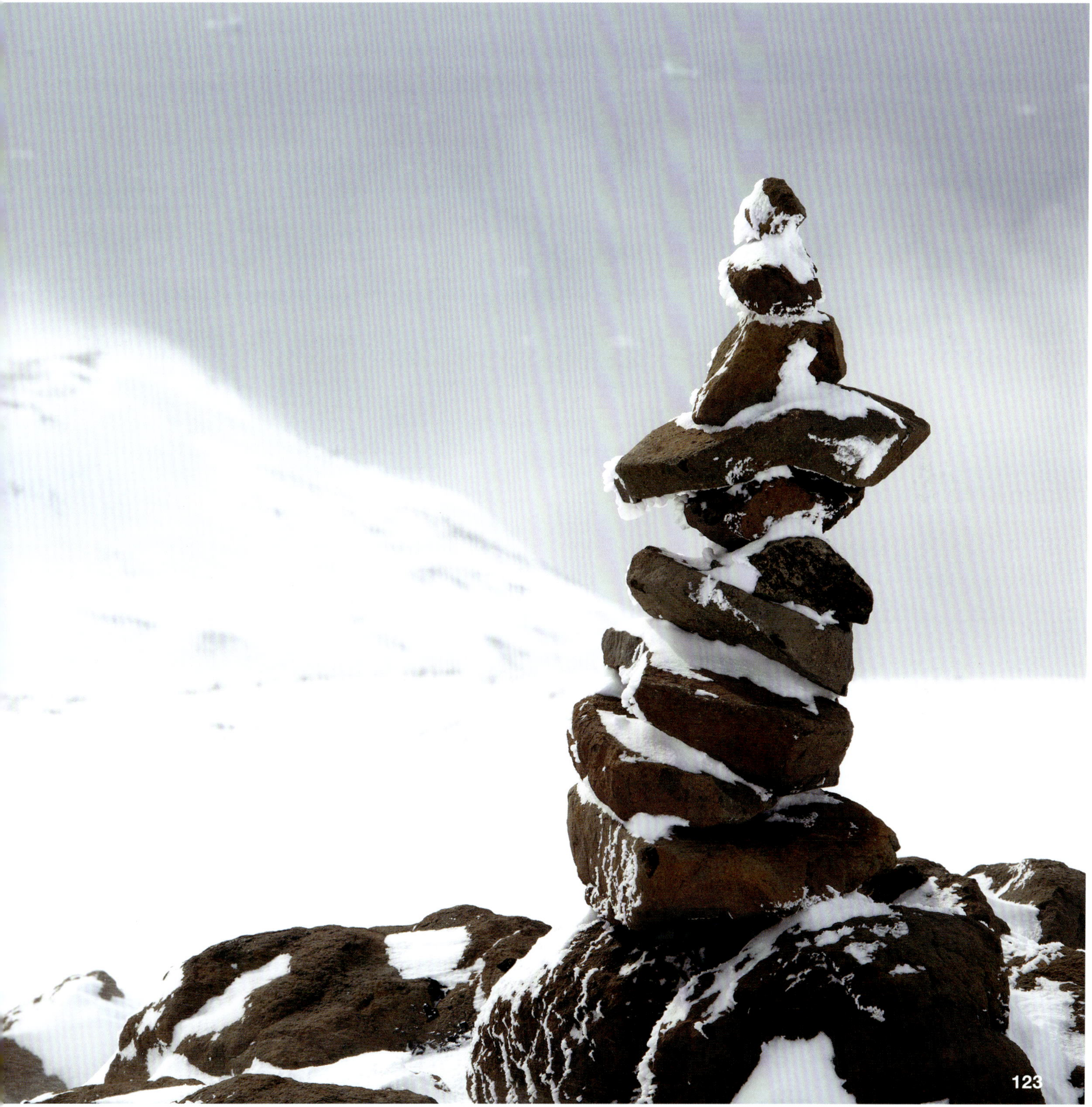

ÄRMEL

39(41)45(47) M mit Nd Nr. 5½ anschl. In Reihen hin und her str.

RAND:

Reihe 1 (RückR): 10(11)12(13) M re – 6 M li – 7(7)9(9) M re – 6 M li – 10(11)12(13) M re.
Reihe 2: 39(41)45(47) M re.
Reihe 3: Wie Reihe 1.
Reihe 4: Wie Reihe 2.
Reihe 5: Wie Reihe 1.
Reihe 6: 10(11)12(13) M re – A – 7(7)9(9) M re – A – 10(11)12(13) M re.

MUSTER:

Reihe 1 (RückR): 10(11)12(13) M re – 6 M li – 2 M re – 3(3)5(5) M li – 2 M re – 6 M li – 10(11)12(13) M re.
Reihe 2: 1 M re – 9(10)11(12) M li – 6 M re – 2 M li – 3(3)5(5) M re – 2 M li – 6 M re – 9(10)11(12) M li – 1 M re.
Reihe 3: Wie Reihe 1.
Reihe 4 mit Zun in der Mitte: 1 M re – 9(10)11(12) M li – 6 M re – 2 M li – 1 M re – 1 neue M re, dafür den Querfaden zw zwei M auf die li Nd heben und re str – 1(1)3(3) M re – 1 neue M re – 1 M re – 2 M li – 6 M re – 9(10)11(12) M li – 1 M re = 41(43)47(49) M .
Reihe 5: 10(11)12(13) M re – 6 M li – 2 M re – 5(5)7(7) M li – 2 M re – 6 M li – 10(11)12(13) M re.
Reihe 6: 1 M re – 9(10)11(12) M li – A – 9(9)11(11) M li – A – 9(10)11(12) M li – 1 M re.
Reihe 7: Wie Reihe 5.
Reihe 8: 1 M re – 9(10)11(12) M li – 6 M re – 2 M li – 5(5)7(7) M re – 2 M li – 6 M re – 9(10)11(12) M li – 1 M re.
Reihe 9: Wie Reihe 5.
Reihe 10: Wie Reihe 8.
Reihe 11: Wie Reihe 5.
Reihe 12: Wie Reihe 6.

Reihe 13: Wie Reihe 5.
Reihe 14: Wie Reihe 8.
Reihe 15: Wie Reihe 5.
Reihe 16 mit Zun in der Mitte + an der Seite: 1 M re – 1 neue M li, dafür den Querfaden zw zwei M auf die li Nd heben und li str – 9(10)11(12) M li – 6 M re – 2 M li – 1 M re – 1 neue M re, dafür den Querfaden zw zwei M re verschr str – 3(3)5(5) M re – 1 neue M re – 1 M re – 2 M li – 6 M re – 9(10)11(12) M li – 1 neue M li – 1 M re = 45(47)51(53) M.

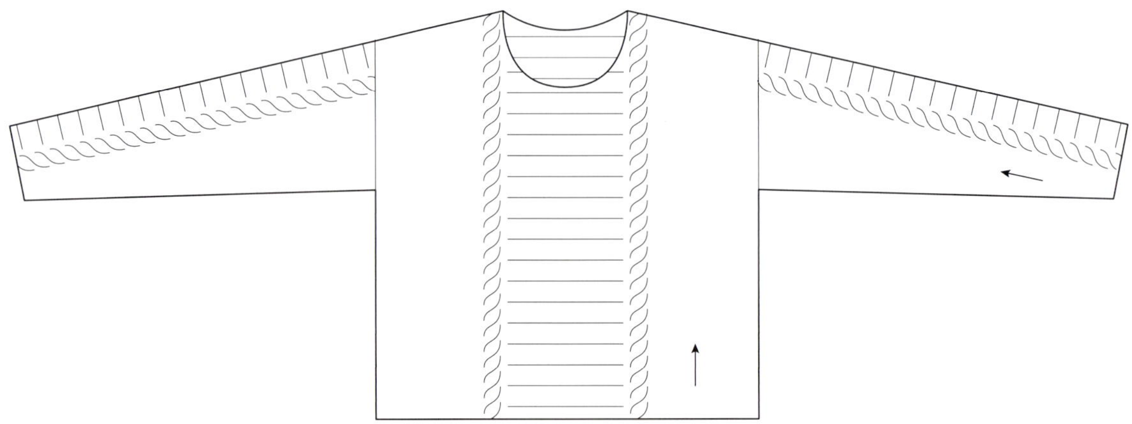

Reihe 17: 11(12)13(14) M re – 6 M li – 2 M re – 7(7)9(9) M li – 2 M re – 6 M li – 11(12)13(14) M re.
Reihe 18: 1 M re – 10(11)12(13) M li – A – 11(11)13(13) M li – A – 10(11)12(13) M li – 1 M re.

Reihe 19: Wie Reihe 17.
Reihe 20: 1 M re – 10(11)12(13) M li – 6 M re – 2 M li – 7(7)9(9) M re – 2 M li – 6 M re – 10(11)12(13) M li – 1 M re.
Reihe 21: Wie Reihe 17.
Reihe 22: Wie Reihe 20.
Reihe 23: Wie Reihe 17.
Reihe 24: Wie Reihe 18.

Im MUSTER weiterstr.
Die Zun in den mittleren Rechtsmaschen in jeder 12. R wdh.
In jeder 24. R zusätzlich Zun an den Seiten str.
Weiterstr, bis in der Mitte des Ärmels (15)17(17) re M sind und 13(14)15(16) M vor dem Zopf = 57(59)63(65) M.
11 R im Muster str.
Die letzte Zun in der Mitte und an den Seiten str = 4 neue M = 61(63)67(69) M.

Ohne Zun str, bis der Ärmel 41 cm misst. Gerne bis 1 R nach der Rippe.

Im Muster weiterstr.
Beidseitig am Anfang der R 3 M abk, bis noch 13(15)13(15) M übrig sind.
Alle M abk.

Den zweiten Ärmel auf die gleiche Weise str.

FERTIGSTELLUNG

Die Schulternähte zusammennähen.
Die Ärmel an den Körper nähen.
Die Seitennähte bis auf den unteren, kleinen Rand zusammennähen.
Die Ärmelnähte zusammennähen.
Die Fäden vernähen.

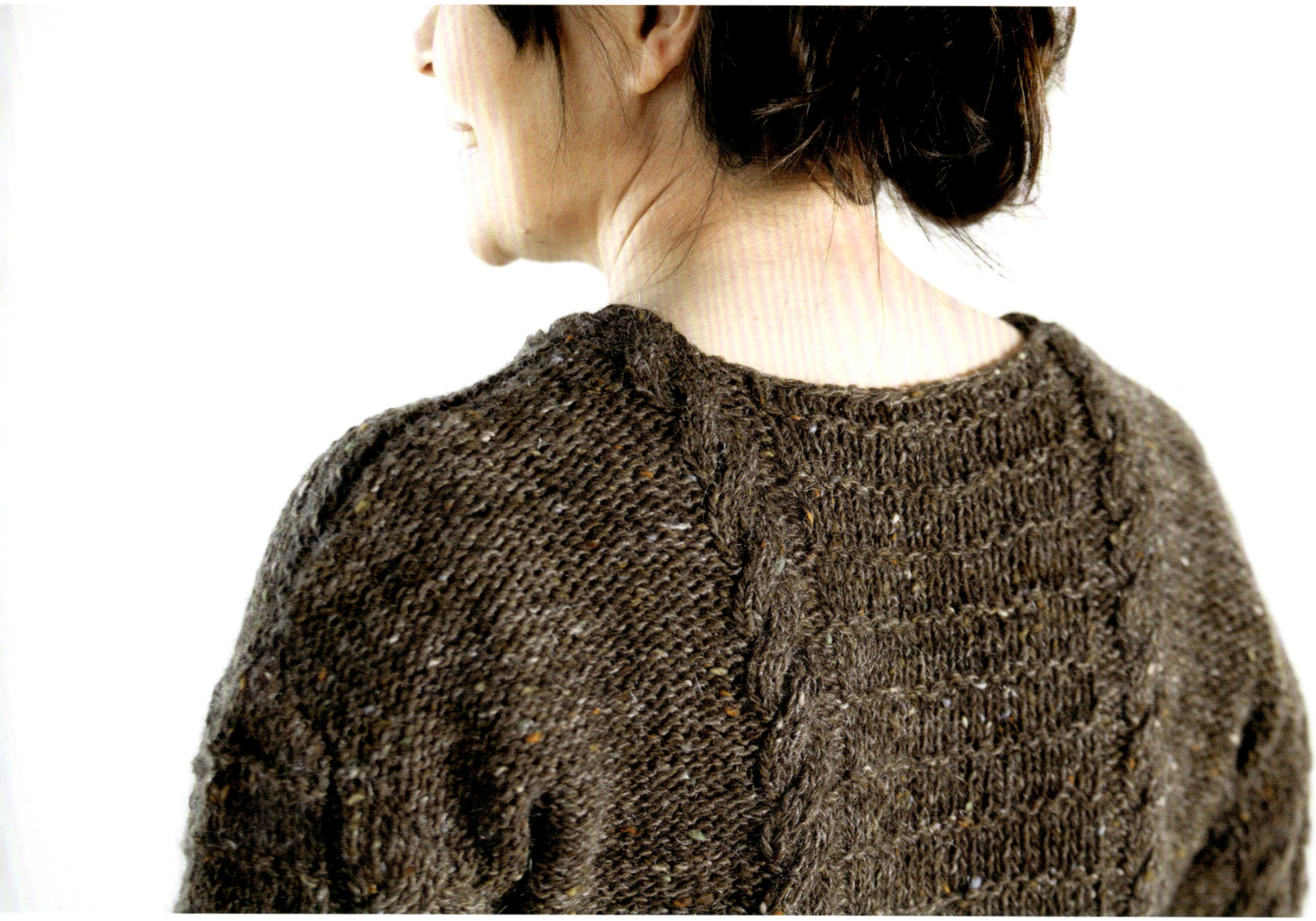

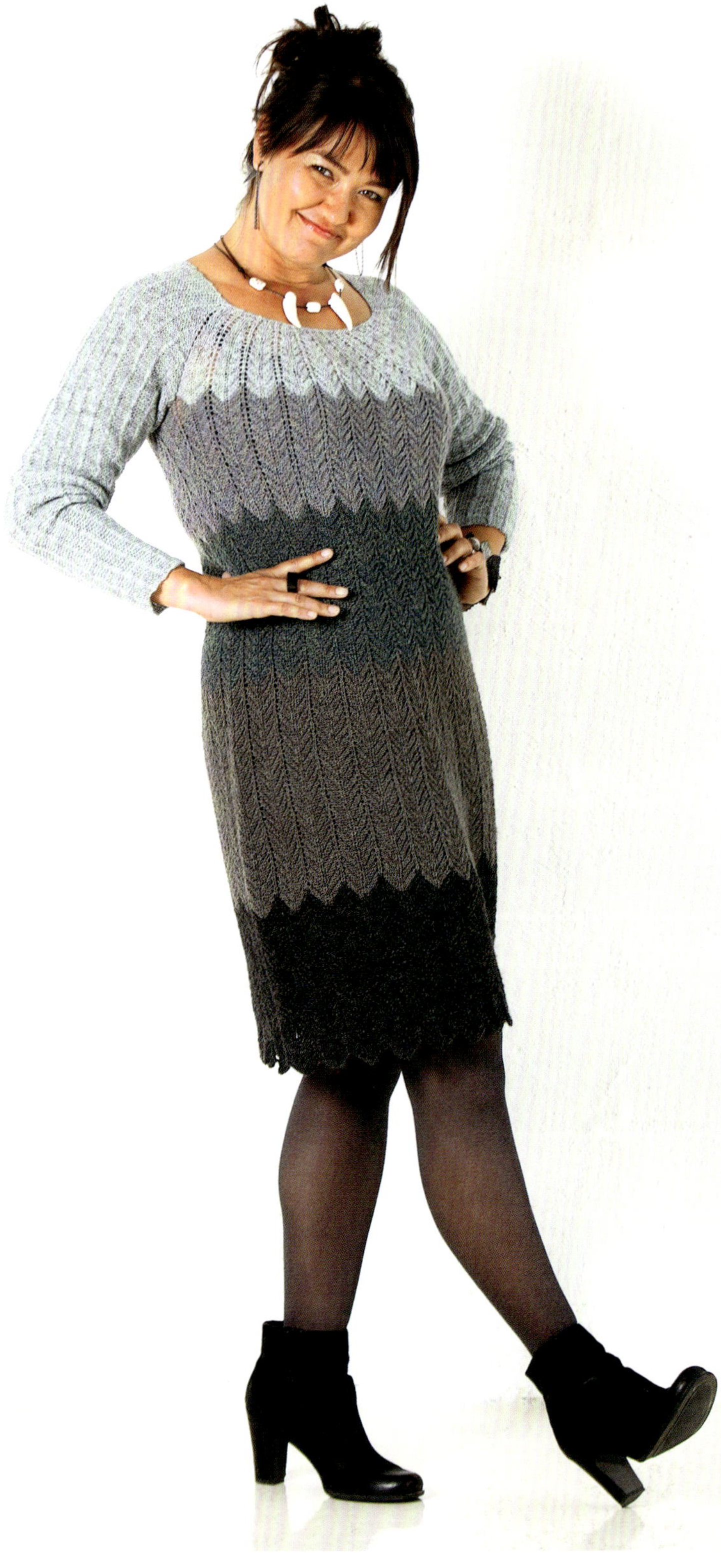

WEITE

NUNARSUAQ ISORARTOOQ

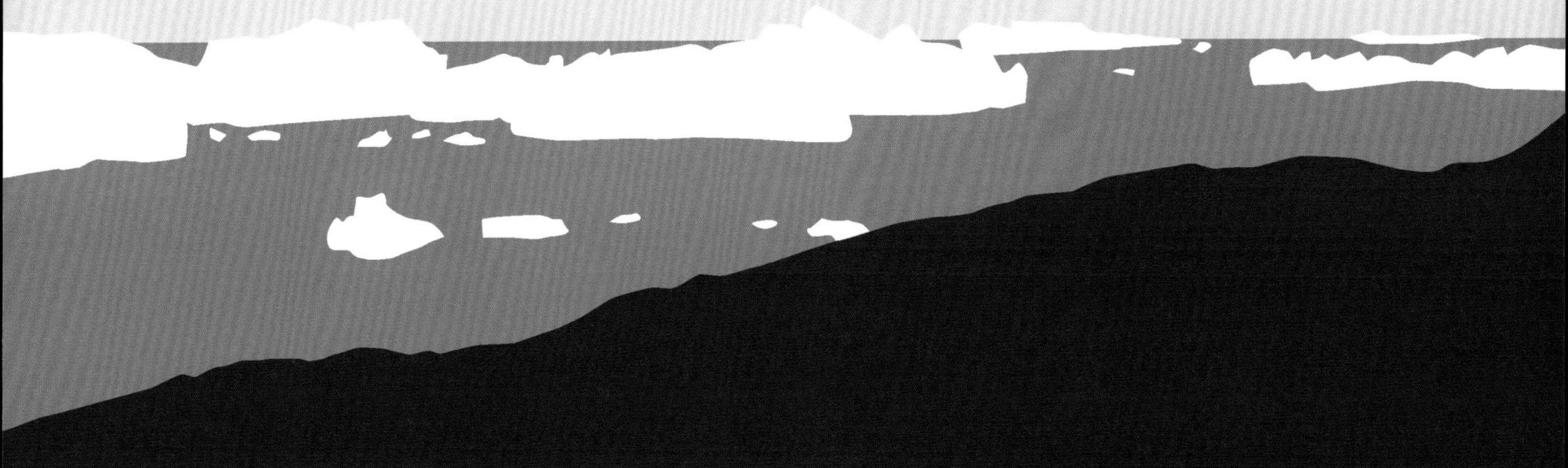

Gr.: S(M)L(XL)

Halbe Oberweite: 44(48)52(56) cm
Länge: 85(86)87(88) cm
Innere Ärmellänge: 41 cm
Halbe Weite unterer Rand: 54(59)57(62) cm

Material:
A: 100 g Highland Charcoal
B: 100 g Tvinni Farbe 23s
C: 59(59)100(100) g Highland Farbe Ocean
D: 50 g Highland Sky
E: 150 g Tvinni Farbe 10s

Rund- und Strumpfnadeln Nr. 3

Maschenprobe in glatt rechts:
10 cm = 28 M und 36 R
Maschenprobe im Körpermuster – ohne Nd und quer über das Zick-Zack-Muster gemessen:10 cm = 42 M und 40 R
Maschenprobe im Ärmelmuster:
10 cm = 28 M und 46 R

KÖRPER

396(432)416(448) mit A und Rundnadel Nr. 3 anschlagen.
In Runden str.

Rd 1: *1 M re – 8(8)7(7) M li*. Von * bis * wdh.
Rd 2: *1 M re – 2 M li zus – 6(6)5(5) M li – U – 1 M re – U – 6(6)5(5) M li – 2 M li zus*. Von * bis * wdh.
Rd 3: 396(432)416(448) M re.
Rd 4: *1 M re – 2 M re zus – 6(6)5(5) M re – U – 1 M re – U – 6(6)5(5) M re – 2 M re verschr zus*. Von * bis * wdh.

Rd 1 - Rd 4 wdh, bis die Arbeit ca. 19(19)20(20) cm misst. Nach einer Rd 2 enden.
A abschneiden.

Zu B wechseln.
Rd 3 - Rd 4 str.
Rd 1 - Rd 4 wdh, bis die Arbeit ca. 26(26)36(36) cm misst. Nach einer Rd 3 enden.
Gr.(L)XL: Weiterlesen bei 2. ABNAHME
Gr. S(M):
1. ABNAHME:
Rd 4: *1 M re – 3 M re zus – 5 M re – U – 1 M re – U – 5 M re – 3 M re verschr zus*. Von * bis * wdh = 352(384) M.

Rd 5: *1 M re – 7 M li*. Von * bis * wdh.
Rd 6: *1 M re – 2 M li zus – 5 M li – U – 1 M re – U – 5 M li – 2 M li zus*. Von * bis * wdh.
Rd 7: 352(384) M re.
Rd 8: *1 M re – 2 M re zus – 5 M re – U – 1 M re – U – 5 M re – 2 M re verschr zus*. Von * bis * wdh.

Rd 5 – 8 wdh, bis die Arbeit insg ca. 36 cm misst. Nach einer Rd 7 enden.

2. ABNAHME:
Rd 8: *1 M re – 3 M re zus – 4 M re – U – 1 M re – U – 4 M re – 3 M re verschr zus*.
Von * bis * wdh.= 308(336)364(392) M.

Rd 9: *1 M re – 6 M li*. Von * bis * wdh.
Rd 10: *1 M re – 2 M li zus – 4 M li – U – 1 M re – U – 4 M li – 2 M li zus*. Von * bis * wdh.
Rd 11: 308(336)364(392) M re.
Rd 12: *1 M re – 2 M re zus – 4 M re – U – 1 M re – U – 4 M re – 2 M re verschr zus*.
Von * bis * wdh.

Rd 9 - Rd 12 wdh, bis die Arbeit ca. 40 cm misst. Nach einer Rd 10 enden.
B abschneiden.

Zu C wechseln.
Rd 11 – 12 str.
Rd 9 –12 wdh, bis die Arbeit insg ca 46 cm misst. Nach einer Rd 11 enden.

3. ABNAHME:
Rd 12: *1 M re – 3 M re zus – 3 M re – U – 1 M re – U – 3 M re – 3 M re verschr zus*.
Von * bis * wdh. = 264(288)312(336) M.

Rd 13: *1 M re – 5 M li*. Von * bis * wdh.
Rd 14: *1 M re – 2 M li zus – 3 M li – U – 1 M re – U – 3 M li – 2 M li zus*.
Von * bis * wdh.
Rd 15: 264(288)312(336) M re.
Rd 16: *1 M re – 2 M re zus – 3 M re – U – 1 M re – U – 3 M re – 2 M re verschr zus*.
Von * bis * wdh.

Rd 13 - Rd 16 wdh, bis die Arbeit ca. 53 cm misst. Nach einer Rd 15 enden.

1. ZUNAHME:
Rd 16: *6 M re – U – 1 M re – U – 5 M re*. Von * bis * wdh = 308(336)364(392) M.

Rd 17: *1 M re – 6 M li*. Von * bis * wdh.
Rd 18: *1 M re – 2 M li zus – 4 M li – U – 1 M re – U – 4 M li – 2 M li zus*. Von * bis * wdh.
Rd 19: 308(336)364(392) M re.

Rd 20: *1 M re – 2 M re zus – 4 M re – U – 1 M re – U – 4 M re – 2 M re verschr zus*.
Von * bis * wdh.

Rd 17 – 20 wdh, bis die Arbeit ca. 55 cm misst. Nach einer Rd 18 enden.
C abschneiden.

Zu D wechseln.
Rd 19 – 20 str.
Rd 17 – 20 wdh, bis die Arbeit ca. 66 cm misst. Nach einer Rd 17 enden.

In Rd 18 für die Armausschnitte abk:
Die ersten 7 M abk.
Das Muster mit Abn und Zun wie bisher str, bis nach dem Abk 141(155)169(183) M auf der Nd sind.
13 M abk.
Das Muster mit Abn und Zun wie bisher str, bis nach dem Abk 141(155)169(183) M auf der Nd sind. 6 M abk.
D abschneiden.

Vorderteil und Rücken für sich str.

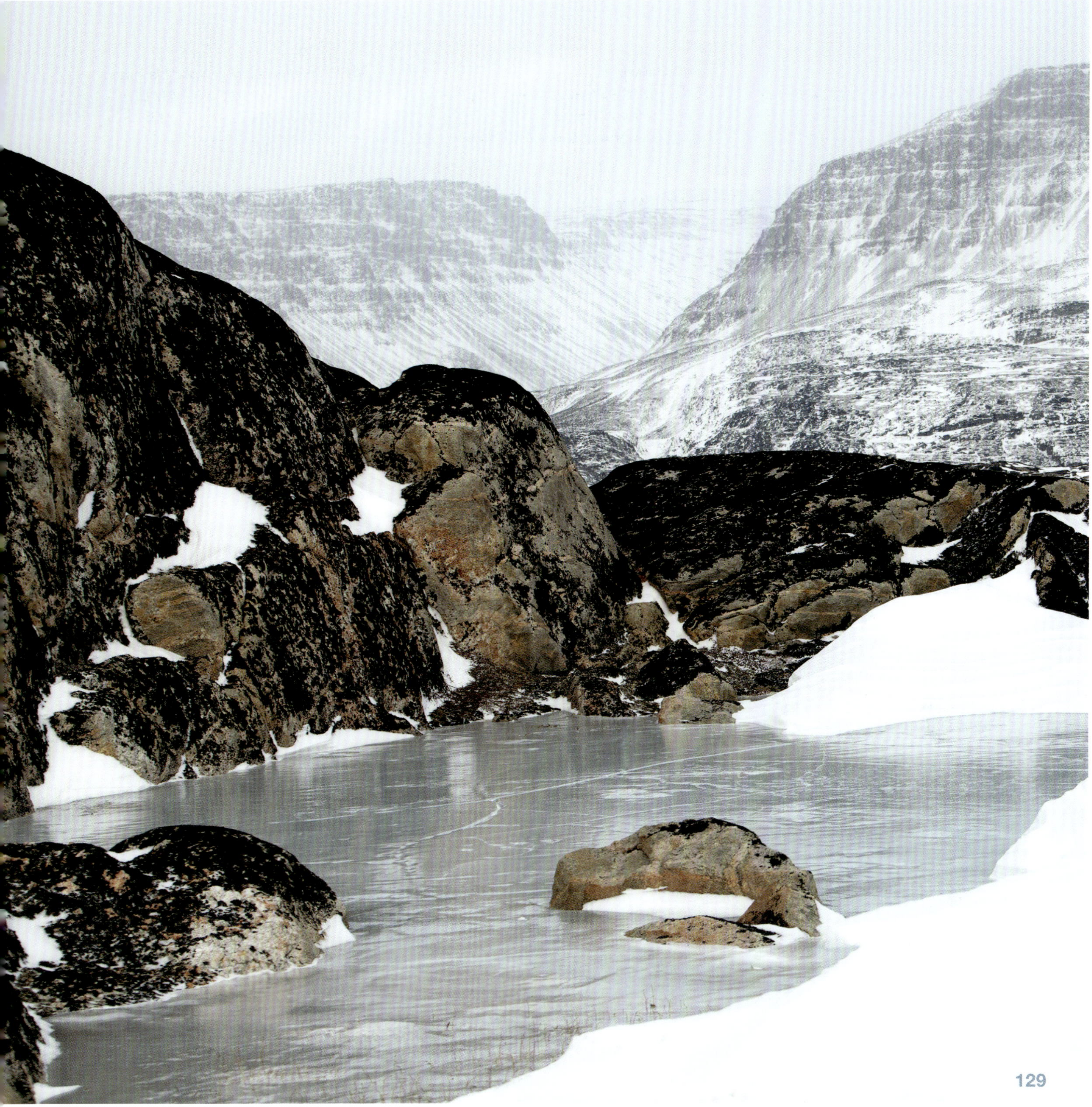

VORDERTEIL

Zu E wechseln. In Reihen hin und her str. Mit einer RückR beg.

Reihe 1 (RückR): 1 M re – 139(153)167(181) M li – 1 M re.

Reihe 2: *1 M re – U – 4 M re – 2 M re verschr zus – 1 M re – 2 M re zus – 4 M re – U*. Von * bis * wdh. Enden mit 1 M re.

Reihe 3: 7 M re – *1 M li – 6 M re*. Von * bis * wdh. Enden mit 1 M re.

Reihe 4: *1 M re – U – 4 M li – 2 M li zus – 1 M re – 2 M li zus – 4 M li – U*. Von * bis * wdh. Enden mit 1 M re.

Wieder Reihe 1 – 4 str.
Reihe 1 str. Es sind nun 9 R gestr.

1. ABNAHME: *1 M re – U – 3 M re – 3 M re verschr zus – 1 M re – 3 M re zus – 3 M re – U*. Von * bis * wdh. Enden mit 1 M re = 121(133)145(157) M.

Reihe 5: 6 M re – *1 M li – 5 M re*. Von * bis * wdh. Enden mit 1 M re.

Reihe 6: *1 M re – U – 3 M li – 2 M li zus – 1 M re – 2 M li zus – 3 M li – U*. Von * bis * wdh. Enden mit 1 M re.

Reihe 7: 1 M re – 119(131)143(155) M li – 1 M re.

Reihe 8: *1 M re – U – 3 M re – 2 M re verschr zus – 1 M re – 2 M re zus – 3 M re – U*. Von * bis * wdh. Enden mit 1 M re.

Reihe 5 – 7 str.

2. ABNAHME: *1 M re – U – 2 M re – 3 M re verschr zus – 1 M re – 3 M re zus – 2 M re – U*. Von * bis * wdh. Enden mit 1 M re = 101(111)121(131) M.

Reihe 9: 5 M re – *1 M li – 4 M re*. Von * bis * wdh. Enden mit 1 M re.

Reihe 10: *1 M re – U – 2 M li – 2 M li zus – 1 M re – 2 M li zus – 2 M li – U*.

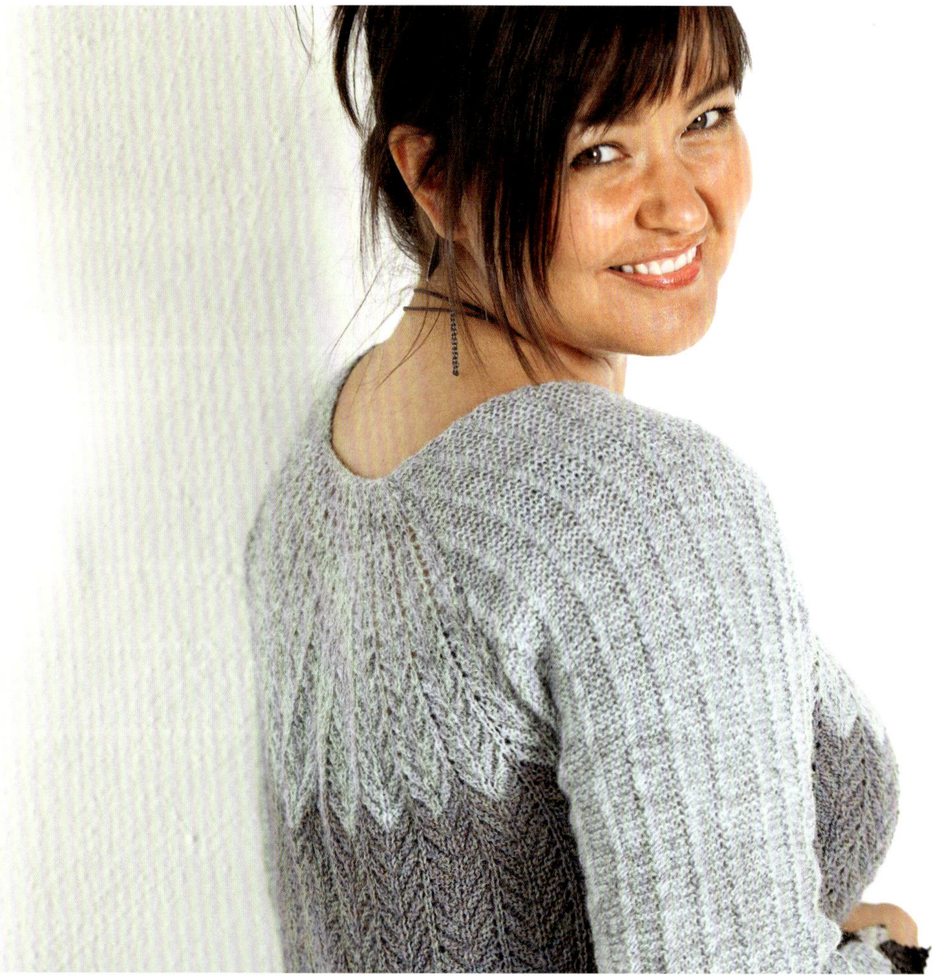

Von * bis * wdh. Enden mit 1 M re.
Reihe 11: 1 M re – 99(109)119(129) M li – 1 M re.
Reihe 12: *1 M re – U – 2 M re – 2 M re verschr zus – 1 M re – 2 M re zus – 2 M re – U*.
Von * bis * wdh. Enden mit 1 M re.

Reihe 9 – 11 str.

3. ABNAHME: *1 M re – U – 1 M re – 3 M re verschr zus – 1 M re – 3 M re zus – 1 M re – U*.
Von * bis * wdh. Enden mit 1 M re = 81(89)97(105) M.

Reihe 13: 4 M re – *1 M li – 3 M re*.
Von * bis * wdh. Enden mit 1 M re.
Reihe 14: *1 M re – U – 1 M li – 2 M li zus – 1 M re – 2 M li zus – 1 M li – U*.
Von * bis * wdh. Enden mit 1 M re.
Reihe 15: 1 M re – 79(87)95(103) M li – 1 M re.
Reihe 16: *1 M re – U – 1 M re – 2 M re verschr zus – 1 M re – 2 M re zus– 1 M re – U*.
Von * bis * wdh. Enden mit 1 M re.

Reihe 13 – 15 str.

4. ABNAHME: *1 M re – U – 3 M re verschr zus – 1 M re – 3 M re zus – U*. Von * bis * wdh. Enden mit 1 M re = 61(67)73(79) M.

Reihe 17: 3 M re – *1 M li – 2 M re*. Von * bis * wdh. Enden mit 1 M re.
Reihe 18: *1 M re – U – 2 M li zus – 1 M re – 2 M li zus – U*.
Von * bis * wdh. Enden mit 1 M re.
Reihe 19: 1 M re – 59(65)71(77) M li – 1 M re.

5. ABNAHME: 1 M re – *2 M li zus – 1 M li*. Von * bis * wdh. Enden mit 2 M li zus – 1 M re = 41(45)49(53) M.

In der RückR für den Halsausschnitt etwas fester mit re M abk.

RÜCKEN

Wie beim Vorderteil Reihe 1 - Reihe 4 insg 3 Mal str = 13 R vor der 1. ABNAHME.
Wie beim Vorderteil bis zu Reihe 19 nach der 4. ABNAHME str.

Reihe 20: *1 M re – U – 2 M re verschr zus – 1 M re – 2 M re zus – U*.
Von * bis * wdh. Enden mit 1 M re.
Reihe 21: 3 M re – *1 M li – 2 M re*.
Von * bis * wdh. Enden mit 1 M re.
Reihe 22: *1 M re – U – 2 M li zus – 1 M re – 2 M li zus – U*.
Von * bis * wdh. Enden mit 1 M re.
Reihe 23: 1 M re – 59(65)71(77) M li – 1 M re.

5. ABNAHME: 1 M re – *U – 2 M re zus – 3 M re verschr zus – U – 1 M re*.
Von * bis * wdh = 51(56)61(66) M.

Reihe 25: 5 M re – *1 M li – 4 M re*. Von * bis * wdh. Enden mit 1 M re.
Reihe 26: *1 M re – U – 2 M li zus – 2 M li zus – U*. Von * bis * wdh. Enden mit 1 M re.
Reihe 27: 1 M re – 49(54)59(64) M li – 1 M re.
Reihe 28: *1 M re – U – 2 M re verschr zus – 2 M re zus – U*. Von * bis * wdh. Enden mit 1 M re.
Reihe 25 – 27 str.

6. ABNAHME: 1 M re – *U – 4 M re zus: dafür 2 M re verschr zus, 2 M re zus und die 1. M über die 2. M (= 2 M re zus) heben = 1 M – U – 1 M re*.
Von * bis * wdh = 41(45)49(53) M.

Reihe 29: 4 M re – *1 M li – 3 M re*.
Von * bis * wdh. Enden mit 1 M re.
Reihe 30: *1 M re – U – 3 M li zus – U*. Von * bis * wdh. Enden mit 1 M re.
Reihe 31: 1 M re – 39(43)47(51) M li – 1 M re.
Reihe 32: *1 M re – U – 3 M re verschr zus – U*.
Von * bis * wdh. Enden mit 1 M re.
Reihe 33: Wie Reihe 29.
Reihe 30: 1 M re – *3 M li zus – 1 M li*. Von * bis * wdh. Enden mit 3 M li zus – 1 M re = 21(23)25(27) M.

In der RückR für den Halsausschnitt etwas fester mit re M abk.

RECHTER ÄRMEL

56(60)64(68) M mit E und Nd Nr. 3 anschl. In Reihen hin und her str.

K: die zweite M vor der ersten M str ohne sie von der linken Nd zu heben – dann die erste M str. Beide M zus abheben.

Reihe 1 (RückR): 3(2)4(3) M re – *2 M li – 4 M re*. Von * bis * wdh.
Enden mit: 2 M li – 3(2)4(3) M re.
Reihe 2: 3(2)4(3) M re – *K – 4 M re*.
Von * bis * wdh. Enden mit: K – 3(2)4(2) M re.

Reihe 1 und Reihe 2 wdh, bis insg10(6)10(6) R gestrickt sind.

Zun in den RückR str: 1 M re – 1 neue M re, dafür den Querfaden zw zwei M verschr str – 2(1)3(2) M re – *2 M li – 4 M re*. Von * bis * wdh. Enden mit: 2 M li – 2(1)3(2) M re – 1 neue M re – 1 M re = 58(62)66(70) M.

Die Zun in jeder 10.(10.)8.(8.) R wdh, bis es 90(96)106(114) M sind.
Die neuen M in das Muster einfügen.

Wenn vor und nach den äußeren Zöpfen 7 re M sind, kann in der nächsten HinR ein weiterer Zopf gestrickt werden. Die RM in allen R re str.

Weiterstr, bis der Ärmel ca. 41 cm misst. Nach einer RückR enden.

Im Muster weiterstr.
Beidseitig 1 Mal 2 M abk = 86(92)102(110) M.

*Am Anfang und Ende der R 2 M re zus str.
1 R ohne Abn str.
Am Anfang und Ende der R 2 M re zus str.
3 R ohne Abn str *.
Es sind 6 R gestr und 4 M weniger auf der Nd.

Von * bis * insg 11(11)12(12) Mal str = 42(48)54(62) M.

Zum Schluss wird die schräge rechte Seite des Ärmels an die schräge rechte Seite des Vorderteils genäht = Raglannaht.

UNGLEICHES ABKETTEN:
Reihe 1(HinR): 2(3)3(4) M abk – 38(43)49(56) M str (die erste M ist bereits auf der Nd) – 2 M re zus.
Reihe 2: 39(44)50(57) M str.
Reihe 3: 2(3)3(4) M abk – 35(39)45(51) M str (die erste M ist bereits da) – 2 M re zus.
Reihe 4: 36(40)46(52) M.
Reihe 5: 3(3)4(4) M abk – 33(37)42(48) M str (die erste M ist bereits da).
Reihe 6: 33(37)42(48) M str.

Reihe 7: 3(3)4(4) M abk – 28(32)36(42) M str (die erste M ist bereits da) – 2 M re zus.
Reihe 8: 29(33)37(43) M str.
Reihe 9: 3(3)4(4) M abk – 24(28)31(37) M str (die erste M ist bereits da) – 2 M re zus.
Reihe 10: 25(29)32(38) M str.
Reihe 11: 3(3)4(4) M abk – 22(26)28(34) M str (die erste M ist bereits da).
Reihe 12: 22(26)28(34) M str.
Reihe 13: 3(3)4(5) M abk – 17(21)22(27) M str (die erste M ist bereits da) – 2 M re zus. Reihe 14: 18(22)23(28) M str.

Reihe 15: 3(3)4(5) M abk – 13(17)17(21) M str (die erste M ist bereits da) – 2 M re zus. Reihe 16: 14(18)18(22) M.
Reihe 17: 3(4)4(5) M abk – 11(14)14(17) M str (die erste M ist bereits da).
Reihe 18: 11(14)14(17) M str.

Reihe 19: 3(4)4(5) M abk – 6(8)8(10) M str (die erste M ist bereits da) – 2 M re zus.
Reihe 20: 7(9)9(11) M str.
Reihe 21: 3(4)4(5) M abk – 2(3)3(4) M str (die erste M ist bereits da) – 2 M re zus.
Reihe 22: 3(4)4(5) M str. Die letzten M abk.

LINKER ÄRMEL

Bis zum Abketten wie den rechten Ärmel str.
Diesen Ärmel 1 R länger als den rechten Ärmel str. Mit einer HinR enden.
Das bedeutet, das Abketten beg in einer RückR.
Auch das UNGLEICHE ABKETTEN beg in einer RückR, so werden die Ärmel spiegelverkehrt.

FERTIGSTELLUNG

Vor dem Einnähen die Ärmel mit Nadeln am Körper feststecken Der Ärmel scheint zu lang, aber gleichmäßig verteilt, passt er in den Armausschnitt.
Die höhere Seite an den Rücken nähen.
So einnähen, dass die äußerste Lochmusterreihe vom Körper die ganze Zeit sichtbar bleibt.
Die Fäden vernähen.

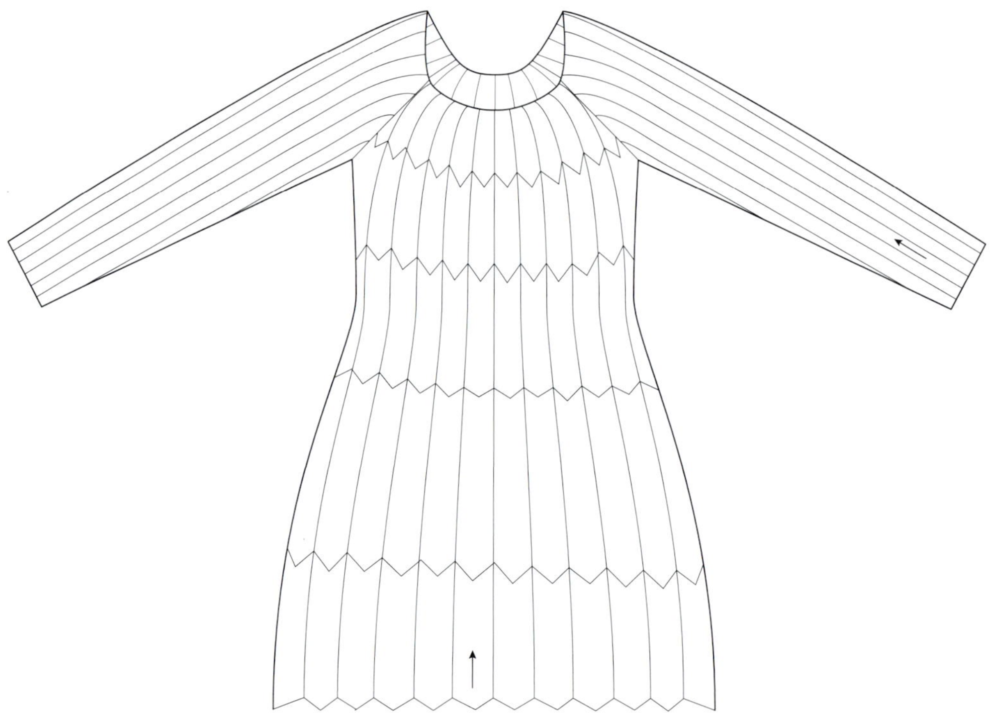

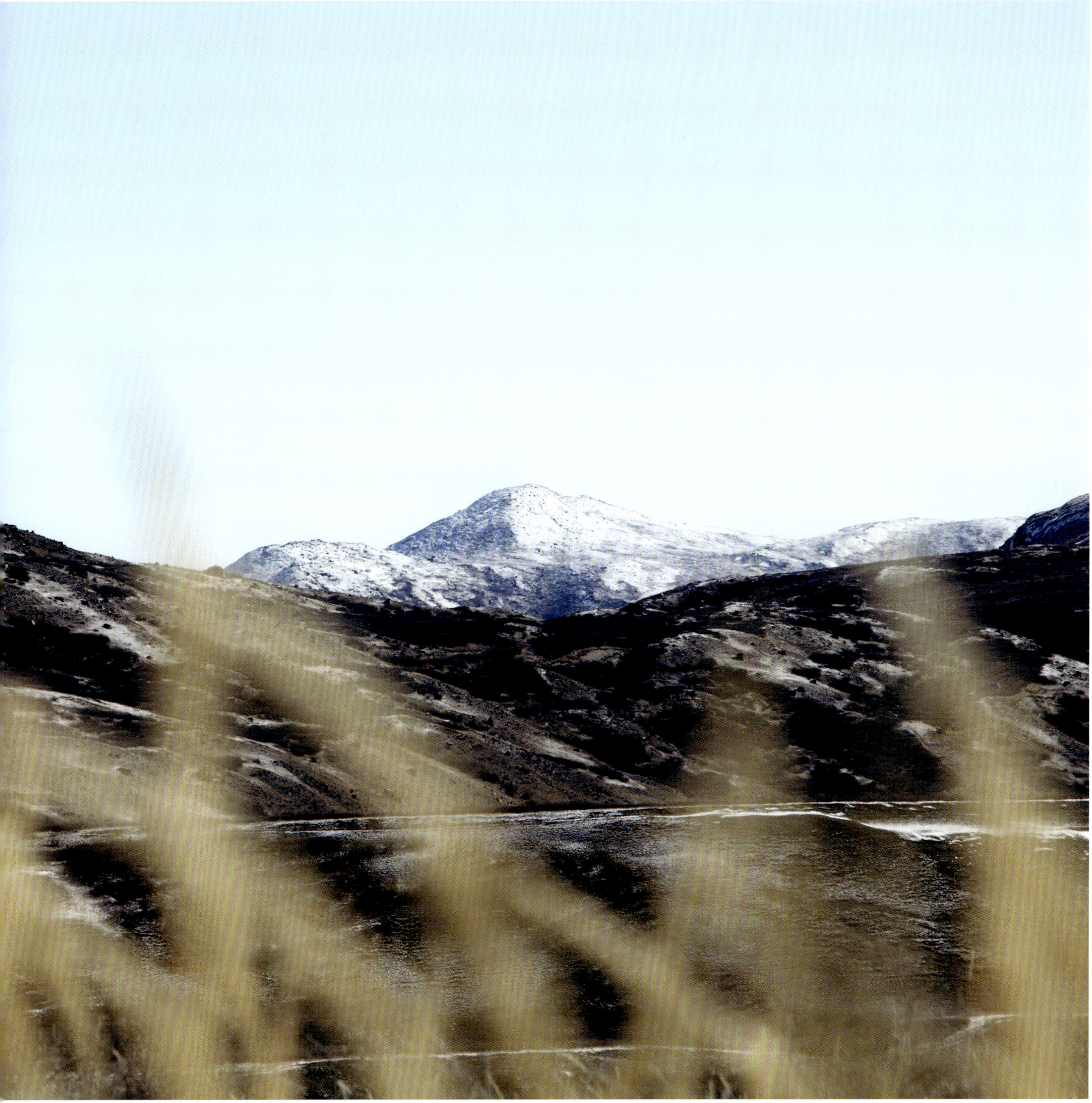

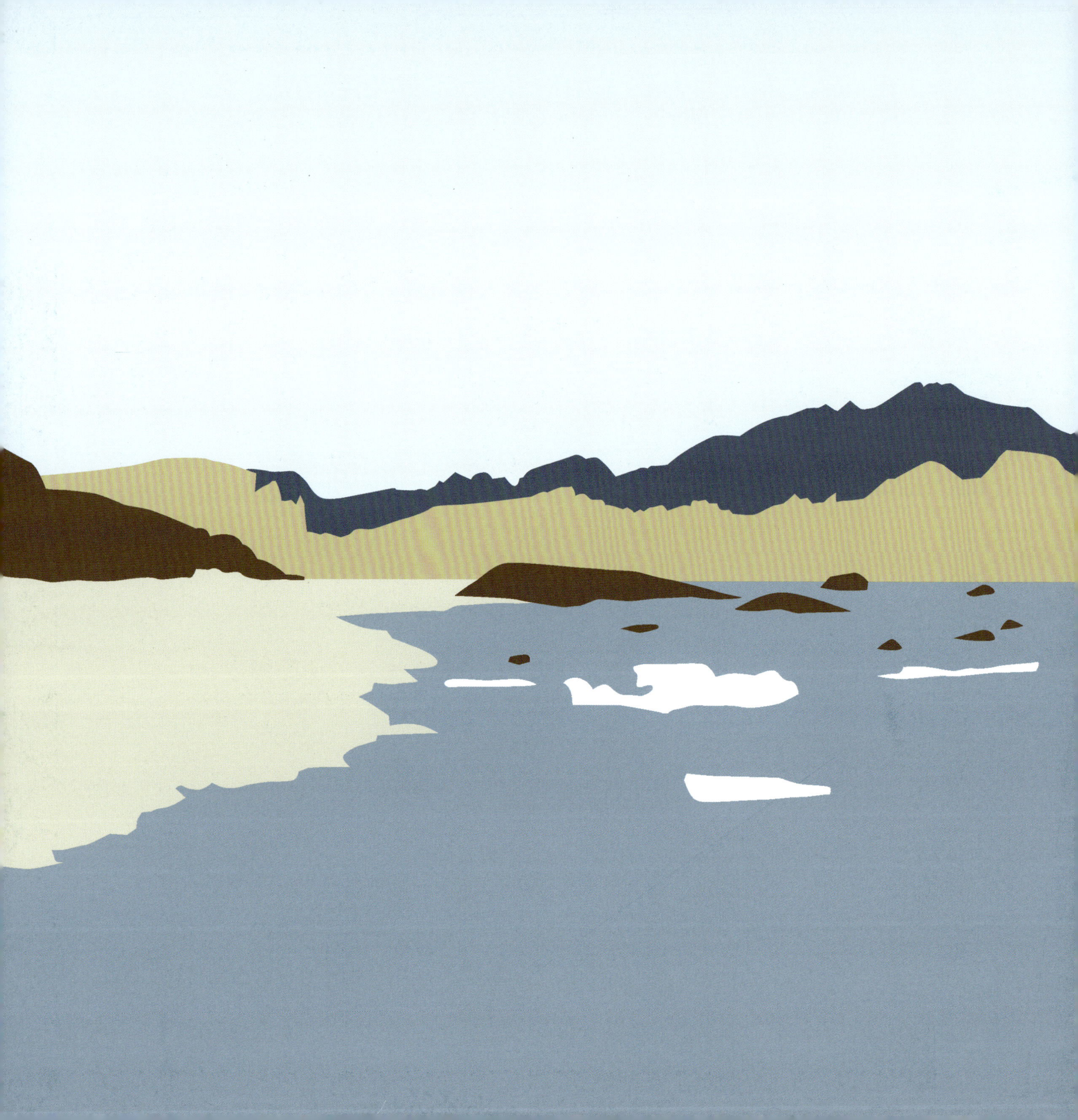